육조대사법보단경오해

白坡亘璇 述
김호귀 譯註

정우서적

| 머리말 |

『단경』을 새롭게 이해하다

선은 불교의 출현과 더불어 시작되었다. 붇다가 깨침을 터득하는 방식으로 활용했던 좌선으로부터 그 수행법과 사상이 발전되고 전승되었다. 본격적인 선법이 중국에 전래된 이후에는 보리달마를 통하여 소위 조사선의 가풍이 시작된 이래로 수·당 시대에는 비약적인 발전이 이루어졌다. 그 결과 당대 말기와 오대에는 선종오가가 형성되었고 다양한 어록의 출현으로 더욱더 발전하였다.

송대에는 선의 어록과 전등사서 및 새로운 선수행법의 창출을 통하여 불교 및 일상의 사상과 문화에 이르기까지 선이 보편화되어 갔다. 8세기 중반에 당으로부터 조사선법을 수용한 한국선의 경우에 9세기부터는 선종오가의 전래와 더불어 다양한 산문을 형성하였다. 고려시대 중기 이후에는 수많은 선어록과 다양한 선수행법이 전승되었고, 나름대로 선법의 전등계보도 출현하였다. 그 가운데 『단경』의 수입은 조사선의 사상과 전등(傳燈)에 대한 이해를 크게 고쳐시켰다.

이후로 『단경』은 조선시대에도 여러 차례 개판되었고,

한국선의 전개에 큰 영향을 주었지만 『단경』에 대한 주석서는 거의 없었다. 그러나 조선시대 후기에 백파긍선은 일찍이 56세 때 1822년에는 『수선결사문』을 지어 전통적인 선수행법을 거양하였고, 58세 때인 1824년에는 『선문오종강요사기』를 지어 대기와 대용을 드러내었으며, 60세 때인 1826년에는 『선문수경』을 저술하여 임제의 조사선풍을 진작하였고, 1845년 79세의 만년에 우리나라에서는 드물게 『단경』에 대하여 주석서를 내놓았는데, 그것이 본 『육조대사법보단경요해』이다.

본 『단경요해』는 덕이본 『단경』을 바탕으로 주석한 것이다. 『단경』에 대하여 백파 나름 진공과 묘유의 도리를 적용하여 『단경』에 대한 새로운 이해를 추구하였다는 점에서 본 『단경요해』의 가치를 찾아볼 수가 있다. 때문에 『단경요해』는 그동안 다양한 저술과 주석을 통하여 조사선의 전통에 대한 보다 깊은 이해를 추구하였던 백파의 또 다른 면모를 엿볼 수 있다.

2012년 칠월 백중, 김호귀

목 차

I. 『육조대사법보단경요해』 및 서문[긍선의 自序] _ 8

II. 몽산덕이의 서문 _ 13

III. 『육조대사법보단경』의 대지(大旨) _ 21

IV. 약 서 _ 24

   V-i. 오법전의 _ 27

   V-ii. 공덕정토 _ 68

   V-iii. 정혜일체 _ 77

   V-iv. 교수좌선 _ 84

   V-v. 전향참회 _ 89

   V-vi. 참청기연 _ 109

   V-vii. 남돈북점 _ 145

   V-viii. 당조징조 _ 164

   V-ix. 법문대치 _ 170

   V-x. 부촉유통 _ 182

『육조대사법보단경요해』 해제 _ 199

| 부록 |

『무자간병론과해』 _ 236

『무자간병론과해』 해제 _ 274

육조대사법보단경요해

Ⅰ. 『육조대사법보단경요해』[1] 및 서문[긍선의 自序]

六祖大師法寶壇經要解 幷序

대저 우리의 구담노인께서 전승하여 부촉하신 가업으로 선종 교종 율종의 삼종이 선종의 제3조[2]인 상나화수조사까지는 그대로 이르렀다. 그러나 이후로 율부가 별도로 유행하였고, 또한 제20조 사자존자[3] 시대에 이르러서 교법도 분파되었다.

그러나 무릇 구담으로부터 선종만이 단전직지(單傳直指)되었다. 마치 한 병의 물을 다른 병에 고스란히 쏟아 붓듯이 직전하여 조계의 대감조사까지 이르렀다. 그러므로 선종만이 불조께서 세간에 전승한 정법안장인 줄을 알 것이다. 이에 그 교종과 율종은 무릇 정법안장을 장식하는 조도(祖道)와 같을 뿐이다.

原夫 我瞿曇老爺傳付家業 有禪敎律三宗至三祖 商那和修律部
別行 又至二十祖師子尊者敎法分派 但以禪一宗單傳直指 如甁
注甁直至于曹溪大鑒祖師 可知禪一宗 正是佛祖世傳之正法眼

---

1 본『육조대사법보단경요해』에 대한 주석은 日本 駒澤大學 도서관에 소장본에 의거하였다.
2 선종은 달마로부터 비롯되는 중국불교에서 형성된 개념이다. 그러나 추급하여 여기에서는 마하가섭을 초조로 간주하여 제삼조를 상나화수로 언급한 것이다.
3 『寶林傳』을 비롯한『祖堂集』과『景德傳燈錄』의 기록에 의하면 사자존자는 제24조로 간주되어 있다.

藏 若其教與律 但爲嚴飾正法眼之助道而已

대개 선조이신 대감혜능께서는 과거에 육신보살로서 마야부인의 뱃속에서 이미 은밀한 수기를 친히 받았다. 또한 발타삼장의 현기[4]를 입어 전승이 없이 이미 불조의 정맥을 통찰하였다. 그리하여 만 37년 동안에 걸쳐서 선의 종지를 널리 연설하였다.[5]

또한 말업의 중생을 위하여 선의 종지를 널리 보급하고자 『법보단경』을 초집(抄集)하여 유통시켰는데, 모든 말씀은 예리한 칼과 같아서 햇살처럼 빛났고[妙有], 예리한 칼처럼 모든 구절은 물이 흐르듯이 걸림이 없었다[眞空]. 그리하여 마침내 팔만대장경의 바다를 유출시켜 오가종풍이라는 인간세상과 천상세계의 스승을 길러냈다.

이것이야말로 우리 해동의 조계 목우자께서도 이 『단경』을 스승으로 삼아서 믿고 받아들이며 받들고 실천하여 동방의 대도사가 되신 까닭인데, 그것을 믿지 못한다

---

4 "일찍이 求那跋陀羅의 懸記에 부응한 것으로 동산법문이 활짝 열렸다"는 덕이의 서문에 근거한다. 곧 혜능의 나이 39세 때 비로소 法性寺의 戒壇에서 계를 받고 제육대 조사로 등극하였다. 이 戒壇은 일찍이 宋 文帝 元嘉 6년(429)에 중국에 도래한 求那跋陀羅(功德賢)가 戒壇을 창건하고 그 곳에서 미래에 육신보살이 출현할 땅이라는 未來記(懸記)를 돌에다 새겼다는 전설이 있었다.
5 혜능이 제육대조사로 등극한 나이 39세(676)부터 입적한 76세(713)까지의 햇수로는 38년 동안 교화한 기간을 가리킨다.

면 어찌하겠는가.

> 盖大鑑先祖本 以肉身菩薩 親授密記 於摩耶肚裡 又蒙懸記 於
> 跋陀三藏 洞澈無傳之佛祖正脉 廣演禪宗 於三十七年 亦欲普及
> 於末業群品 抄集流通 於法寶壇經 言言利刃當陽[妙有] 句句水
> 洒不着[眞空] 流出八萬大藏海 孕育五宗人天師 是以我東曹溪
> 牧牛子 以此經爲其師 信受奉行 而爲東方大導師 可不信歟嗟呼

우리 동방의 제산(諸山) 총림에서는 '대선장과 노선장들이라고 명성이 알려져 있는 사람들도 지혜의 안목이 없다'고들 말한다. 또한 '눈 밝은 스승을 만나지 못한 까닭에 전승된 조사의 가업을 포기해버리고 만다'고들 말한다. 그래서 납자들은 망연히 어떤 수행을 해야 할지도 모른 채 젊어서 시작하여 노년기에 이르고 만다.

그리고 무릇 인천인과교(人天因果教)[6] 가운데만 머물러 있으면서 상(相)에 집착하는데, 그것은 모래를 쪄서 밥을 지으려 행위로서 그것을 물리치지 못하는 것이 일용의 다반사이다. 때문에 우리 불조의 정법안장이 한번 땅에 떨어져 먼지 속에 묻혀버린 지가 오래이다. 그래서 법의 당기를 세울 만한 장소가 없고, 조사의 등불을 붙일 만한 시절인연이 없어져 언념(言念)이 이런 지경에 이르렀으니, 어찌 개탄하지 않을 수 있겠는가.

---

6 종밀의 三教의 분류에 의하면 소승의 가르침을 가리킨다.

이로써 내가 범우(凡愚)를 따져보지도 않고 무모하게도 보배 칼을 휘둘러서 경전 가운데서 견성성불로 세간에 전승되는 정맥을 발명해보니, 제방의 대 선실들은 거의 죽고 늙은 두타의 활명(活命)만 남은 것이 다반사가 되었다.

> 我東方諸山叢林中 稱曰大禪匠老禪匠爲名者生無慧目 又不遇明師 抛弃傳來之祖業 茫然不知其何等物事 而自少至老 但以人天因果敎中 着相蒸沙行爲 不可廢之 日用茶飯 故吾佛祖正法眼藏 一敗塗地埋塵已久 法幢無處可竪 祖灯無時可燃 言念及此 胡不慨然 玆以不揣凡愚橫按寶劍 發明經中見性成佛之世傳正脉 以爲諸方大禪室幾死 老頭陀之活命茶飯矣

우리의 도반들은 지금 이후로 특별한 마음을 열고 대장부의 마음을 내어서 선·악과 인·과를 모두 따지지 말고 직접 이『법보단경』의 정법안장을 가지고 영원히 선실 가운데 일용의 명경으로 삼기를 바란다. 그리하여 마침내 해가 뜨면 햇살이 비춰고 또 햇살이 사라지는 바로 그 도리야말로 본분납자의 방편이 없는 가운데 진실한 방편이고 수증이 없는 가운데 진실한 수증으로서 시절이 도래하면 그 도리가 저절로 현창될 것이다.

그러니 어찌 당당한 불제자로서 도로 마구니의 권속에 들어가는 것을 내버려두고 참을 수 있겠는가. 그러나 개가 코끼리의 가죽을 뒤집어쓴 지가 오래되었다. 그러므로 이제 삼다발을 버리고 금덩이를 짊어지는 지혜[7] 또한 반드시 모든 산야에서 살아가는 불자들의 직분이 되어야 하지 아니겠는가.

도광[8] 25년(1845) 을사년 맹춘에 백파긍선이 쓰다.

願我道伴自今以後 開特達懷發丈夫志 善惡因果 都莫思量 直以此法寶壇經 正法眼藏 永作禪室中日用之明鏡 逐日起來照來照去 則此乃本分衲子 無方便中眞方便 無修證中眞修證 時節到來 其理自彰 何忍以堂堂 佛弟子還入魔眷屬耶 然狗被象皮 其來久矣 棄麻擔金 亦何可必但盡山野 爲佛子之職分而已矣

道光 二十五年 乙巳 孟春 白坡亘璇 舒

---

7 『曆代法寶記』(大正藏51, p.185中)에 다음과 같은 이야기가 있다. "삼다발을 진 두 사람이 길을 가다가 은덩이가 있는 곳에서 만났다. 한 사람은 지고 있는 삼다발을 버리고 은덩이를 취했다. 다른 한 사람은 '나는 이미 삼다발을 지고 있으므로 끝내 삼다발을 버리고 은덩이를 취할 수 없다'고 말한다. 다시 이번에는 금덩이가 있는 곳에 이른다. 은덩이를 취한 사람은 은덩이를 버리고 금덩이를 취한다. 다른 한 사람은 '나는 이미 삼다발을 지고 있으므로 끝내 삼다발을 버리고 금덩이를 취할 수 없다'고 말한다. 금덩이는 열반을 비유하고 삼다발은 생사를 비유한다."

8 청나라 선종 도광황제의 연호인데 1821년부터 1850년까지 30년 동안 사용되었다.

육조대사법보단경요해[9]
六祖大師法寶壇經要解

해동 소림굴의 벽관사문 긍선이 요점을 추려서 해석하다.

海東少林窟 壁觀沙門 亘璇 要解

II. 몽산덕이의 서문

몽산덕이의 서문은 다섯 대목으로 나뉜다.[10]

○ 첫째로 묘도(妙道)는 언설을 잊어야 깨칠 수가 있다고 직접적으로 설명한 대목이다. 이에 해당하는 대목은 사구로 나뉜다.

처음의 두 구[11]는 진공의 자성은 명(名)을 벗어나 있고 상(相)을 단절해 있다는 대목이다. 때문에 텅 비고 그윽하여 분별사량으로는 이해하기가 어렵다. 묘유의 진도는 광

---

9 우리나라에서 『六祖大師法寶壇經』에 대한 개판은 여러 차례 있었지만, 그에 대한 주석의 성격으로 출간된 것은 거의 찾아볼 수가 없다. 이런 점에서 백파긍선의 『六祖大師法寶壇經要解』는 충분히 주목할 가치를 지니고 있다.
10 古筠比丘 德異의 [六祖大師法寶壇經序]는 종보본 『六祖大師法寶壇經』의 처음 대목에 수록되어 전한다(大正藏48, p.345下). 여기에서 백파는 덕이의 서문에 대하여 자신의 견해를 피력한다.
11 "불조가 전승한 대도[妙道]는 적정하고 미묘하여 불가사의하다. 妙道 虛玄不可思議"는 대목이다(大正藏48, p.345下).

대하여 모든 것을 갖추고 있다. 때문에 명(名)과 상(相)에 걸림이 없다. 이로써 육조대사는 명(名)과 상(相)이 없는 가운데에다(虛玄) 억지로 명(名)과 상(相)을 내세웠다(妙道).

37년 동안 횡설수설한(妙有) 낱낱의 언(言)과 구(句)는 자성을 벗어나지 않았다(眞空). 곧 예리한 칼날과 같은 말씀과 분명하게 드러내주는 구절이, 물이 뿌려지듯 자연스럽기 때문에 불가사의하다.

다음의 두 구[12]는 그러므로 그 묘도를 궁구하고자 하는 납자라면 언설을 잊고 분별사량을 단절해야 비로소 종지를 깨칠 수가 있다. 만약 저 언어의 자취에 헤맨다면 결코 깨칠 날은 도래하지 않는다.

蒙山序文分五
○ 初直明妙道忘言可悟 文中四句 初二句眞空自性 離名絶相 故虛玄難思 妙有眞道 廣大悉備 故不碍名相 是以大師 無名相中[虛玄] 强立名相[妙道] 三十七年 橫說竪說[妙有] 一一言句 不離自性[眞空] 言言利刃 當陽句句 水洒不着 故不可思議也 後二句 是故學者欲究斯道 忘言絶思 悟得宗旨 若泥他言迹 驢年可悟

○ 둘째로 "때문에 세존의 경우는 가섭에게" 이하 대

---

12 "그러므로 언설을 초월하여 종지를 터득해야 있는 그대로를 깨칠 수가 있다. 忘言得旨端可悟明"는 대목이다(大正藏48, p.345下).

목[13]은 상세하게 『단경』의 내용을 제시한 대목이다. 불(佛)·조(祖)의 정맥은 분반좌이다. 부처님이 앉으셨던 그 한 자리야말로 곧 묘유이고 진공이다. 때문에 이것은 살인도(殺人刀)를 가지고 심법을 전수한 것인데 곧 여래선이다. 염화는 하늘에서 사방에 비 내리는 꽃으로서 곧 진공이고 묘유이다. 때문에 활인검(活人劍)을 가지고 심법을 전수한 것인데 곧 조사선이다. 직지인심 등은 모든 사람이 본래부터 구비하고 있는 제팔 여래장심이다.

이것은 이미 생·멸이 없는데, 생·멸이 없는, 즉 범부도 될 수 있고 성인도 될 수 있다. 때문에 그 본래인 성인의 마음을 직지하고 그 생멸의 중생인 마음을 제거하면 안심의 경지가 되어 생멸이 없는 진성을 친견하고 본유의 진불과 진도를 성취한다.

가섭은 제불의 끝이고 조사의 최초로서[14] 대중으로부터 나와서 삼배를 드리고(妙有) 부처님이 정해 준 자리에 앉았으니(眞空), 문자와 언어는 한마디도 없었다. 때문에 부처님의 골수를 터득하여 조사의 지위를 이었다.

---

13 "때문에 세존의 경우는"부터 "그것을 『법보단경』이라는 제목을 붙였다"는 대목까지가 이에 해당한다.
14 末上最初는 불법의 정법안장을 계승하는 불조의 正脈에서 과거칠불의 마지막이면서 卅三祖師의 처음에 해당하는 마하가섭을 가리킨다.

"한 게송을 통하여 가사를 전수하였다"[15]는 대목에 대해서는 이후 『단경』의 본문에 들어가서 오조홍인 대목에 이르러서 다시 설명할 것이다. 곧 그때 혜능이 바야흐로 조사선을 깨치자 홍인이 가사를 전수하고 정법안장을 부촉하였다는 것을 가리킨다.

"한 게송"이라 말한 것은 두 차례가 있었다.[16] 비록 깨침에 심(深) · 천(淺)의 차이는 있을지라도 그 본분은 동일하다. 때문에 혜가가 삼배를 드렸다는 것에 대해서도 문자로써 드러낸 것이다. 때문에 위사군은 법해선자로 하여금 기록하여 남기도록 하였다. 그러나 이하에서 『단경』의 내용을 살펴보자면 혜능대사가 법해에게 그것을 명하여 기록하도록 시킨 것이고, 위사군은 단지 혜능의 가르침을 받들어 실천할 뿐이었다.

이미 여래로부터 한 물병의 물을 다른 물병에 옮겨 붓듯이 하였는데, 혜능대사에게까지 이르러서 바야흐로 이 『단경』을 설하여 격외의 종풍을 크게 드날렸다. 곧 혜능

---

15 頓漸의 대결을 가상한 게송을 통하여 혜능은 홍인으로부터 깨침을 인가받고 衣鉢을 전수하여 16년 후에 제육대 조사가 된 일화를 가리킨다.
16 皮 · 肉 · 骨 · 髓의 일화에 나타난 경우처럼 혜가가 달마에게 언설을 통하지 않고 예배를 드린 것으로써 달마로부터 정법안장 및 의발을 부촉 받은 경우와 혜능이 홍인에게 예배를 드리고 정법안장 및 의발을 부촉 받은 경우 등 두 차례를 가리킨다.

대사의 이 『단경』이야말로 본래 여래의 삼처전심(三處傳心)[17]인데 어찌 불조정맥의 도통(道統)이 되지 않겠는가.

○ 二故世尊下 詳示壇經 佛祖正脉分座在 以佛所坐之一座 是卽妙有之眞空 故殺人刀傳心卽如來禪 拈華者 以天所雨之四華 是卽眞空之妙有 故活人釼傳心卽祖師禪 直指人心等 卽人人本具之第八如來藏心 旣無生滅 不生滅則 可以爲凡 可以爲聖 故直指其心 除其生滅安心 而親見不生滅眞性 成就本有之眞佛眞道也 末上最初也 以出衆三拜(妙有) 依位而坐(眞空) 文不加點 故得髓絡祖也 一偈傳衣者 後至五祖 更說時 方悟祖師禪 而傳衣付法令 云一偈者 以兩度 所悟深淺雖殊 同一本分 故且對三拜成文 故韋史君云云 見下經則 正是大師命集之 韋君但依教奉行也 旣自如來如甁注甁 至於大師方說此經 大揚格外宗風 則大師此經元是如來三處傳心 豈非佛祖正脉道統耶

○ 셋째로 "육조대사가 처음에" 이하 대목[18]은 선종오가가 모두 『단경』으로부터 나뉘어졌다는 것을 가리킨다.[19]

---

17 『大梵天王問佛決疑經』 拈華品 第二(卍新纂續藏經 第一冊, p.442上-442中); 『天聖廣燈錄』卷1; 『人天眼目』卷5; 『無門關』 제6칙; 『五燈會元』卷1. 祖師禪의 가풍에서는 拈花微笑의 일화, 分半座의 일화, 槨示雙趺의 일화를 三處傳心으로서 세존이 가섭에게 以心傳心 以法印法으로 正法眼藏을 부촉한 일화로 전승되었다. 槨示雙趺의 일화는 『祖庭事苑』卷1(卍新纂續藏經 第64冊, p.317中) 참조.
18 "육조대사가 처음에 오양의 법문으로부터" 시작하여 "그러나 그 오가의 강요를 근원부터 찾아보면 모두가 『단경』으로부터 유출되었다"는 대목까지를 가리킨다.

"무파비(無把鼻)를 터득하였다"[20]는 것은 곧 진공과 묘유가 원융하여 둘이 아닌 향상일규(向上一竅)의 상태로서 핵심을 휘어잡는 것을 말한다. 역편(歷遍) 등이란 널리 진리를 추구하기 위하여 역참(歷參)하는 것으로 『단경』의 내용 전체를 잘 꿰뚫고 본분에 정통하는 것이다. 때문에 이런 사람이라면 각자 통방정안(通方正眼)[21]을 구비하여 그 가르침을 광대하고 원만하게 굴리는 것을 말한다.

○ 三大師始於下 且指五派盡出壇經 無巴(把?)鼻者 卽眞空妙有 圓融無二之向上一竅 巴(把?)尾鼻頭也 歷遍等 歷叅玄爐大冶通經 本分正枰 故各具通方正眼廣大圓轉也

○ 넷째로 "대저 이 『단경』은" 이하 대목[22]은 『단경』이야말로 바로 원만하고 잘 성불하는 첩경임을 설명하는 대

---

19 당 말기 및 오대의 초기에 걸쳐 형성되었던 소위 임제종·위앙종·조동종·운문종·법안종의 선종오가는 각각 남악과 청원의 문하에서 출현하였는데 모두 남종에서 분파되었음을 가리킨다.
20 남악회양(677~744)과 청원행사(?~740)는 육조대사를 가장 오랫동안 모시면서 남김없이 無把鼻를 터득하였다. 無把鼻는 자유인을 뜻하는데 沒把鼻라고도 한다. 혜능의 법계 가운데 靑原行思와 南嶽懷讓의 계통이 가장 번성하였다. 청원행사는 沒蹤跡의 선법을 터득하고, 남악회양은 無一物의 도리를 터득하여 각각 혜능의 一角(一麟足) 및 嫡子로서 전승되었다.
21 어느 곳이나 어느 때나 누구에게나 어느 상황에서도 널리 말끔하게 완전히 통달하는 부처님의 안목을 가리킨다.
22 "이 『단경』은" 이하 "제보살과 같고 제불과 같아진다"는 대목을 가리킨다.

목이다. 언(言)은 곧 능전이고, 의(義)는 곧 소전이다. 이(理)와 사(事)는 소전 가운데서 설명되는 진공(理)이고 묘유(事)이다. 법문(法門)은 곧 말씀[言]인데 『단경』에서 10장으로 구성되어 있는 것이 이에 해당한다.

묘의(妙意)는 곧 법문인데 소전의 의(義)를 가리킨다. 가령 삼신(三身)·사지(四智)·오향(五香)·십팔계(十八界) 등을 말할 수 있다. 묘리(妙理)는 곧 의(義) 가운데 제시된 진공(眞空)과 묘유(妙有)의 법체(法體)를 가리킨다.

이런 까닭에 언언(言言)과 구구(句句)가 법계를 포함하고 있어서 일자법문(一字法門)만 하더라도 바닷물을 먹으로 삼아서 설명하려 해도 다할 수가 없다. 때문에 누각모공(樓閣毛孔)[23]의 경우와 동일하다. 이와 같이 원선(圓善)하기 때문에 만약에 이 『단경』에 선입(善入)하는 자는 찰나에 부처와 동등해진다. 그러니 이것이야말로 어찌 성불하는 지름길이 아니겠는가.

---

23 樓閣은 彌勒樓閣으로서 『華嚴經』卷77에서 말하는 "於此南方有國名海岸 有園名大莊嚴 其中有一廣大樓閣名毘盧遮那莊嚴藏 從菩薩善根果報生" 및 卷79에서 말하는 "爾時善財童子 恭敬右繞彌勒菩薩摩訶薩已 而白之言 唯願大聖開樓閣門令我得入 時彌勒菩薩 前詣樓閣彈指出聲 其門卽開命善財入 善財心喜 入已還閉 見其樓閣廣博無量同於虛空"의 경우를 가리키고, 毛孔은 『華嚴經』卷1에서 말하는 "得於一毛孔現不思議佛刹無障礙解脫門" 및 『法華經』 如來神力品에서 말하는 "一切毛孔放無量無數色光"의 경우를 가리킨다.

○ 四夫壇經下 正明圓善成佛捷徑 言是能詮 義是所詮 理與事 所詮中所明眞空(理) 妙有(事)也 法門卽言 經中十篇是也 妙義 卽法門 所詮義 如三身四智五香十八界等是也 妙理卽義中所示 眞空妙有法體也 是故言言句句包含法界 一字法門海墨難盡 故 同於樓閣毛孔也 如是圓善故 若有善入者 刹那等佛也 豈非成佛 捷徑耶

○ 다섯째는 "참으로 안타깝다." 이하 대목24으로서 이에 덕이 자신이 널리 간행하고 유통시켰다는 것임을 알 수가 있다.

○ 五惜乎下 仍示自家布刊流通可知

---

24 "참으로 안타깝다"부터 "이것이야말로 나 덕이가 뜻하는 소원이 성취되는 것이다"는 대목까지가 이에 해당한다.

Ⅲ. 『육조대사법보단경』의 大旨

이 『단경』의 대지(大旨)는 직접 본심을 파악하고 자성을 깨쳐서 성불한다는 직지인심(直指人心) 견성성불(見性成佛)로써 건화문에 나아간다. 전수의 도리인 신훈으로써 향상일규를 직시하지만 전수할 것조차 없는 본분으로써 진공(견성)과 묘유(성불)의 진여자성을 삼기 때문에 낱낱의 언설로는 끝내 몰파비이다. 실제로 있는 것도 아니고 전혀 없는 것도 아니므로 도저히 모색할 수가 없다. 곧 달마가 전승한 문자가 없는 법인자(法印字)이고, 또한 여래가 세 곳에서 보이신 교외별전의 일미선이다.

마음으로써 마음에 전승한 것이 마치 한 병의 물을 다른 병에다 고스란히 쏟아 붓는 것과 같이 하여 혜능대사에게까지 오롯하게 직지(直至)되었다. 때문에 삽삼조사의 지견과 부처님의 지견에 터럭 끝만큼도 다름이 없다. 그래서 마야부인의 뱃속법당과 법계의 체성이 일여하고, 삽삼의 모든 조사가 동시에 은밀하게 수기를 하였다고 말한다.

혜능대사의 문하에서 그 동안의 일미가 비로소 분반좌가 되었다.[25] 달마의 일미선에 대하여 살인도로 전승한 청

---

25 혜능의 문하에서 소위 십대제자를 비롯한 수많은 선법으로 나뉘어 소위 五家七宗으로 분화된 경우를 가리킨다.

원행사의 선법은 조동종이 되었고, 염화의 활인검으로 전승한 남악회양의 선법은 임제종·운문종·위앙종·법안종이 되었다.[26]

곽시쌍부는 살(殺)과 활(活)을 함께 보여준 소식으로서 달리 전승의 도리가 없다. 그리하여 이 점에 대하여 고·금의 모든 조사들도 또한 변론할 근거가 없어서 실로 부리 하나 꽂기조차 어려웠다. 그러니 어찌 아무런 연유도 없이 이미 이처(二處)의 소식을 별전하였겠는가. 곧 제삼처의 소식이 본래 그 속에 자재했던 까닭이었다.

그러면서 여래는 어째서 별도로 제삼처의 소식을 보여준 것인가. 곧 여래는 단지 삽삼조사에게만 수기를 하였지 그 이후에는 수기를 하지 않았는데, 그것은 곧 차별이 없지 않기 때문이다. 또한 남악과 청원 이하부터는 단지 선사(禪師)라고만 불렀지 조사(祖師)라고 불렀던 적은 없었는데, 그것은 또한 어찌 분별이 아니겠는가.

이런 까닭에 어리석은 사람들은 제삼처에 대하여 살(

---

26 이 대목은 청허휴정의 『선가귀감』을 비롯하여 환성지안의 『선문오종강요』 서문 등으로 계승되는 중국선종의 법맥의 정통문제와 결부되어 있다. 곧 선종오가 가운데 남악의 문하에서 4종이 출현하였고, 청원의 문하에서는 조동종만 출현되었다는 내용이다. 그러나 이 문제는 일찍이 청대 초기에 백암정부의 『法門鋤宄』 등에 의하여 전면 부정되었다. 졸고, [淸虛休靜의 五家法脈 인식의 배경에 대한 고찰] (『한국선학』 제22집. 2009년 4월).

殺)·활(活)을 함께 보여준 소식으로 그것이 혜능 이후까지 이르렀다고 말하는데, 이것은 곧 그 전승도 받지 못했을 뿐만 아니라 또한 감히 자신도 그 사실을 인정하지 못하는 경우이다. 그러나 지혜로운 사람들은 다시 마하가섭이 전승한 사실과 또한 자신들에게까지 이르는 세세한 점에 대해서까지도 혹 고인들이 분석한 어리석음이 아직 미치지 않았는지 혹은 눈으로 보고도 그 사실을 잊어버리지는 않았는지 자세하게 살펴서 말한다.

六祖大師法寶壇經
此經大旨直指人心見性成佛 以即於建化門 新熏傳受處 直示向上一竅 本分無傳授 眞空(見性)妙有(成佛)之眞如自性 故一一言頭了没巴(把?)鼻 非實有 非都無 摸索不着也 即達摩所傳無文印字也 亦是如來三處所示教外別傳一味禪也 以心傳心如甁注甁 直至大師 故卅三祖師知見 與佛知見 分毫不殊 故云摩耶肚裏堂法界體一如 卅三諸祖師同時密授記 於大師門下 一味方分分(半?)座 殺人刀傳之青原而爲曹洞宗 拈華活人劒傳之南岳而爲臨濟雲門潙仰法眼宗也 示跌殺活齊示消息 別無傳處 而古今諸師 亦無辨論處 實難插嘴 豈無所由 旣別傳二處消息 則第三處消息自在其中故耶 然則如來何以別示第三消息 且如來但記卅三 不記其後 則不無差別 又南岳青原以下 但稱禪師而未名祖師 則尤何無分耶 是故愚謂第三處殺活齊示消息至六祖下未得其傳 亦未敢自許智者 更詳果得其實還我葛藤來 或爲古人分析愚未及耶 或見而忘之耶

IV. 약서

○ 약서(略序)는 또한 혜능대사가 출세하여 행화한 행적을 서술한 것이지 『단경』의 서문은 아니다.[27] 한줄기 광명이 허공에 뻗친 것은 혜능의 지혜가 진공에 통철했기 때문이고, 기이한 향기가 방안에 가득한 것은 묘유의 심향(心香)이 법계에 널리 퍼진 까닭이다. 마치 세존이 하늘을 가리키고 땅을 가리킨 소식과 똑같다. 그리고 『금강경』을 듣고 오도한 것 등등을 이에 의거하여 말하자면 당시에 그 깨침이 일찍 성취되었고 조사선에 철회(徹會)하였음을 가리킨다. 이후에 황매산으로 가서는 단지 깨침에 대한 인가만을 받았을 뿐이다.

그러나 이하의 『단경』에서 오조가 다시 『금강경』에 대한 해설을 해주자 '일체의 만법이 자성을 떠나 있지 않음을 언하에 대오하였다. 등등'의 내용은 이전에 깨친 것은 여래선의 진금포였음을 알아야 한다. 때문에 게송을 바쳐

---

27 본 『육조대사법보단경요해』는 덕이본 『단경』에 대한 설명이므로 그 略序를 가리킨다. 이 略序는 육조대사의 전기로서 가장 오랜 기록이다. 최초의 『壇經』은 714년 무렵에 출현하였기 때문에 이후 종보본 『단경』에 수록되어 있는 『六祖大師緣起外記』(德異本 『壇經』의 卷首에 수록되어 있는 『六祖大師法寶壇經略序』의 改題임)도 이 무렵에 함께 수록된 것으로 보인다. 이 유포본과는 달리 明藏本의 경우 卷末에 부록으로 수록되어 있다. '緣起'는 인연이 발생하는 것이고, '外記'는 혜능 자신의 말에 상대되는 다른 기록을 의미한다.

서 '본래부터 집착할 거리가 없거늘'이라 말하였다.

그러나 이후에는 조사선의 잡화포를 깨쳤기 때문에 '일체의 만법이 자성을 떠나있지 않음을 언하에 대오하였다. 그리고는 마침내 조사에게 '자성이 만법을 출생할 줄을 어찌 짐작이나 했겠습니까'라고 말씀드렸다. 그러나 이전의 깨침과 이후의 깨침의 두 가지 경우 그 깨침의 경지는 동일한 본분이기 때문에 그렇게 말했던 것이다.

'여명에 두 스님이 찾아와서 대사의 아버지에게 말했다. 등등'은 이미 말했던 교화의 문에서는 반드시 주(主)와 빈(賓)이 나뉘기 때문에 두 스님이 등장한 것이다. 비록 진공(夜來)으로부터 출생하였으나 이미 묘유의 교화문에 도래하였기 때문에 이름을 지었는데 불법의 지혜를 베풂으로써 대용(大用)이 현창되고 불사를 능작(能作)하므로 대기(大機, 佛)가 원만하게 상응한다.(事) 이 두 스님은 진공을 벗어나지 않기 때문에 거처가 없다. 비록 교화문에 들어갔지만 진공을 벗어나지 않기 때문에 야인(夜人)이 감로를 주었다. 그 밖의 글은 『단경』에 상세하다.

○ 略序者 且敍大師出世行化之行蹟 非是經序也 毫光騰空 當人智慧通徹眞空故 異香滿室 妙有心香普熏法界 故正同世尊指天指地消息 聞經悟道云云 據此則當時所悟早已 徹會祖師禪故 後往黃梅但求印可也 然下經則至五祖更說之 言下大悟萬法不

離自性 云云 應知前悟如來禪眞金舖 故呈偈云 本來無一物 後悟祖師禪雜貨舖故云 大悟一切萬法 不離自性 啓祖云 何期自性能生萬法 然兩度所悟同一本分 故云爾也 黎明云云 旣出來化門則必有主賓分故 有二僧也 雖從眞空(夜來)所生 旣來妙有化門故可以安名 以法惠施 大用全彰 能作佛事 大機(佛)圓應(事)也 以此二僧不離眞空 故無去處也 雖入化門 不離眞空 故夜人灌甘露也 餘文詳之

Ⅴ-ⅰ. 오법전의

○ 경문은 셋으로 나뉜다.

첫째는 서분이고, 둘째는 정종분이며, 셋째는 유통분이다.[28] 지금의 이 대목은 서분인 줄 알 수 있다.

悟法傳衣第一
○ 文三 初序分 二正宗分 三流通分 今初序分可知

○ 둘째의 "대사가 다음과 같이 말했다." 이하는 정종분에 해당한다.

먼저 오법전의 제일 부분은 둘로 나뉜다.

1. 첫째는 산문 부분이다. 여기에 두 부분이 있다.

 1) 첫째는 자성을 직지하는 것이야말로 성불의 첩경이라는 부분이다.[29]

"양구"란 현중현[30]을 지시한 것으로 향상의 본분을 말

---

28 正宗分은 Ⅴ-ⅰ. 悟法傳衣 第一부터 Ⅴ-ⅸ. 法門對治 第九까지이고, 流通分은 Ⅴ-ⅹ. 付囑流通 第十 부분이다.
29 첫 대목에 해당하는 "菩提自性 本來淸淨 但用此心 直了成佛"을 가리킨다.
30 임제의현이 학인을 접득하기 위하여 내세운 시설로 三玄과 三要가 있다. 삼현은 체중현은 말속에 어떤 장식도 없이 있는 그대로 眞相과 道理를 드러내는 體中玄, 분별정식에 빠지지 않는 實語로서 언설에 구애되지 않고 그 玄奧를 깨치는 句中玄, 모든 相待的인 논리나 어구의 질곡을 벗어난 현묘한 玄中玄이다. 삼요는 분양선소의 견해에 의하면 분별조작이 없는 언어가 제일요이고, 千聖이 그대로 玄要에 들어가 있는 제이요이며, 언설을 단절한 상태로 존재하는

한다. 자성은 상적(常寂, 空)하고 상조(常照, 有)이다. 그 모습은 마치 하늘에 의지한 것과 같고(寂) 긴 칼과 같아서(照) 참으로 청량하고[31] 또한 어떤 번뇌도 일어나지 않고(絶慮) 아무런 분별심도 발생하지 않는다(言亡). 때문에 무릇 양구는 상근기를 접대하는 방식이다. 마치 세존이 이레 동안 두문불출하였고, 달마가 구년 동안 면벽한 것과 똑 마찬가지이다.[32]

"다시 말했다." 이하는 구중현을 지시한 것으로 중·하근기를 접대한 부분이다. 일반적으로 "마하"라는 두 글자는 향상의 입장에서 진공의 본분과 묘유의 본분에 대하여 직접 언급한 것이다. 그리고 "반야"의 두 글자는 거듭하여 향하의 입장에서 삼요의 신훈행에 대하여 가리킨 것이다. 또한 "바라밀"의 세 글자는 그 향하에 해당하는 반야의 삼요행을 실천하고 향상에 해당하는 진공의 본분과 묘유의 본분으로 피안에 도달한 것을 가리킨다. 대의는 이와

제삼요이다.
31 寒威威冷秋秋는 일체의 번뇌를 초월하여 아무런 구속이 없는 탈속한 경지를 말한다.
32 掩關은 掩關이라고도 하는데 마갈타국의 적멸도량에서 정각을 성취하였을 때 깨침의 소식을 맛보면서 삼매에 잠겨있던 모습을 가리킨다. 掩關은 이후에 일체의 반연을 물리치고 수행에 전념하는 安居의 의미로도 널리 쓰이게 되었다. 向壁은 달마가 소림사에서 面壁九年하면서 정법안장을 계승할 후계자를 기다리는 시절을 가리킨다. 세존과 달마의 경우에 각각 良久의 면모를 가리킨다.

같다.

○ 二大师告曰下 正宗分二 初長行二 一直指自性成佛捷經 良久者 玄中玄指示 以向上本分 自性常寂(空)常照(有) 如倚天(寂)長劒(照) 寒威威冷秋秋 纖塵不立(絶慮) 寸草不生(言亡) 故但良久 有分是上根接待故 正同世尊七日掩關 達摩九載一向壁也 復告下 句中玄指示 是中下根接待也 盖摩訶二字 直擧向上眞空妙有之本分 般若二字 仍指向下三要之新熏行 波羅密三字 行此向下 般若三要行 到於向上眞空妙有之本分 彼岸也 大意如是

○ 2) "이제 혜능의 행장과 득법에 대한 과정을 들어보라." 이하는 광명의 자성이 최사현정(摧邪顯正)함을 말한 부분이다. 여기에 두 부분이 있다.

(1) 첫째는 혜능 자신이 득법하여 가사를 전승한 연유에 대하여 자세하게 서술한 부분이고, (2) 둘째는 혜능 자신이 터득한 견성성불의 묘법에 대하여 본격적으로 보여주는 부분이다.

이제 (1) 가운데서는 무릇 자신이 당한 난(難)을 따라서 그 내용을 설명해 준다. 그 가운데 『금강경』을 듣고 마음이 개오하였다는 것은 자성을 돈오하고 보니 자성이 본래부터 청정하여 제법에 오염되지 않았다는 것을 가리킨다.

때문에 '본래부터 집착할 거리가 없거늘'이라 말한 것은 무릇 깨쳤다는 것으로 결코 집착이 없다는[應無所住] 진공을 가리킨다. 그리고 후에 황매에 이르러서 바야흐로 깨쳤다는 것은 본래의 청정심을 발생한다[而生其心]는 묘유를 가리킨다.

저 위에서 자세하게 변별하고 그 본말에 대하여 궁구하여 감히 이와 같이 안배해 본 것은 널리 몽산덕이의 서문을 열람한 결과이다. 그 [약서]와 『전등록』과 『염송』 등 어디에서도 전후의 두 가지 깨침에 대하여 변별한 경우는 없다. 이런 까닭에 이하에서 논한 것이 혹 혜능대사의 경지를 제대로 천착한 것인지 염려된다. 지혜로운 사람이 거듭 자세하게 논하기를 바란다.

"곧 오랑캐"[33]라는 것은 홍인이 혜능을 시험해 보는 안목이었는데, 혜능이 자성에는 남북이 없다는 말로 응대한 것은 곧 혜능의 인목이었다. 홍인은 혜능이 해코지를 당할 것을 미리 알아본 까닭에 혜능의 말을 제지하고 물러가도록 하였다. 마음에 발생한 지혜는 자성을 떠나지 않는데, 그것이 곧 견성해야 하는 의무이다. 때문에 근성이 대단히 뛰어나다고 찬탄하는 것이다.

"방앗간"[34]은 작무하는 곳을 가리킨다.

---

33 獦獠는 남방에 사는 蠻族을 일컫는 말로 獦은 胡虜의 별칭이고, 獠는 戎夷의 별칭이다. 이들 용어는 모두 북방 사람이 남방 사람을 업신여기는 표현이다.

○ 二且聽下 光明自性摧邪顯正二 一備述自家得法傳衣之由 二 正示所得見性成佛之妙法 今初中但隨難摘釋 心即開悟者 頓悟自性 本自清淨 不染諸法 故云本來無一物 應是但悟 應無所住之眞空 後至黃梅方悟 而生其心之妙有也 如上辨詳究本末 敢爲如是着排 遍覽蒙山序 略序傳燈拈頌諸處都無前後 二悟辨下論則 或恐穿鑿聖境耶 智者更詳 又是擔撩者 驗他眼目 (自+?)性無南北之言 是今眼目 恐其見害 故且止退却也 心生智慧不離自性卽是見性之務 故歎云 根性大利 曹廠作務處

○ "홍인조사가 어느 날 문인들을 불렀다"는 것은 혜능대사에게 전법하려는 의도였다. 신수의 게송을 통해서는 오히려 오온이 모두 공하다는 도리도 알 수가 없는데 어찌 생사의 고액을 벗어날 수 있겠는가. 오온 가운데서 색은 곧 몸이고 이후 곧 수·상·행·식은 네 가지 마음이다.

몸의 나무에서 부지런히 먼지를 떨어내는 것과 마음의 거울을 부지런히 닦는 것은 곧 상종(相宗)의 경우 애써서 닦아가는 점수행의 입장으로서 분별상에 집착하는 사견이다. 때문에 하택종의 입장에도 미치지 못한다.[35]

---

34 槽廠은 후원의 방아를 찧는 곳으로 벽이 없는 露舍를 가리킨다. 당시에 선종은 사조 도신 때부터 이미 집단생활을 하였기 때문에 대중살이에 따른 각종 업무분담과 역할이 나뉘어져 있었다. 이 경우 작무는 공동운력으로서 수행으로 간주되었다.
35 하택신회의 선풍을 일컫는 하택종에서는 번뇌가 본래 공하다는 것

마음은 본래 청정하고 망상은 본래 공하다는 돈오점수의 입장은 의리선의 지견인데 어떻게 감히 몰파비의 오수(悟修)가 없는 격외선의 종지를 기대할 수 있겠는가. 때문에 "다만 문 앞에만 도달했을 뿐이지 문 안에는 들어오지 못했다"고 말했다.

"날이 밝자" 이하 부분에서 일찍이 신수가 벽에다 써놓은 게송인 줄을 알고서도 일부러 그것을 흘깃 쳐다보고서 '참 훌륭하다'고 말한 것은 일시적인 방편으로 혜능대사가 혹시 대중들로부터 입을지도 모르는 해꼬지를 모면토록 하려는 것이었다.

"홍인조사는 삼경에" 이하 부분은 진실에 의거하기로 결단한 것이다.

"무상보리" 이하 부분은 소가 풀을 먹는 것에 안배한 것으로서 처음으로 견성한 것을 보여준 것이다.

"일체에서" 이하 부분은 성불을 보여준 것이다.

"하나가 진실하면 일체가 진실하므로" 이하 부분은 공(空)과 유(有)가 원융하여 다름이 없다는 것을 보여준 것이다.

"그대는 이제 떠나거라." 이하 부분은 비록 떠날 시기가 적절하지 않은 줄은 알고 있었지만 요컨대 이후에 해

으로 無念을 강조하는 입장이다.

코지를 모면토록 하려는 까닭이었다. 또한 다른 사람들에게는 모름지기 깨침에 투철토록 하려는 까닭에 하하(下下)의 근기에게는 그들 자신의 자성을 직접 지시해 주고, 상상(上上)의 근기에게는 신수대사를 따르라고 지시한 것이다.

○ 祖一日喚門人者 意在傳法於大師也 神秀偈尙不知 五蘊皆空 安能度脫生死苦厄 五蘊中色 是身後四心也 勤拂身樹 勤拭心鏡 卽是相宗 勞修漸行 着相邪見 故猶不及於荷澤 心本淨妄本空之 頓悟漸修 義理禪知見 安敢望於沒巴(把?)鼻無悟修之格外禪宗旨耶 故云只到門前未入門內 天明下 早知神秀書偈壁間 故忽見至(之?)善哉 一時設權要免大師見害也 祖三更下 據實決破也 無上菩提下 按牛頭喫艸初示見性 於一切下 示成佛 一眞下 示空有圓融無二也 汝且去下 雖知其非機 要無後寃故 且爲人須爲徹 故下下人 指自家上上人 指秀師

○ 2. 둘째는 게송 부분이다.

혜능대사 게송[36]의 대지(大旨)는 다음과 같다. 곧 자심이 지혜를 발생시켜서 오온을 조견하여 색(色)과 심(心)이 모두 공하여 본래부터 집착할 거리가 없기 때문에 일체의

---

[36] 혜능의 게송은 "몸은 보리의 나무가 아니고/ 마음도 본래 거울이 아니네/ 본래 집착할 것조차 없는데/ 어느 곳에 먼지가 끼겠는가./"이다. 이 게송은 대립의 세계를 초월한 것으로 보리와 번뇌 및 몸과 마음을 비교해서는 안 된다는 공의 입장을 말한 것이다. 그러나 공에 대한 집착마저도 초탈해야 할 것을 本來無一物로 표현하였다.

고액을 건너갈 수가 있다는 것이다. 이미 진공의 자성이 있음을 보았는데 어찌 그것을 오염시키는 생사의 진애가 있겠는가. 이것은 관세음보살이 깊은 반야바라밀다를 실천하고 나서 중생의 경우에는 지혜가 미숙하고 결여되어 있다는 것으로써 비유를 삼는다는 것과 아주 똑같다. 견성한 지는 이미 오래 되었지만 아직 인가를 받지 못했을 뿐이라는 것이다.[37]

"언하에 대오하고 나서 말했다. 만법은 자성을 떠나 있지 않다"는 것은 다음과 같다. 이전에는 비록 '집착하지 말고 본래의 청정한 마음을 일으켜야 한다'[38]는 두 구의 경문을 듣고서 단지 '집착하지 말라'는 상구에서는 진공만 깨쳤기 때문에 마음이 곧 개오하였다고 말했다. 그런데 이제 홍인이 그것을 다시 설하자 혜능은 언하에 바야흐로 깨쳤는데 그것이 곧 '본래의 청정한 마음을 일으켜야 한다'는 하구의 묘유였다. 때문에 "언하에 대오하고 나서 말했다. 만법은 자성을 떠나 있지 않다." 등등 자신의 깨침에 대하여 말씀드렸다.

---

37 이에 대하여 『단경』의 본문에서는 홍인의 질문에 대하여 혜능이 "쌀은 오래 전에 다 찧었는데 아직 키질을 하지 못한 상태입니다"라고 답변한다. 곧 이미 깨침은 터득했지만 아직 스승의 인가를 받지 못했다는 것을 비유한 것으로 혜능의 말에는 빨리 자신을 인가해달라는 의미도 포함되어 있다.
38 鳩摩羅什 譯, 『金剛般若波羅蜜經』(大正藏8, p.749下).

비록 5구[39]가 있지만 '자성이 만법을 발생한다는 것을 어찌 짐작이나 했겠습니까'라는 마지막 구가 이에 해당한다. 그리고 오늘에서야 비로소 깨쳤기 때문에 널리 지시한 것이다.

5구 가운데 처음의 두 구 곧 제1구와 제2구는 진공의 청정을 깨친 것이다. 바로 진공의 당체는 본래부터 청정하여 오염되지 않기 때문이다.

"생멸이 없다"는 것은 청정하여 오염되지 않을 뿐만 아니라 또한 상주불변한 것을 가리킨다.

뒤의 세 구 곧 제3구부터 제5구까지는 묘유가 여기에 구비되어 있음을 깨친 것이다. 곧 제3구는 자성의 작용에는 항하사와 같은 자성의 덕(機)과 무량한 묘용(用)이 본래부터 구족되어 있다. 그 다음으로 제4구와 제5구는 수연에 대한 것이다. 제4구에서는 작용하지만 움직임이 없다는 것은 비록 만법을 발생시키지만 본체는 원래 동요가 없다는 것이고(機), 만법을 발생시킨다는 것은 본체가 부동이지만 만법을 발생시킨다는 것으로(用) 곧 부사의한 변

---

39 五句는 혜능이 깨치고 나서 홍인 앞에서 술회한 "자성은 본래부터 청정한 줄을 어찌 짐작이나 했겠습니까. 자성은 본래 불생불멸인 줄을 어찌 짐작이나 했겠습니까. 자성은 본래부터 구족되어 있는 줄을 어찌 짐작이나 했겠습니까. 자성은 본래 동요가 없는 줄을 어찌 짐작이나 했겠습니까. 자성이 만법을 발생한다는 것을 어찌 짐작이나 했겠습니까"를 가리킨다.

화임을 말한다.

 제이와 같이 5구의 내용은 일반적으로 자심의 법체에는 본래 불변[空]과 수연[有]의 두 가지 뜻을 구비하고 있는데 지금은 이미 공(空)과 유(有)에 모두 철오(徹悟)하여 곧 제불과 원만하게 동일하여 다시는 다를 것이 없으므로 부처라 말한다는 것이다. 그리하여 홍인은 곧 의법을 전수하여 혜능을 육조로 삼은 것이다.

○ 大師偈大旨 自心能生智慧 照見五蘊 色心俱空 本來無一物 故可度一切苦厄也 旣見眞空自性有 何生死塵埃之可染耶 正同 觀音行深般若時 米(未?)熟欠餘以喩 見性久矣 未得印可也 大悟萬法不離自性者 前雖聞此兩句 經但悟上句眞空 故云心卽開悟 今則更說之 言下方悟 下句妙有故 大悟萬法不離自性下 呈似所悟 雖有五句 末句正是 今日所悟 故偏(遍?)指也 五句中初二句 悟眞空淸淨者 正是眞空當体 本自淸淨 汚染不得故 不生滅者 非但淸淨無染 亦乃常住不變 後三句 悟妙有具足者 自性用恒沙性德(機) 無量妙用(用) 本自具足 下二隨緣用無動者 雖能生萬法 本體元無動搖(機) 能生萬法者體 雖不動能生萬法(用) 卽不思議變也 盖自心法體上 本具不變(空) 隨緣(有) 二義 而今旣徹悟空有 則圓同諸佛 更無餘事故 卽名爲佛 而便傳衣法 爲第六祖

○ 전법게[40]의 제1구와 제2구에서는 묘유를 보여준 것

---

40 홍인의 전법게는 다음과 같다. "유정이 나타나 종자를 뿌리더니/ 땅

으로 전승도 있고 지혜도 있다. 유정이 나 홍인한테 나타나서 법을 듣고 종자를 뿌리는 것이란 곧 전법을 받는 당사자의 심지이다. 반드시 보리과를 발생함으로써 설한 법은 곧 여래의 밀인(密因)이다. 때문에 제3구와 제4구에서는 진공으로서 전법조차도 없음을 보여준다.

그래서 지금 비록 법을 듣고 종자를 뿌려서 결과를 얻었을지라도 당사자의 자성은 본래부터 청정하여 인도 없고 과도 없다. 때문에 또한 발생할 자성이 없는데 곧 그것이 불변의 뜻이다. 부처와 부처가 서로 몸으로 전수한 것은 공(空)이고, 조사와 조사가 서로 마음으로 부촉한 것은 유(有)로서, 부처와 조사가 서로 투영된 것이다. 불조의 혜명이 마치 한 가닥의 실낱과 같다[41]는 것이 전의(傳衣)의

을 인연하여 열매를 맺었다네./ 무정이 왔다면 종자가 없을 테고/ 자성이 없다면 발생도 없을 터다./" 여기에서 유정은 혜능을 가리키는데 숙업으로 인연을 지었기 때문에 현생에 홍인을 만나 과보를 맺었다. 그러나 숙업의 인연이 없었다면 오늘의 과보도 없었을 것이고 자성을 말미암지 않으면 오늘과 같은 깨침도 없을 것이다. 無情은 신수를 가리킨다. 그래서 또한 다음과 같이 해석된다. "어떤 사람이 씨앗을 뿌리니/ 땅을 인하여 열매가 열리네./ 사람이 없으면 씨앗도 없어/ 성품도 없고 생겨남도 없네." 이것은 전자와 마찬가지로 혜능의 경우 이미 구비되어 있는 자성이 깨침의 시절인연이 도래하자 결과를 맺었다는 내용이다. 『華嚴經』卷18(大正藏10, p.97下~98上) 참조.

41 정법안장을 授受하는 데 있어 한 스승으로부터 한 제자에게로만 전승해 가는 一師印証의 원칙을 가리킨다. 그러나 혜능 이후에는 한 스승으로부터 많은 제자에게로 전승되어 이와 같은 원칙은 변화하

법칙이었다. 무릇 가사라는 형상에 집착하여 밖으로 추구하면서 투쟁을 그만두지 않기 때문에 불조의 혜명이 존(存)·망(亡)에 처해지는 것이다.

양주(懷州)와 회주(會州)의 두 주에서 모두 반드시 난을 만날 것이다.[42] 때문에 양주(懷州)에서 머물고, 회주(會州)에서 숨어야만 나 홍인이 제도해 주는 것과 부합된다는 것이다. 이 자성은 비록 본래부터 존재할지라도 반드시 신훈에 의지해야 깨칠 수가 있다. 스스로 제도한다[43]라는 것은 비록 신훈에 의지하여 전수할지라도 본분자성의 작용을 벗어나지 않는 것을 말한다.

'같지 않다'는 것은 조칙(祖則)은 신훈으로 제도하는 것이고 자칙(自則)은 본분으로 제도하는 것이기 때문이다. 어(語)와 음(音)이 바르지 못한 것[44]은 자성을 깨치지 못한 까닭에 형상에 대한 집착에서 나온 말이다. 때문에 '그래, 바로 그렇다'라고 전적으로 그 말을 인정함으로써[45] 그 전

게 되었다.
42 홍인조사가 혜능에게 말한 '懷를 만나면 멈추고 會를 만나면 숨거라'는 것으로 혜능은 후에 영남으로 돌아가서 광주 남해군의 懷集縣과 四會縣 주변에서 몸을 숨기게 된다는 것을 가리킨다.
43 다른 것에 의지하지 않고 자신이 직접 자신의 자성을 깨치는 것을 말한다.
44 곧 서로 발음이 다른듯하기도 하지만 서로 같은듯하기도 하는 祖則과 自則의 語와 音을 가리킨다.
45 혜능이 본성을 깨친 것을 알아차리고 홍인조사가 '본심을 모르면 법

수하는 도리를 삼은 것이다. 그러나 철오한 입장[46]에서는 전수조차도 없는 본분이므로 그 밖의 방식으로 자성에 철저하게 도달한다는 것은 없다.

회양화상이 말한 '일물에 대한 수행과 깨침이 없지는 않지만 곧 염오되지 않도록 할 뿐입니다'[47]라는 것과 마조가 타파한 장병(醬甁)의 일화[48] 등은 모두 육조의 이러한 뜻[49]으로부터 출현한 것이다. 혜능이 혜명에게 양구(良久)한 것도 역시 정령(正令)[50]을 고제(高提)한 것이다. 위에서

을 배워도 이익이 없다. 만약 자기의 본심을 알고 자기의 본성을 본다면 곧 조어장부·천인사·불이라 일컫는다'고 인정한 대목을 가리킨다.
46 혜능이 자성에 徹悟한 경우를 가리킨다.
47 이와 같은 내용은 本來成佛에 근거한 것으로 달마의 선법을 계승한 祖師禪의 기본적인 바탕이다. 그 전승은 『華嚴經』卷14(大正藏10, p.69下)의 善用其心을 이어서 달마의 深信含生同一眞性－혜가의 禪心－승찬의 信心不二－도신의 守一不移－홍인의 守心 및 修心－혜능의 자성 및 但用此心－남악의 修證卽不無但莫染汚－마조의 道不用修－백장의 體露眞性 등으로 계승되어 갔다. 기타 眞諦 譯, 『大乘起信論』"菩提之法非可修相非可作相 畢竟無得"(大正藏31, p.577上) 참조.
48 『晦嶽旭禪師語錄』卷1 "示衆擧仰山住東平日潙山令僧送書幷鏡至 山上堂提起示衆曰且道潙山鏡東平鏡若道是東平鏡又是潙山送來若道是潙山鏡又在東平手裏道得卽留取道不得卽撲破去也衆無語山撲破下座師曰馬師送醬百丈打破醬甕潙山送鏡東平撲破鏡子祖孫接踵頂門只具一隻眼"(嘉興藏38, p.500中).
49 본래성불의 도리는 철저하게 자신의 자각으로 성취된다는 것으로 『단경』의 서두에서 말한 "보리의 자성은 본래 청정하다. 그러므로 무릇 그 청정한 마음을 활용한다면 곧바로 성불할 수가 있다"는 것을 가리킨다.

이미 설했다시피 의발을 빼앗으려는 것은 곧 악심이고, 다시 설법을 추구하는 것은 곧 선심이다.[51]

여기에서 악을 버리고 선을 추구하는 것은 아직 삼구와 같은 분별의 범위도 벗어나지 못한 것이다. 때문에 이제 당사자가 구비하고 있는 본분이라는 하나의 화살촉으로써 저 치구하는 마음을 멈추지 못하는 신훈삼구의 관문을 타파해 주는 것이다. 소위 좌(左)에 떨어지지 않고(善) 우(右)에 떨어지지 않으며(惡) 곧장 앞으로 나아가는(本面) 것이다.

대유령에서 혜명이 언하에 대오한 것은 곧 진공을 터득한 것이다. '밀의가 아니다'[52]는 것은 본래면목으로서, 이것은 비록 전수할 도리가 없는 밀의일지라도 지금 이미 설파해 버렸으므로 더 이상 밀의가 아니라는 것이다. 만약 자증(自證)하고 자오(自悟)할 수 있다면 그것이야말로 바야흐로 밀의이다.

○ 傳法偈上半 示妙有有傳有智慧 情者來我處聞法下種 則當人心地 必生菩提果 以所說法 是如來密因 故下半 示眞空無傳 今

---

50 본래성불의 도리를 터득하는 자각의 방식을 말한다.
51 혜능이 혜명에게 일러준 '不思善不思惡'하라는 대목을 가리킨다.
52 혜능이 혜명에게 일러준 '그대한테 설한 이상 그것은 이미 密이 아니다. 그러므로 만약 그대가 返照한다면 密은 곧 그대 곁에 있는 줄을 알 것이다'는 대목을 가리킨다.

雖聞法下種結果 當人自性本自清淨 無因無果 故亦無有性可生 即不變義 佛佛傳體空也 祖祖付心有也 互ównい也 命如縣絲者 以傳衣則 但着相外求鬪争不已 故佛祖慧命 若存若亡也 懷會兩州 必皆有難 故止之藏可也 合是吾度 此性雖本有必借 新熏悟了 自度者 雖借新熏傳受 不離本分自性用處 不同者 祖則新熏度 自則本分度故 語音不正者 未悟自性故 出言執相 故如是如是 滿口許他 以其傳授處 徹悟無傳授本分 是無餘徹到自性故也 讓 和尚云 修證即無不 汚染即不得 及馬祖打破醬瓶之事 皆從六祖 此意所出也 爲惠明良久者 亦高提正令 如上已說 欲脫衣鉢是惡 心也 更求說法是善心也 捨惡取善 猶未出三句圈匱 故今以當人 所具之本分一鏃 破他馳求不歇之新熏三句關 所謂不落左(善) 不落右(惡) 正面而去(本面)也 言下大悟卽悟眞空也 非密意者 本來面目 雖是無傳之密意 今已說破 故還非密意也 若能自證自 悟 方爲密意

○ "바람과 깃발이 움직인다"는 것에서 바람은 움직이는 성품이므로 볼 수가 없고, 깃발은 움직이는 형상이므로 볼 수가 있다는 것은 의리선의 삼구이고, 바람이 움직이는 것도 아니고 깃발이 움직이는 것도 아니며 곧 마음이 움직이는 것이란 또한 한 개의 화살로 세 개의 관문을 통과하는[一鏃破三關] 것이므로 분별[左右]에 떨어지지 않고 정면으로 나아가는 것이다.

"마음이 움직인다"는 것이란 혹 그대들의 자심이 혼란스럽게 움직이는 것이라고도 말한다. 때문에 바람이 움직인다, 또 깃발이 움직인다는 것에서 만약 그 바람과 깃발이 곧 본래 없다면 그와 같은 움직이는 분별심[想]도 또한 없다. 삼계의 만법은 모두 오직 중생심으로 만들어진 것이다. 때문에 바람이 움직인다는 것도 또한 마음이 움직인 것이고, 깃발이 움직인다는 것도 또한 마음이 움직인 것이다. 일체만법의 낱낱이 곧 마음이다. 그러니 어찌 만법에 즉하지 않고서 자심을 확실하게 볼 수가 있겠으며, 어찌 마음 밖을 향해서 형상에 대한 인식에 집착해서 바람이 움직인다든가 깃발이 움직인다고 말할 수 있겠는가. 이처럼 형상에 집착한다면 그것은 사견이 아니겠는가.

○ 風幡動者 風是動性 故無見也 幡是動相 故有見也 卽義理禪 三句 不是風幡動 是心動者 亦一鏃破三關 故不落左右 正面去也 是心動者 或云 仁者自心亂動 故以爲風動幡動 若其風幡則本無 如是動想也非也 以三界萬法 唯心所造 故風動亦心動 幡動亦心動也 一切萬法一一是心也 何不卽萬法而頓見自心 向心外而執相認 名云風動幡動耶 非着相邪見乎

○ 혜능이 말한 불감(不敢)[53]이란 겸손한 말이지 그렇지

---

[53] '不敢'은 감히 그렇지 않다고 속이지 못하겠다는 말로서 긍정하는 뜻이다. 이 내용은 "인종법사가 물었다. '행자는 필시 보통 사람이 아닙니다. 오래 전에 황매의 의법이 남방으로 갔다고 들었는데 혹시 그 행자가 아닙니까.' 혜능이 말했다. '그렇습니다. 그게 바로 저입니다'"는 대목을 설명한 것이다.

않다는 것을 말하는 것이 아니다. 『열반경』에서 고귀덕왕 보살이 질문한 뜻은 선근 및 불성에 대한 논의가 함부로 퍼져 있기 때문에 그것을 변별해 달라고 질문한 것이다.[54]

---

54 이에 대한 내용은 『단경』의 다음 대목에 해당한다. "인종법사가 다시 물었다. '황매조사께서 부촉한 법은 어떤 가르침이었습니까.' 혜능이 말했다. '특별한 가르침은 없었습니다. 오직 견성법만 논하였지 선정과 해탈은 논하지 않았습니다(見性은 見自本性이고 明見佛性이다. 여기에서 특별히 선정과 해탈을 논하지 않았다는 것은 선정을 통하여 해탈한다는 것은 선정의 수행을 통하여 해탈을 증득한다는 것으로 修와 證을 분별하는 것을 의미한다. 혜능은 修證不二이고 修證一如의 입장에서 견성법을 말하고 있다.).' 인종법사가 말했다. '어째서 선정과 해탈을 논하지 않는 것입니까.' 혜능이 말했다. '선정과 해탈은 二法으로서 그것은 佛法이 아니기 때문입니다. 佛法은 不二法입니다.' 인종법사가 또 물었다. '佛法의 不二法은 어떤 것입니까.' 혜능이 말했다. '법사께서는 『열반경』을 강의하면서 불성에 대하여 설명을 합니다. 그것이 곧 佛法의 不二法입니다. 『열반경』(曇無讖 譯, 『大般涅槃經』 卷22, 大正藏12, p.494上)에서는 다음과 같이 말합니다. 고귀덕왕보살이 부처님께 사뢰어 말씀드렸다. 四重禁(殺·盜·婬·妄·兩舌·惡口·綺語·貪·瞋·癡의 十重禁 가운데 앞의 殺·盜·婬·妄의 네 가지로서 이것을 범하면 四波羅夷罪에 해당된다.)을 범하고 五逆罪(五無間業으로 殺父·殺母·殺阿羅漢·破和合僧·出佛身血의 죄이다.)를 지으며, 내지 一闡提(一闡提는 斷善根 내지 信不具足이라 번역한다. 신심과 선근이 없어서 성불하지 못하는 존재이다. 그러나 『열반경』에서는 佛法은 不二이므로 이와 같은 일천제도 성불한다고 말한다.) 등은 마땅히 선근과 불성을 단절하는 것입니까. 부처님께서 말씀하셨다. 선근에 두 가지가 있다. 첫째는 常善根이고, 둘째는 無常善根이다. 그런데 불성은 常도 아니고 無常도 아니다. 이런 까닭에 단절이 아니다. 이것을 不二라 말한다. 또 첫째는 善이고, 둘째는 不善이다. 그런데 불성은 선도 아니고 불선도 아니다. 이것을 不二라 말한다. 오온과 십팔계에 대하여 범부는 二로 간주하지만 智者는 그 성품이 無二임을 요달한다. 그 無二의 성품이야말로 곧 불성이다.'"

부처님의 답변 가운데서 선근에 유루선[無常]과 무루선[常]이 있다는 것은 곧 분별의 이법(二法)으로서 불법이 아니다. 불성은 상도 아니고 무상도 아니므로 곧 단멸할 수 있는 것도 아니다. 때문에 이것이 곧 불이의 불법이다.

또한 선근에 선의 경우가 있다[無漏]고 말할 경우 불성은 선과 불선에 간섭되지 않기 때문에 불이(不二)이다. 또한 의집(依執, 界)과 정집(正執, 蘊)[55]에 대하여 범부는 둘로 보지만 그 자성은 무이(無二)이다. 그런데 어째서 선법과 악법을 가지고서 무이(無二)의 불성에 대하여 둘[二]이라고 함부로 논한단 말인가.

○ 能曰 不敢謙辭非謂不是 涅槃經中 菩薩問意以善根 及佛性相濫故問辨也 佛答中 善根有 有漏善(無常) 無漏善(常) 則是二法故 非佛法也 佛性非常無常 則不可斷 故是不二佛法也 又善根有善(無漏) 佛性不干善不善 故爲不二也 又依(界)正(蘊)二執 凡夫見二 其性無二也 何以善惡等法相濫於無二之佛性乎二

혜능은 동산의 홍인으로부터 득법한 이래로 견성성불의 묘법을 올바르게 제시하였다. 그 가운데 29단락의 설법[56]이 들어 있다.

---

55 依執 곧 界는 18계로서 별업의 과보인 依報이고, 正執 곧 蘊은 곧 오온으로서 별업의 과보인 正報를 가리킨다.
56 백파는 '오법전의 제일'의 대목을 29단락으로 나누어 설명한다.

能於東山淂(得?)法下 正示見性成佛之妙法 於中有二十九

○ 이제 그 첫째에 해당하는 설법은 다음과 같다.
이 법회에서 함께 설법을 듣게 된 것은 숙세의 선업을 계승한 것이라는 부분이다.

○ 今初說 聽一會同承宿善

○ 둘째에 해당하는 설법은 다음과 같다.
교(敎)[57]가 옛 부처님들의 가르침의 방식이었다면, 후대의 가르침은 곧 공안으로서 조사의 가르침인 것을 어느 누가 분별하지 못하겠는가 하는 부분이다.

○ 二 敎是先聖 下敎是公案 何誰無分

○ 셋째에 해당하는 설법은 다음과 같다.
불성은 본래부터 지니고 있는 것이지만 반드시 선지식의 가르침에 의지해야 한다는 부분이다.

○ 三 師復告下 性雖本有 必借師敎

○ 넷째에 해당하는 설법은 다음과 같다.
"내가 이제" 이하 부분[58]으로서 반야에 대하여 설법할

---

57 일체의 교법을 가리킨다.
58 "내 이제 마하반야바라밀법을 설하여 그대들로 하여금 각자 지혜를

것을 인정하고서 잘 들어보라고 권장하는 부분이다.

○ 四 吾今下 許說般若 勸令諦聽

○ 다섯째에 해당하는 설법은 다음과 같다.
"세상 사람들은" 이하 부분[59]으로서 말만 하고 수행하지 않으면 결코 견성할 수 없다는 부분이다.

○ 五 世人下 但說不修 必不見性

○ 여섯째에 해당하는 설법은 다음과 같다.
경전의 제목을 약석(略釋, 總釋)하여[60] 견성에 대하여 본격적으로 제시하는 부분이다. 여기에 두 가지가 있다.
1. 하나는 총체적으로 번역[61]을 하고, 그에 대하여 마음으로 실천해야지 입으로만 염송해서는 안 된다는 것을 권

터득하게 하겠다. 志心으로 잘 경청하라. 내 그대들에게 설하겠다"는 대목을 가리킨다.
59 "선지식들이여, 세상 사람들은 종일토록 입으로는 반야를 읊으면서 도"는 대목을 가리킨다.
60 "선지식들이여, 마하반야바라밀은 범어로서 이 나라 말로는 큰 지혜로 피안에 도달한다는 뜻이다. 이것은 모름지기 마음으로 실천해야지 입으로만 염해서는 안 된다. 입으로만 읊조리고 마음으로 실천하지 않으면 幻·化·露·電과 같다. 그러나 입으로 읊조리고 또 마음으로 실천하면 곧 마음과 입이 상응한다. 본성이 곧 부처이므로 본성을 벗어나 달리 부처가 없다"는 대목을 가리킨다.
61 마하반야바라밀에 대하여 '큰 지혜로 피안에 도달한다는 뜻이다'고 해석하는 것을 가리킨다.

장하는 대목이다.

2. 둘은 "무엇을 마하라 하는가." 이하로서 별석(別釋)인데 여기에 세 가지가 있다.

2-1) 첫째는 마하를 설명하는데 여기에 세 가지가 있다.

1)-(1) 첫째는 진공인데 여기에 세 가지가 있다.

(1)-① 첫째는 비유를 든다.

(1)-② 둘째는 "제불의 찰토" 이하[62]로서 만법이 의보와 정보에 합치된 구공으로서 진공임을 말하는 대목이다.

(1)-③ 셋째는 "듣고서 집착해서는 안 된다." 이하 부분[63]으로서 사견(邪見)을 간택하는 것이다.

○ 六 略釋經題正示見性二 初摠飜直 勸口念心行 二何名摩訶下 別釋三 初釋摩訶三 初眞空三 初擧喩 二諸佛刹土下 法合依正俱空爲眞空 三莫聞下 揀邪見

○ 1)-(2) 둘째는 "세계의 허공" 이하 부분[64]으로서 묘

---

62 이에 해당하는 대목은 다음과 같다. "제불의 찰토가 모두 허공과 같고 세상 사람들의 묘성이 본래 공하여 일법도 터득할 것이 없는데 자성의 眞空도 또한 마찬가지이다."
63 "선지식들이여, 내가 설하는 공을 듣고서 공에 집착해서는 안 된다. 결코 공에 집착하지 말라. 만약 空心으로 정좌하면 곧 무기공에 집착하는 꼴이다"는 대목을 가리킨다.
64 "선지식들이여, 세계의 허공은 만물의 색상을 포함한다. 日·月·星·宿·山·河·大地·泉源·谿澗·草·木·叢林·惡人·善

유인데 여기에 여섯 가지가 있다.

(2)-① 첫째는 비유를 든다.

(2)-② 둘째는 "세상 사람들의" 이하 부분[65]으로서 만법에 합치되는 부분이다.

(2)-③ 셋째는 "자성은 만법을 포함하기 때문에" 이하 부분[66]으로서 취사의 분별심을 내지 말라고 경계한다.

(2)-④ 넷째는 "또한 어리석은 사람은" 이하 부분[67]으로서 묘유에 의거하여 거듭 공에 집착하는 것은 사견이라는 것이다.

(2)-⑤ 다섯째는 "심량(心量)은 광대하여" 이하 부분[68]으

人・惡法・善法・天堂・地獄・一切의 大海・須彌의 諸山 등이 다 공에 들어 있다"는 대목을 가리킨다.

[65] "세상 사람들의 성품이 공한 것도 또한 마찬가지이다"는 대목을 가리킨다.

[66] "선지식들이여, 자성은 만법을 포함하기 때문에 곧 大이다. 만법은 모든 사람들의 성품에 있다. 그러므로 만약 일체 사람들의 악과 선을 보고도 그것에 모두 取捨가 없고 또한 染著이 없어서 마음이 허공과 같으면 그것을 大라 말한다. 때문에 摩訶라 한다"는 대목을 가리킨다.

[67] "또한 어리석은 사람은 空心으로 정좌하여 온갖 것을 생각하지 않는 것을 자칭 大라고 한다. 그러나 이와 같은 부류의 사람은 더불어 말할 것이 못된다. 왜냐하면 그것은 사견이기 때문이다"는 대목을 가리킨다.

[68] "선지식들이여, 心量은 광대하여 법계에 두루 한다. 때문에 그것을 활용하면 곧 요요하고, 분명하게 응용하면 곧 일체를 알게 된다. 그래서 일체가 하나에 즉하고 하나가 일체에 卽하여 오고 감에 자유롭고 心體에 걸림이 없는 그것이 곧 반야이다"는 대목을 가리킨다.

로서 묘유의 행상을 제대로 보여주는 대목이다. 곧 일체(一切)가 일(一)에 즉하는 것은 대용이 직절한 것이고, 일(一)이 일체(一切)에 즉하는 것은 대기가 원융한 것이며, 거래가 자유로운 것은 기(機)와 용(用)이 제시(提施)되는 것으로서 이것이 곧 묘용의 삼요(三要)이다. 바로 이와 같은 사람들은 자성에 본래부터 반야의 묘용이 갖추어져 있어서 삼신·사지·삼보·삼학·삼대 등 일체의 묘법이 모두 이 삼요로부터 유출되기 때문에 뜻에 따라서 다르기는 하지만 법체에는 다름이 없다고 말한다.

(2)-⑥ 여섯째는 "일체의 반야지혜는" 이하 부분[69]으로서 잘못 인식하지 않는 것이야말로 반야의 진성임을 경계하는 것이다.

○ 二 世界虛空下 妙有六 初擧喩 二世人下法合 三萬法在下 誡勿取捨 四又有下 據妙有重所着空邪見 五心量廣大下 正示妙有行相 一切即一大用直截 一即一切大機圓應 去來自由機用齊提示<施?> 即此三要 正是人人自性上本具之般若妙用 三身·四智·三寶·三學·三大等一切妙法 盡從此三要中流出 名隨義別法體無異 六一切般若下 誡勿認妄爲眞

---

[69] "선지식들이여, 일체의 반야지혜는 모두 자성으로부터 발생하는 것이지 밖에서 들어오는 것이 아니다. 그러므로 잘못된 생각을 하지 않는 것이야말로 반야의 진성을 그대로 활용하는 방식이다"라는 대목을 가리킨다.

○ 1)-(3) 셋째는 "마음으로 대사(大事)만 헤아려야지" 이하 부분[70]으로서 결론적으로 말만 하고 수행하지 않는 것을 타파하는 부분이다.

○ 三 心量大事下 結破但說不行

○ 2) 둘째는 반야를 해석한다. 위의 '마하'라는 두 글자는 곧 향상의 일규 가운데 진공과 묘유였다. 그런데 이 '반야'라는 두 글자는 곧 향하의 삼요이고, '바라밀'이라는 세 글자는 저 향상의 반야를 실천하여 향상의 진공인 피안에 도달하는 것이다. 대의(大意)는 이와 같다.

"늘 지혜를 실천하는 것"[71]이란 혜(慧)는 곧 근본지로서 증리(證理)이기 때문에 기(機)이고, 지(智)는 곧 후득지에 도달하는 것이기 때문에 용(用)이다. 그래서 '금강'이라 말한다.

육조혜능이 서두에서 말한 "혜(慧)는 지(智)의 체이고 지(智)는 혜(慧)의 용이다"는 것이 바로 이 지혜인데 이것은

---

70 "하나가 진실하면 일체가 진실하므로 마음으로 大事만 헤아려야지 小道를 행해서는 안 된다. 입으로는 하릴없이 하루 종일 반야를 설하면서도 마음에는 반야의 실천을 닦지 않는 것은 마치 범부가 국왕이라 자칭하지만 끝내 그럴 수가 없는 것과 같다. 그런 사람은 내 제자가 아니다"는 대목을 가리킨다.
71 이 대목은 "어느 곳이나 어느 때나 염념에 어리석음이 없이 늘 지혜를 실천하는 것이 곧 반야행이다"를 참조.

곧 진공이므로 묘용이다. 때문에 선과 악의 모든 경계에 대해서도 오염되지 않고 집착되지 않아서 순일한 진심이고(一行) 다른 잡념이 없다(無念). 그리하여 혹 무념삼매라고도 말하고, 혹 일행삼매라고도 말한다.

○ 二釋般若 上摩訶二字 即向上一竅中眞空妙有 此般若二字 即向下三要 般若行下 婆羅密三字 行此向上般若行到於向上眞空彼岸 大意如是 常行智慧者 慧是根本智證理故機也 智是後得智達事故用也 故金剛 六祖序云 慧是智體 智是慧用 卽此智慧 是卽眞空 故妙用 故當於善惡諸境 無染無着 純一眞心(一行) 無他雜念(無念) 故或名無念三昧 或名一行三昧

○ 3) 셋째는 '바라밀'을 해석한다. 생·멸은 곧 생·사의 일대사이다. 때문에 향하의 삼요에 즉해서도 생·멸이 본래 공인 줄을 모르는(眞空) 그것은 곧 착상행(着相行)[72]이기 때문이다. 이 생·멸은 곧 차안이 된다. 그러나 만약 생·멸이 본래 공한 줄 요달하면 곧 이상행(離相行)이다. 그러므로 이 생·멸의 당체가 곧 진공의 피안이 되는 것이지 생·멸 밖에 별도로 피안이 있다고 말해서는 안 된다.

○ 三 釋波羅密 生滅是生死一大事 故即向下三要 而不知生滅

---

72 着相行은 분별형상에 집착하는 행위이고, 離相行은 분별형상에 대한 집착을 벗어난 반야의 행위이다.

本空(眞空) 則是着相行故 此生滅爲此岸 若能了達生滅本空 則是離相行 故此生滅當體 卽爲眞空彼岸 非謂生滅外別有彼岸也

○ 일곱째에 해당하는 설법은 다음과 같다.

"어리석은 사람은 입으로 염송하므로" 이하 부분[73]에서는 귀중하게 여겨야 할 것은 깨침과 수행이지 결코 염하는 것 자체가 아니라는 부분이다.

○ 七 迷人口會(念?)下 貴在悟修切忌但會(念?)

○ 여덟째에 해당하는 설법은 다음과 같다.

"최존(最尊)·최상(最上)·최제일(最第一)로서" 이하 부분[74]에서는 '반야'야말로 불모(佛母)이므로 반드시 간절하게 수

---

[73] "선지식들이여, 어리석은 사람은 입으로만 염하므로 염하는 바로 그때는 妄도 있고 非도 있다. 그러나 만약 염념에 실천을 한다면 그것을 진성이라 말한다. 실천하는 그 도리를 깨치는 것이 곧 반야법이다. 그리고 그 반야법을 닦아가는 것이 곧 반야행이다. 그러므로 닦지 않으면 범부이고 일념으로 실천하면 자신이 부처이다. 선지식들이여, 범부가 곧 부처이고 번뇌가 곧 보리이다. 그래서 찰나에 미혹하면 곧 범부이고 찰나에 깨치면 곧 부처이다. 찰나라도 경계에 집착하면 번뇌이고 찰나라도 경계를 벗어나면 곧 보리이다"는 대목을 가리킨다.

[74] "선지식들이여, 마하반야바라밀은 最尊·最上·第一로서 현재도 없고 과거도 없으며 미래도 없고, 삼세의 제불도 그로부터 출현하였다. 그러므로 마땅히 그 대지혜를 활용하여 오온의 번뇌와 진로를 타파해야 한다. 이와 같이 수행하면 결정코 불도를 성취하여 貪·瞋·癡의 삼독심이 변하여 戒·定·慧의 삼무루학이 된다"는 대목을 가리킨다.

행해야 한다는 부분이다.

○ 八 最尊最上下 般若佛母 當切修行

○ 아홉째에 해당하는 설법은 다음과 같다.
"나의 이 법문은" 이하 부분[75]에서는 팔만 가지의 모든 수행이 모두 이 반야로부터 유출된 것임을 말하는 부분이다.

○ 九 我此法門下 八萬諸行盡出般若

○ 열째에 해당하는 설법은 다음과 같다.
"이 가르침을 깨친 자는" 이하 부분[76]에서는 이 무념의 법문이야말로 바야흐로 견성임을 말하는 부분이다.

○ 十 悟此下 以此無念 方得見性

○ 열한째에 해당하는 설법은 다음과 같다.
"만약 심심한 법계에" 이하 부분[77]에서는 만약 무념에

---

75 "선지식들이여, 나의 이 법문은 하나의 반야로부터 팔만 사천 가지의 지혜가 발생한다. 왜냐하면 세상 사람들에게 팔만 사천 가지의 번뇌[塵勞]가 있기 때문이다. 이에 번뇌[塵勞]가 없으면 지혜가 늘상 현전하여 자성을 벗어나지 않는다"는 대목을 가리킨다.
76 "나의 이 가르침을 깨친 자는 곧 망념이 없고[無念] 분별이 없으며[無憶] 집착이 없어서[無著] 기만과 거짓[誑妄]을 일으키지 않고, 본래진여의 성품을 활용하고 지혜로써 관조하며 일체법에 취사분별이 없는데 이것이 곧 견성성불의 도이다"는 대목을 가리킨다.

들어가고자 하면 이 『금강경』을 수지하고 독송해야 한다는 부분이다.

○ 十一 欲入甚深下 欲入無念持誦經文

○ 열두째에 해당하는 설법은 다음과 같다.

"반드시 알아야 한다." 이하 부분[78]에서는 『금강경』을 수지하고 독송한 공덕이 무량하고 무변하다는 부분이다.

○ 十二 當知下 持經功德無量無邊

○ 열셋째에 해당하는 설법은 다음과 같다.

"이 법문은" 이하 부분[79]에서는 대승의 근기와 소승의 근기에 대하여 그 득·실에 대하여 싸잡아서 설명하는 부분이다.

○ 十三 此法門下 雙明大小二機得失

---

77 "선지식들이여, 만약 심심한 법계 및 반야삼매에 들어가려는 자는 모름지기 반야행을 닦아야 하는데 『금강반야경』을 지송하면 곧 견성을 터득한다"는 대목을 가리킨다.
78 "반드시 알아야 한다. 곧 『금강반야경』의 공덕은 무량하고 무변하다고 경문에서 분명히 찬탄하는데 그것을 다 설명할 수가 없을 정도이다"는 대목을 가리킨다.
79 "『금강반야경』은 최상승 법문으로서 大智人을 위한 법문이고 上根人을 위한 법문이다. 그래서 小根人과 小智人이 들으면 마음에 불신을 일으킨다. 왜냐하면 다음과 같다. 비유하자면 저 천룡이 염부제에 비를 내리면 성읍과 취락이 모두 다 떠내려가는데 마치 대추나무의 잎이 떠내려가는 것과 같다. 그러나 만약 대해에 비를 내리면 늘지도 않고 줄지도 않는 것과 같다"는 대목을 가리킨다.

○ 열넷째에 해당하는 설법은 다음과 같다.

"만약 대승인이나 최상승인이" 이하 부분[80]에서는 대승근기의 경우에 『금강경』의 설법을 들으면 곧 깨친다는 부분이다.

○ 十四 若大乘下 正明大機聞說卽悟

○ 열다섯째에 해당하는 설법은 다음과 같다.

"소승근기의 사람은" 이하 부분[81]에서는 소승근기의 경우에는 도리어 손해가 되어 아무런 이익도 없다는 부분이다.

○ 十五 小根之人下 仍示小根反害無益

---

80 "만약 대승인이나 최상승인이 『금강반야경』의 설법을 들으면 마음이 열려 깨치게 된다. 그러므로 본성은 본래부터 반야지혜를 갖추고 있어서 스스로 지혜를 활용하여 늘 관조하는 것이지 문자에 의지하지 않는 줄을 알아야 한다. 비유하면 저 빗물이 하늘에서 내려오는 것이 아니라 원래 천룡이 일으키는 것과 같다. 그래서 일체의 중생과 일체의 초목과 유정과 무정을 모두 다 적셔주고, 온갖 강물과 개천은 대해로 흘러들어가 하나가 된다. 중생의 본성인 반야지혜도 또한 그와 마찬가지이다"는 대목을 가리킨다.
81 "선지식들이여, 小根人은 이 돈교를 들으면 마치 뿌리가 약한 초목이 만약 큰 비를 맞으면 모두 다 넘어져 자라나지 못하는 것과 마찬가지이다. 그러나 소근인에게도 또한 그와 같이 본래 반야지혜가 있어서 大智人과 곧 차별이 없다. 그런데 어째서 법문을 듣고도 자신이 개오하지 못하는가. 그것은 사견의 업장이 두텁고 번뇌의 뿌리가 깊기 때문이다. 마치 大雲이 태양을 뒤덮고 있을 때 바람이 불어오지 않으면 태양의 빛이 드러나지 못하는 것과 같다"는 대목을 가리킨다.

○ 열여섯째에 해당하는 설법은 다음과 같다.

"반야지혜의 경우도" 이하 부분[82]에서는 미·오와 득·실의 차이가 대단히 크다는 것을 결판하는 부분이다.

○ 十六 般若之智下 結判迷悟得失懸殊

○ 열일곱째에 해당하는 설법은 다음과 같다.

"일체 수다라의" 이하 부분[83]에서는 세간법과 출세간법은 모두 사람을 연유하여 일어난다는 부분이다.

○ 十七 一切修多羅下 世出世法 皆自人興

○ 열여덟째에 해당하는 설법은 다음과 같다.

"그 사람들 가운데는" 이하 부분[84]에서는 어리석은 사

---

82 "반야지혜의 경우도 또한 대·소의 차별이 없건만 일체중생에게 自心의 迷悟가 같지 않을 뿐이다. 미혹한 마음은 밖을 보고 수행하므로 부처를 찾아도 자성을 깨치지 못하는데 이것이 곧 소근이다. 그러나 만약 돈교를 개오하면 밖으로 닦지 않고 무릇 自心에 늘 정견을 일으켜서 번뇌와 망상에 언제나 물들지 않는데 그것이 곧 견성이다. 선지식들이여, 안과 밖에 집착이 없으면 오고 감이 자유롭고, 집착심을 제거하면 통달하여 걸림이 없다. 이 반야행을 닦으면 『반야경』과 더불어 본래 차별이 없다"는 대목을 가리킨다.

83 "선지식들이여, 일체 수다라의 모든 문자 및 대승과 소승의 십이부경이 다 사람을 인하여 시설되었고 지혜의 성품을 인하여 바야흐로 건립되었다. 만약 세상의 사람이 없다면 일체의 만법도 본래 없다. 그러므로 만법이 본래 사람을 말미암아 일어난 것이고 일체의 경서가 사람의 설법을 말미암아 존재하는 줄 알아야 한다"는 대목을 가리킨다.

84 "그 사람들 가운데는 어리석은 자도 있고 지혜로운 자도 있는데 그

람이 지혜로운 사람의 설법을 들으면 어리석은 사람도 또한 마찬가지로 지혜로워진다는 부분이다.

○ 十八 緣其人中下 愚聞智說愚亦同智

○ 열아홉째에 해당하는 설법은 다음과 같다.

"깨치지 못하면" 이하 부분[85]에서는 범부와 성인은 마음을 말미암은 것인데 어째서 진여의 본심을 알지 못하는가를 말하는 부분이다.

○ 十九 不悟即佛下 凡聖由心何不識心

○ 스무째에 해당하는 설법은 다음과 같다.

"『보살계경』에서는" 이하 부분[86]에서는 『보살계경』·『정명경』을 함께 인용하여 그 올바른 도리를 보여주는

것을 인연하여 어리석은 자는 소승인이 되고 지혜로운 자는 대승인이 된다. 어리석은 자는 지혜로운 자에게 묻고 지혜로운 자는 어리석은 자에게 설법해 준다. 이에 어리석은 자가 홀연히 깨쳐 마음이 열리면 곧 지혜로운 자와 차별이 없다"는 대목을 가리킨다.

85 "선지식들이여, 깨치지 못하면 곧 부처도 중생이지만 일념에 깨치면 중생이 곧 부처이다. 그러므로 만법이 모두 自心에 있는 줄을 알아야 한다. 그런데 어째서 자심에서 진여의 본성을 頓見하지 못하는가"는 대목을 가리킨다.

86 "『보살계경』에서는 '우리의 본성은 원래부터 청정하다'고 말한다. 만약 자심을 알면 견성하여 모두 불도를 성취한다. 『정명경』에서는 '즉시에 활연하면 곧 본심을 터득한다'고 말한다"는 대목을 가리킨다.

부분이다.

○ 二十 菩薩戒下 雙引二經示其正理

○ 스물한째에 해당하는 설법은 다음과 같다.
"나는 홍인화상 밑에서" 이하 부분[87]에서는 거듭 사승(師承)에 대하여 언급하고 간절하게 자신의 본심을 관찰할 것을 권장하는 부분이다.

○ 二十一 我於忍和尚下 重擧師承切勸觀心

○ 스물두째에 해당하는 설법은 다음과 같다.
"만약 스스로 깨치지 못한다면" 이하 부분[88]에서는 스스로 깨치지 못한다면 반드시 선지식의 가르침을 의지해야 한다는 부분이다.

○ 二十二 若自不悟下 自若不悟 須假師教

---

87 "선지식들이여, 나는 홍인화상 밑에서 법문을 한 번 듣고는 대번에 깨쳤는데 그것은 진여의 본성에 대한 돈견이었다. 이로써 그 교법을 유행시켜 학도자들로 하여금 보리를 돈오하여 각자 마음을 관찰하고 스스로 본성을 보도록 하였다"는 대목을 가리킨다.
88 "그러나 만약 스스로 깨치지 못한다면 모름지기 최상승법을 이해하는 대선지식이 가르쳐주는 바른 길을 추구해야 한다. 그와 같은 선지식이야말로 대인연을 가지고 소위 化導하여 견성토록 해준다. 일체의 선법은 선지식을 인하여 발기하기 때문이다. 삼세제불의 십이부경이 사람의 성품 속에 본래부터 갖추어져 있건만 스스로 깨치지 못한다면 모름지기 선지식의 가르침을 추구해야 바야흐로 볼 수가 있다"는 대목을 가리킨다.

○ 스물셋째에 해당하는 설법은 다음과 같다.

"만약 스스로 깨친 사람은" 이하 부분[89]에서는 만약 안으로 깨치지 못한 사람이라면 선지식의 가르침을 받더라도 아무런 이익이 없다는 부분이다.

○ 二十三 若自悟下 若無內悟 師教無益

○ 스물넷째에 해당하는 설법은 다음과 같다.

"만약 잘못된 미혹을 일으키고" 이하 부분[90]에서는 반야에 의지하야 관조하면 찰나에 성불한다는 부분이다.

○ 二十四 若起下 般若觀照 刹那成佛

○ 스물다섯째에 해당하는 설법은 다음과 같다.

"지혜로 관조하여" 이하 부분[91]에서는 반야에 의지하여

---

89 "만약 스스로 깨친 사람은 밖에서 찾을 필요가 없다. 만약 오로지 다른 선지식을 통해서만 바야흐로 해탈을 터득한다고 국집하여 말한다면 그것은 말도 안 되는 소리이다"는 대목을 가리킨다.
90 "왜냐하면 自心 안에 선지식이 있어서 스스로 깨치는 법인데도 불구하고 만약 잘못된 미혹을 일으키고 망념으로 전도되면 밖의 선지식이 제아무리 가르쳐주어도 구원이 불가능하기 때문이다. 그러나 만약 바르고 참된 반야를 일으켜 관조하면 일찰나에 망념이 모두 사라진다. 그러므로 만약 자성을 알아서 대번에 깨치면 곧 불지에 도달한다"는 대목을 가리킨다.
91 "선지식들이여, 지혜로 관조하여 내외가 명철해야 곧 자기의 본심을 아는 것이다. 만약 본심을 알면 그것이 곧 본래의 해탈이다. 만약 해탈을 터득하면 그것이 곧 반야삼매이고 그것이 곧 무념이다. 무엇을 무념이라 하는가. 만약 일체법을 보아도 마음에 염착이 없으

관조하면 곧 그것이 무념행이라는 부분이다.

○ 二十五 智慧觀照下 般若觀照 卽無念行

○ 스물여섯째에 해당하는 설법은 다음과 같다.
"만약 온갖 대상에 대하여" 이하 부분[92]에서는 애써서 망념을 단제하려 하는 것은 잘못된 인식 곧 법박(法縛)으로서 사견일 뿐이라는 부분이다.

○ 二十六 若爲物下 一向絶念錯認邪見

○ 스물일곱째에 해당하는 설법은 다음과 같다.
"무념법을 깨치는 자는" 이하 부분[93]에서는 만약 무념법을 깨치는 자는 원만하게 통하여 성불한다는 부분이다.

○ 二十七 悟無念法下 若悟無念圓通成佛

면 그것이 곧 무념이다. 무념의 작용은 곧 일체처에 편만하고 또한 일체처에 집착이 없다. 그러므로 무릇 본심을 청정하게 지니면 六識이 六門에 나타나도 六塵에 물들지 않고 뒤섞이지 않아 去來에 자유롭고 通用에 걸림이 없다. 곧 반야삼매로 자재하고 해탈하는 것을 무념행이라 말한다"는 대목을 가리킨다.

92 "그러나 만약 온갖 대상에 대하여 애써 사려하지 않으려 한다거나 반대로 애써 念을 단절시키려 하는 것은 곧 法縛으로서 邊見일 뿐이다"는 대목을 가리킨다.

93 "선지식들이여, 무념법을 깨치는 자는 만법에 다 통하고, 무념법을 깨치는 자는 제불의 경계를 보며, 무념법을 깨치는 자는 불지에 도달한다"는 대목을 가리킨다.

○ 스물여덟째에 해당하는 설법은 다음과 같다.

"후대에" 이하 부분[94]에서는 밀전된 가르침을 제자들에게 분부하면서 정법이 소멸되지 않도록 하라는 부분이다.

○ 二十八 後代下 密傳當機愼勿匿法

○ 스물아홉째에 해당하는 설법은 다음과 같다.

"만약 돈교법문을 그대로 보고 그대로 닦지 않고" 이하 부분[95]에서는 정법을 함부로 방자하게 전승하는 자는 저 불종자를 단멸시킨다는 부분이다.

○ 二十九 若不同見下 妄傳非機斷彼佛種

(2) "나한테 하나의 무상송이 있다." 이하의 게송은 두 부분이 있다.

(2)-① 첫째는 권장한다는 것을 드러낸다.

---

94 "선지식들이여, 후대에 내 법을 터득하는 자는 이 돈교법문을 가지고 돈교법문 그대로 보고 돈교법문 그대로 닦아야 한다. 그리고 발원하고 수지해서 종신토록 부처님을 섬기듯이 하여 물러나지 않으면 반드시 부처님 지위에 들어간다. 그리하여 모름지기 종상 이래로 묵전된 분부를 전수하여 그 정법이 사라지지 않도록 해야 한다"는 대목을 가리킨다.

95 "만약 돈교법문을 그대로 보고 그대로 닦지 않고 대신 개별적인 법문에 머물러서 분부를 전수하지 못한다면 저 종전의 사람들을 훼손시키는 것으로 구경에 아무런 이익도 없다. 그래서 어리석은 사람이 이 돈교법문을 이해하지 못하고 비방하여 백 겁 천 생토록 佛種性이 단절될까 염려된다"는 대목을 가리킨다.

무상이라는 말은 사(邪)와 정(正)은 필경에 낱낱임을 분별하여 그 사와 정을 소탕하고 공으로 돌아가기 때문이다.

○ 二 吾有一無相頌下 偈頌二 初標勸 言無相者 分別邪正畢竟
一一 掃蕩邪正 歸於空故

○ (2)-② 둘째는 본격적인 게송 부분으로 여기에 15개의 게송이 있다.

제1게송은 종통과 설통을 겸한 것이다. 때문에 출세간하여 사(邪)를 꺾고 정(正)을 드러낸다. 또 자기도 깨치고 남도 깨우치는 것을 설명한다. 때문에 방자한 설법이 아니다.

다음의 13개(제2게~제14게)의 게송은 본격적으로 견성성불에 대하여 설명한다.

그리고 마지막의 하나의 게송(제15게)은 결게(結偈)로서 성불의 첩경을 보여준다.

15개의 게송 가운데 중간의 13개 게송(제2게~제14게)에서 앞의 10개의 게송(제2게~제11게)은 자리(自利)에 의거하여 사(邪)와 정(正)을 설명한 것이고, 뒤의 3개의 게송(제12게~제14게)은 이타(利他)에 의거하여 사(邪)와 정(正)을 설명한다.

앞의 10개의 게송 가운데서 처음의 3개의 게송(제2게~제

4게)은 돈(頓, 正)과 점(漸, 邪)으로써 사(邪)와 정(正)을 삼은 것이다. 3개의 게송 가운데서 다시 앞의 2개의 게송(제2게~제3게)은 사(邪)와 정(正)을 분별하고, 뒤의 한 게송(제4게)은 사(邪)와 정(正)을 소탕하여 진공을 드러낸다.

대개 의리선과 북종 신수의 일대교학의 경우에는 모두가 점(漸)이고, 여래선과 조사선의 두 격외선은 경우는 모두가 돈(頓)이다. 이 경우는 돈법과 점법의 이법이기 때문에 불이(不二)의 불법이 아니다.

○ 二 正頌有十五頌 初一頌 以宗說兼通 故能出世 推邪顯正 且明自悟悟他 故非妄說也 中十三頌 正明見性成佛 後一頌結 示成佛捷徑經 中十三頌中 前十頌 約自利明邪正 後三頌 約利他明邪正 前十頌中 初三頌 以頓(正)漸(邪)爲邪正 而前二頌 分別邪正 後一頌掃蕩邪正 而示眞空也 盖義理禪與北秀一代敎學 皆漸也 格外二禪 皆頓也 而是頓漸二法故非是不二佛法

○ 다음으로 "보리는 본래의 자성 속에 있지만" 이하로서 10개의 게송 가운데 네 개의 게송(제5게~제8게)은 다음과 같다. 곧 색(色)과 심(心)을 벗어남으로써(五蘊) 보리를 추구하는 것은 사(邪)이고, 색(色)과 심(心)에 즉함으로써 무애자재한 것은 정(正)이다. 그렇지만 무릇 사(邪)와 정(正)을 분별만하고 소탕하지 못한다면 사(邪)와 정(正)의 모습이 전과 후의 분별로 남게 된다.

때문에 이 경우도 또한 격외선의 돈오이다. 이선(二禪) 가운데서 여래선은 사리에 어두운 것으로 사(邪)이고, 조사선은 사리에 밝은 것으로 정(正)이다. 그러나 이 또한 해탈하지 못하고 자취만 전수한 것이기 때문에 소탕해야 할 대상이다.

○ 次 菩提本自性下四頌 以離色心(五蘊) 求菩提爲邪 以卽色心 無碍自在爲正 而但分別邪正 無掃蕩節(卽?) 以影在前後二節(卽?) 故此則又於格外頓 二禪中 如來禪 暗一着爲邪 祖師禪 明一着爲正 而未脫傳授迹故 掃之可也

○ 뒤의 "자신에게 깨치려는 마음 없으면" 이하로서 열 개의 게송 가운데 세 게송(제9게~제11게)은 다음과 같다. 자타의 시·비를 보는 것은 사(邪)이고 그 시·비를 보지 않는 것은 정(正)이다. 그러나 앞의 두 게송(제9게~제10게)은 사(邪)와 정(正)을 분별하는 것이고, 뒤의 한 게송은(제11게) 남의 시·비는 증오하면서 나의 경우는 그 시·비를 보지 않는 경우라면 그것 역시 분별법이기 때문에 불법(佛法)이 아니다.

이 또한 조사선 가운데서 시·비의 용(用)은 보지만 시비의 기(機)는 보지 않는 것이다. 이것 역시 분별법을 전수하는 것이기 때문에 소탕해야 할 대상이다.

"다리 쭉 뻗고 잠잘 수 있다네"라는 것은 본색 그대로

의 모습이다. 때문에 이것은 향상과 진공으로서 '두 다리'라는 뜻 또한 없지 않다.

○ 後自若無道心下三頌 以見自他是非爲邪 以不見是非爲正 而前二頌 分別邪正 後一掃蕩邪正 憎他是非 愛我不見 亦是二法 故非佛法也 此則又祖師禪中 見是非用也 不見是非機也 而亦傳授法二(二法?) 故掃之也 長伸脚臥 是本色體態 故爲向上眞空 而兩脚意 亦不無也

○ 뒤의 "만약 타인을 교화하고자 한다면" 이하로서 중간 13개 게송 가운데 마지막 3개의 게송(제12게~제14게)은 이타에 의거하여 사(邪)와 정(正)을 설명하는 것이다. 곧 세간을 떠나서 보리를 찾는 것은 사(邪)이고, 세간과 출세간의 분별이 없는 경지에 들어가는 것은 정(正)이다.

앞의 두 게송(제12게~제13게)은 사(邪)와 정(正)을 분별한 것이고, 뒤의 한 게송(제14게)은 사(邪)와 정(正)을 소탕한 것이다. 곧 조사선 가운데 향하의 삼요는 세간이므로 사(邪)이고, 향상일규는 출세간이므로 정(正)이다. 그러나 만약 향하의 삼요를 떠나서 별도로 향상의 보리를 추구한다면 그것도 또한 세간과 출세간이 각립(角立)하는 것이다. 그러므로 그것 역시 불법(佛法)이 아니다. 만약 삼요 가운데 향상을 철견한다면 곧 금시(今時)의 신훈(新薰)과 본분(本分)이 무이(無二)이므로 바야흐로 불이(不二)의 불법(佛法)이 된다.

때문에 동시(同時) 밖에 별도로 부동시(不同時)는 없다고 말한다.

○ 後欲擬化他人下三頌 約利他明邪正 而以離世覓菩提爲邪 以入得世出世間無餘爲正 前二頌 分別邪正 後一頌 掃蕩此 則祖師禪中向下三要 是世間故邪也 向上一竅 是出世故正也 而若離向下三要 別覓向上菩提 世出世角立故 亦非佛法也 若能三要中徹見向上 則今本無二故 方爲不二佛性也 故云同時外無別不同時

○ 마지막 한 게송(제15게)은 결론적으로 성불의 첩경을 보여준 것이다.

○ 後一頌結示成佛捷徑

○ 이 15개의 게송을 10절로 변형시켜 살펴보았는데, 언뜻 보면 쉬운듯하지만 실로 무공철추(無孔鐵鎚)로도 꽂아 볼 수가 없다. 때문에 수십 년 동안 잘근잘근 씹고 정교하게 쪼아보니 뜻이 보이고 글이 이어짐으로써 한 가닥의 길에 들어서게 되었다. 때문에 미력하나마 분석을 다하여 찾아온 납자들에게 보여서 혼륜탄조(渾淪吞棗)[96]의 미혹한

---

96 渾淪吞棗(囫圇吞枣)는 송골매가 대추를 통째로 삼키어 먹는다는 뜻으로 어떤 일을 할 때 자세히 분석하지 않고 대충 하는 것을 비유하는 말이다. 곧 남의 말이나 학문을 자세히 알아듣지도 못하고 모호하게 그대로 받아들인다는 뜻이다.

견해를 제도해 주었다. 그러나 잘못 짚은 맹인의 지팡이와 같으니 이런 상황에서는 어찌 법을 이해하는 자들을 두려워하지 않을 수 있겠는가.

대개 육조의 설법은 언어는 천근(淺近)한듯하지만 그 의안(意案)은 대단히 심오하여 말씀마다 그리고 자구마다 자성을 벗어나 있지 않다. 때문에 말후의 일구마저도 깨침의 소식이었다. 그러나 고·금의 납자들이 열이면 열 모두 그것을 간과하였다. 때문에 마침내 견성성불의 정법안장마저도 무용지물로 만들어버리고 말았다.

아, 슬프다. 대보(大寶)를 먼지 속에 묻어두고 어찌 오랫동안 모르고 있었던가. 모든 동지들은 육조의 법어를 소홀히 간주하지 말고 기치로 삼아 힘쓰기를 바란다.

○ 此十五頌十節變韻 而乍看似易實無孔鐵鎚 難可揷嘴(嘴?) 故數十年來 咀嚼琢磨 以義尋文 似有一線 道接足分 故竭愚分析 以示來學度免渾瀾(淪?)吞棗之迷見矣 然盲杖璃墻埴 豈無識法者懼耶 盖六祖說 法語似淺近 意案甚深 言言句句 不離自性 故末後一句無餘道得 古今學者 率多率爾看過 故遂使見性成佛之正法眼藏 爲無用之物也 噫 埋塵大寶 安得久昧 願諸同志 毋忽勉旃

Ⅴ-ⅱ. 공덕정토

○ 이 대목은 세 부분으로 나뉜다.
1. 보시의 공덕에 대한 의문이다.
먼저 질문을 하고, 나중에 답변을 하는데 두 가지가 있다.

1) 첫째는 의문에 대하여 바로 단제해 주는 것임을 알 수가 있다.

2) 둘째는 "대사가 또 말했다." 이하 부분에서는 공덕에 대하여 개별적으로 해석한다. 여기에 여섯 가지가 있다.

2)-(1) 첫째는 향상의 본분 가운데 진공과 묘유는 공덕인데, 견자성은 진공으로서 공(功)이고, 견불성은 묘유로서 덕(德)이다.

2)-(2) 둘째는 "내심에 겸하(謙下)하는 것이" 이하 부분인데, 또한 묘유 가운데 안으로 겸하하는 것은 대기로서 공이고, 밖으로 공경하는 것은 대용으로서 덕이다.

셋째와 넷째에서 거듭 보여주는 것은 공(空)과 유(有)를 서로 공덕으로 간주한다는 것이다.

2)-(3) 셋째는 묘유가 공이고 진공이 덕이다. 자성과 수연으로써 비록 만법으로 간주할지라도(공) 심체(心體)가 상적(常寂)하여 본래부터 불변(덕)하기 때문이다.

2)-(4) 넷째는 진공은 공이고 묘유는 덕이다. 자성은 비록 불변일지라도(功) 또한 수연에 걸림이 없기(德) 때문이다.

다섯째와 여섯째는 거듭 위의 기(機)와 용(用)이 서로 공덕으로 간주된다는 것을 보여 준 것이다.

2)-(5) 다섯째는 용(用)이 공이고 기(機)가 덕이다. 마음에 남을 경시하지 않는 것이 언제나 간단(間斷)이 없기(공) 때문이고, 마음이 평직하여 일체를 널리 공경하기(덕) 때문이다.

2)-(6) 여섯째는 기(機)가 공이고 용(用)이 덕이다. 안으로 자성을 닦고(공) 밖으로 자신을 닦기(德) 때문이다.

이 여섯 가지 공·덕은 얼핏 해서는 분변(分辨)하기 어려우니 납자들은 자세히 살펴야 한다.

功德淨土第二
○ 文三 初布施功德疑 初問後答中二 初正斷所疑可知 後師又曰下 別釋功德 有六種功德 初一向上本分中 眞空妙有爲功德 見自性 眞空爲功 見成佛 妙有爲德也 二內心謙下 又於妙有中 內謙 大機爲功 外敬(中+?)大用爲德也 三四重示上 空有互爲功德 三則妙有爲功 眞空爲德也 以自性隨緣 雖爲萬法(功) 心體常寂 本自不變(德)故也 四則眞空爲功 妙有爲德 以性雖不變(功) 亦能不碍隨緣(德)故也 五六重示上 機用互爲功德 五則用爲功 機爲德 以心常不輕 念念無間(功) 故能心行平直 普敬一

切(德)故也 六則機爲功 用爲德 以內自修(修自?)性(功) 外能
修身(德)故也 此六種功德 乍難分辨 學者詳之

○ 2. "자사가 다시 물었다." 이하 부분은 염불왕생에
대한 의문을 단제해 준다. 여기에 두 가지가 있다.

2-1) 첫째는 미·오와 지·속이 다를지라도 모두 왕생
한다는 것을 대변(對辨)하는데 이것은 알 수가 있다.

2-2) 둘째는 "혜능이 그대들한테 찰나에 서방을 옮겨
와 목전에서 바로 보여주겠다." 이하 부분은 거듭 유심정
토로서 필경에 거·래가 없을 보여준다. 육문은 곧 육근
이고, 심(心)은 곧 제팔 장식이며, 성(性)은 곧 장식 가운데
본래부터 생멸이 없는 자성을 구비하고 있는 것이다.

대개 장식은 곧 중생의 자심으로서 그 가운데는 본래
부터 생멸과 불생멸의 두 가지 뜻이 구비되어 있다. 여기
에서 생멸은 망(妄)이기 때문에 곧 육도범부의 근본이고,
불생멸은 곧 진(眞)이기 때문에 곧 사성[97]의 근본이다. 이
로써 십법계의 육도범부와 사성, 염오와 청정, 의보와 정
보의 만법은 모두 중생의 자심으로부터 유출된 것이다.

○ 後又問下 斷念佛往生疑二 初對辨迷悟遲速 雖殊皆得往生可
知 後爲諸人移西方下 重示惟心淨土 必無去來 六門是六根 心

---

97 六道凡夫는 지옥·아귀·축생·수라·인·천을 가리키고, 四聖은
성문·연각·보살·불을 가리킨다.

是第八藏識 性是藏識中本具不生滅自性也 蓋藏識卽衆生自心
而於中本具生滅不生滅二義 生滅是妄(故+?)爲六凡本 不生滅
是眞故爲四聖本也 是以十法界凡聖染淨依正萬法皆從衆生自心
中流出也

이런 까닭에 무릇 마음을 가진 자는 성인이 되기도 하고 범부가 되기도 한다. 제불은 중생의 부류를 거슬러[98] 수행하기 때문에 범부를 바꾸어 성인을 성취한다. 그리하여 적멸의 낙(樂)을 받아서 미래제가 다하도록 상적(常寂)하고(涅槃) 상조(常照)한다(菩提). 그러나 중생의 경우는 중생의 부류를 따라서 악을 짓기 때문에 성인심을 등지고 범부심을 일으킨다. 그리하여 생·사의 고통을 받아 백·천·만 겁토록 윤회에 승(昇)·침(沈)하면서 고통을 다 받는다. 참으로 서글프다. 이것은 누구의 허물인가. 이러한 뜻은 분명하므로 누구나 알 수가 있다.

이 문맥의 의취는 자성이 심왕에 있는 경우는 청정의 연기이기 때문에 사성(四聖)이 되지만, 자성이 심왕에 없는 경우는 염오의 연기이기 때문에 육도범부가 된다는 것이다. 곧 자성은 법신과 진심으로 존재한다고들 말하는데

---

98 反流 또는 逆流는 중생의 생사번뇌를 거슬러 수행하는 것이고, 入流 또는 豫流는 성인의 대열에 합류하는 수다원을 가리키는 용어로 사용되기도 한다. 『金剛般若波羅密經』 "須陀洹 名爲入流 而無所入 不入色聲香味觸法 是名須陀洹"(大正藏8, p.749中).

곧 법신과 진심이 흙덩어리와도 더불어 존재한다는 것이다. 자성이 심왕에 없다는 말은 다만 숨어 있어서 없다는 것뿐이다. 그런데 미혹하게도 그 자성을 심왕이라는 언구에서 밝혀내려는 것이야말로 곧 자성이 심왕에만 있다고 간주하는 경우이다. 이와 같은 행위는 모두 자심이 미·오가 될 수 있다는 것을 설명한 것이다.

> 是故凡有心者 可以爲聖 可以爲凡也　諸佛反流(類=)修行故 革凡成聖　受寂滅樂　盡未來際　常寂(涅槃)　常照(菩提)　衆生隨流作惡故　背聖作凡　受生死苦　百千萬劫　昇沈疲極　烏乎痛哉　是誰過歟　明辨此義可知　此文意趣也　性在王者　淨緣起故　爲四聖也　性去王無者　染緣起故　爲六凡也　性在身心存云云　法身眞心存與塊也　言王無者　但隱無也　自性迷句明上　性在王在(在-?)也　上摠明自心爲迷

그러나 "본래 자비를 깨치고 나면" 이하 부분에서는 별도로 자심에는 본래 십법계가 없다는 것을 설명한다.

"늘 십선법을 실천하면" 이하 부분에서는 중생의 부류를 거슬러 사성(四聖)이 되고, 십선을 실천하면 천당에 이른다는 것은 또 사람들의 마음이 유루행임을 가리킨 것이다.

또한 "인상과 아상을 제거하면" 이하 부분에서는 곧 사성의 무루행을 보여준 것이다. 자기의 심지는 곧 장식(藏

識)이다. 각성(覺性)의 여래는 곧 향상의 진공법신이 출현한 것이고, 대광명을 내는 묘유법신이 출현한 것이다.

"밖의 육문을 비추어 청정하면" 이하 부분에서는 육근이 청정하므로 육진 등 인·천의 의보(依報)가 타파되지 않음이 없음을 말한 것이다.

"자성의 안을 비추어" 이하 부분에서는 육식의 삼독이 청정하기 때문에 십악과 오역 등 팔만 가지 번뇌가 일시에 소멸됨을 말한다.

"안[自性]과 밖[六門]이 명철하면" 이하 부분에서는 의보(外)와 정보(內)가 원명하게 통철한즉 미진 속에서도 대법륜을 굴리게 되는데 이것이야말로 무량수불이 아니겠고, 한 터럭의 끝에다가 보왕의 국토를 드러내는 것이야말로 연화세계가 아니겠는가를 말한다. 그런즉 서방정토의 무량수불이 자기의 육근에서 언제나 대광명을 내어 미래제가 다하도록 불생·불멸하여 상적(常寂, 涅槃)하고 상조(常照, 菩提)하니 이것이야말로 유심정토이고 자성미타가 아니겠는가. 그러므로 마음 밖에서 부처를 찾으면 곧 마군의 권속이라 말한다. 어찌 당당한 불제자로서 기꺼이 마군의 권속이 되려 하겠는가.

잘 관찰해 보라. 오늘날 총림의 선·교 대덕들 가운데 어느 누가 이 마군의 권속이라는 이름을 벗어나 있는가.

개가 코끼리의 가죽을 걸치고 있는 지 오래되었다. 그래서 담마기금(擔麻棄金)[99]의 꼴이니 어찌 가련하지 않겠는가.

우리의 도반들은 이와 같이 조사들이 간절하게 심장을 토해내고 쓸개를 토해내는 것을 보고서 대장부의 의지를 일으켜서 믿고 받아들이며 받들고 실천하는 것이 또한 마땅하지 않겠는가.

이와 같이 수행하지 않으면 설령 진겁(塵劫)을 지내더라도 헛된 노력으로서 아무런 이익이 없다. 마치 모래를 억겁토록 찌는 것과 같으니[100] 그 어찌 미친 짓이 아니겠는가. 인간의 삶을 얻기 어렵고 정법을 만나기 어려운데 세월은 다시 오지 않는 법이다. 그런데 어찌 천화(遷化)[101]하는 데 있어 세월을 기다리기만 할 것인가.

---

99 삼다발을 지고 금덩이를 포기한다는 말로서 어리석음을 가리킨다. "삼다발을 진 두 사람이 길을 가다가 은덩이가 있는 곳에서 만났다. 한 사람은 지고 있는 삼다발을 버리고 은덩이를 취했다. 다른 한 사람은 '나는 이미 삼다발을 지고 있으므로 끝내 삼다발을 버리고 은덩이를 취할 수 없다'고 말한다. 다시 이번에는 금덩이가 있는 곳에 이른다. 은덩이를 취한 사람은 은덩이를 버리고 금덩이를 취한다. 다른 한 사람은 '나는 이미 삼다발을 지고 있으므로 끝내 삼다발을 버리고 금덩이를 취할 수 없다'고 말한다. 금덩이는 열반을 비유하고 삼다발은 생사를 비유한다"(『歷代法寶記』, 大正藏51, p.185中).
100 모래를 쪄서 밥을 지으려 하지만 끝내 불가능한 것으로 어리석은 행위를 가리킨다.
101 선사의 입적을 가리키는 말이다. 이 세상에서 교화를 하다가 인연이 되어 다시 저 세상으로 옮겨서 교화를 계속한다는 보살행을 가리킨다.

悟本慈悲下 別明自心本無十法界 常行十善下 明返流爲四聖 而行十善 天堂至者 且指人心有漏行 除人家(我?)下 正示四聖無漏行 自心地卽藏識也 覺性如來 卽向上眞空法身現也 放大光明 妙有眞法現也 外照下 六根清淨 故六塵等 人天依報 無不破自性 內照下 六識三毒清淨故 十惡五逆等 八萬塵勞 一時消滅也 內外明徹者 依(外)正(內)二報 圓明通徹則 微塵裏轉大法輪 此非無量壽佛耶 於一毛端 現寶王刹 此非蓮花世界耶 然則西方淨土無量壽佛 自己六根門頭 常放大光明 盡未來際 不生不滅 常寂(涅槃) 常照(菩提)矣 此非唯心淨土 自性彌陀耶 故云心外覓佛 是魔眷屬 何以堂堂佛弟子 甘作魔眷屬耶 第(諦?)觀 今日叢林禪敎大德 誰能免此魔眷屬之名耶 拘被象皮 其來久矣 擔麻棄金 豈不可憐 願我道友 見此祖師吐心吐膽 發丈夫志 信受奉行 不亦宜乎 不作此修 縱經塵劫 徒勞無益 蒸沙億劫 何其狂妄 人生難得 正法難遇 時乎時乎 不再來矣 豈可遷延 以待時日

○ 3. 셋째는 "재가인의 경우 집에서도 가능하다." 이하 부분에서는 별도로 재가의 수행을 보여준다. 여기에 네 개 반의 게송이 있는데 육바라밀이 원만하게 갖추어져 있다.

첫째의 제1구와 제2구는 직접 계바라밀과 선바라밀을 보여준다.

다음의 제3구와 제4구는 은혜와 의로움을 병행하는 것인데 이것은 평등행이기 때문이다.

제5구와 제6구는 겸손과 용서를 쌍수하는 것인데 이것은 정직한 마음이기 때문에 선바라밀을 설명한 것이다.

제7구와 제8구는 정진바라밀을 설명한 것이다.

제9구와 제10구는 인욕바라밀을 설명한 것이다.

제11구와 제12구는 반야바라밀을 설명한 것이다.

제13구와 제14구는 보시바라밀을 설명한 것이다.

마지막의 한 개의 게송(제15구~제18구)은 결론 부분으로서 사(邪)와 정(正)을 보이고 깨침으로 나아가는 첩경이 되는 수행을 권장한다.

○ 三 在家亦得下 別示在家修行 有四頌半 而圓備六度 初二句 直示戒禪 次二句恩義幷行 是平等行故明戒(也+?) 五六句 讓忍雙修 是正直心故明禪也 七八句精進 九十句忍辱 十一(十+?)二句般若 十三(十+?)四句布施 末頌結示 邪正勸修捷徑

Ⅴ.−ⅲ. 정혜일체

○ 정과 혜라는 것은 향상의 공과 유를 분별한 것이다. 선정이라 말한 것은 마음의 본체가 청정하여 영원히 산란한 망상을 단절해 있기 때문에 진공이고, 지혜라 말한 것은 자성에 어리석음이 없어서 널리 만물을 관조하기 때문에 묘유이다.

일체(一體)라는 것은 선정을 벗어나서 지혜가 없기 때문에 온 대지가 그대로 한 덩어리의 금이다. 때문에 진인의 면전에서는 언설과 가식을 그만두라고 말한다. 지혜를 벗어나서 선정이 없기 때문에 삼라만상이 활발발하다. 때문에 납승의 뱃속은 바다처럼 넓다고 말한다. 『금강경』에서 말한 "어떻게 남에게 연설해야 하는가. 형상에 집착하지 말고 여여하게 부동해야 한다"[102]는 것은 정·혜일체의 모습이다. 경문 가운데서는 먼저 선과 정의 일체(一切)를 제대로 설명하여 그 전후의 이상(二相)을 타파하고, "일행삼매"[103] 이하 부분에서는 그 선정과 지혜의 일체(一體)임을 일행삼매로 설명한다. 일체시와 일체처에서 여여하게 부

---

102 『金剛般若波羅蜜經』(大正藏8, p.752中).
103 一行三昧는 도신선법의 중심이다. 『文殊說般若經』과 『大乘起信論』의 설명으로 천태의 四種三昧 가운데 常坐三昧의 내용이기도 하다. 다만 혜능은 일행삼매를 『유마경』의 直心에 비추어서 일상적인 선법의 실천으로 간주하고 있다.

동하여 통일된 직심의 상태이기 때문이다.

"마치 등잔과 등불의 빛과 같다." 이하 부분[104]에서는 비유를 들어서 거듭 일체(一體)를 보여준다.

"돈과 점이 없다." 이하 부분[105]에서는 이 일체(一體)는 비록 돈교이지만 그것은 단지 미혹한 사람을 대치하기 위한 가명에 지나지 않는다. 만약 진실로 자성의 본체를 친히 증득한다면 곧 돈과 점은 둘이 아니라 일체(一體)이다. 그 가운데 '때문에 돈과 점이라는 가명을 내세운다[所以立頓漸之假名]'는 여덟 글자에 대한 의심은 바로 앞의 문장에서 '자신이 직접 본성을 알아차리고 자신이 직접 본성을 철견하는 점에서는 곧 차별이 없다'는 것을 설명한 것이다.

定慧一體第三

---

104 "선지식들이여, 그렇다면 선정과 지혜는 어떤 점에서 같은가. 마치 등잔과 등불의 빛의 관계와 같다. 등잔이 있으면 곧 등불의 빛이 있고 등잔이 없으면 곧 등불의 빛이 없다. 그래서 등잔은 곧 등불의 빛의 본체이고 등불의 빛은 곧 등잔의 작용이다. 비록 명칭은 다르지만 그 바탕은 본래 동일하다. 이 선정과 지혜의 법도 또한 그와 마찬가지다"는 대목을 가리킨다.
105 "선지식들이여, 본래의 근본적인 가르침에는(本來正教에서 本來는 부처님의 본래적인 가르침이고 正教는 근본적인 가르침을 가리킨다. 부처님의 正法眼藏의 본질에는 頓과 漸이 따로 없음을 말한다) 돈과 점이 없다. 다만 사람에 따라 그 성품에 영리함과 아둔함이 있을 뿐이다. 미혹한 사람은 漸으로 계합하고 깨인 사람은 頓으로 닦는다. 그러나 자신이 직접 본성을 알아차리고 자신이 직접 본성을 철견하는 점에서는 곧 차별이 없다. 그런데도 불구하고 괜시리 돈과 점이라는 假名을 내세울 뿐이다"는 대목을 가리킨다.

○ 定慧者 向上空有之別 名定者 心體淸淨 永絶亂想 故眞空 (名+?)慧者 自性無痴 普照萬物 故妙有也 一體者 定外無慧 故盡大地一挺金也 故云眞人面前 休說假 慧外無定 故森羅萬像(象?) 活潑潑也 故云衲僧肚裡 如海寬 金剛經云 云何爲人演說 (慧) 不取於相 如如不動(定) 是爲定慧一體之樣子 文中初正明一體破其前後二相 一行三昧下 此定慧一切(體?) 名曰一行三昧 以一切時處 如如不動 統一直心故 猶如燈光下 擧喩重示一體也 無有頓下 以此一體 雖是頓教 但是對迷之假名 若能眞案(實?)親證 自性本體 則頓漸無二 爲一體也 於中所以立頓漸之名八字疑在於上自識本心上

○ "나의 이 법문은 선정과 지혜가 근본이다." 이하 부분[106]에서는 이 정·혜의 일체는 일행삼매라고 말할 뿐만

---

[106] "선지식들이여, 나의 이 법문은 선정과 지혜가 근본이다(수행에서 선정과 지혜를 근본으로 간주하는 것은 天台智顗에게서 보인다. 여기에서 혜능은 선정과 지혜의 관계에 대하여 선정에서 지혜가 발생한다는 소위 인도적인 발상을 바꾸어서 선정과 지혜의 一體로 간주하는 것으로 本來成佛에 바탕한 祖師禪의 입장을 잘 보여주고 있다). 대중들이여, 어리석게도 선정과 지혜가 다르다고 말하지 말라. 선정과 지혜는 一體로서 둘이 아니다. 선정은 곧 지혜의 본체이고 지혜는 곧 선정의 작용이다. 다만 지혜 자체를 따를 때는 선정이 지혜에 있고 선정 자체를 따를 때는 지혜가 선정에 있다. 만약 이와 같은 뜻을 이해하면 곧 선정과 지혜를 평등하게 닦게 된다. 모든 수행납자들은 선정을 통해서 지혜가 발생된다든가 지혜를 통해서 선정이 발생되는 것처럼 각각 다른 것이라고 말하지 말라. 그와 같이 생각하는 것은 법에 분별상을 내는 것이다. 입으로는 善語를 말하지만 마음이 善하지 못하면 공연히 선정과 지혜가 나뉘어져 선정과 지혜가 평등하지 않다. 만약 마음과 입이 모두

아니라 또한 무념삼매·무상삼매·무주삼매 등이라고도 말한다. 때문에 그 낱낱에 대하여 설명하여 판별한다. 그러나 이들의 뜻은 훤히 알기가 어렵다. 그러니 모름지기 청정한 마음으로 자세하게 살펴야 한다.

무상(無相)이란 말은 그 심체의 경우 원명(圓明)하고 적조(寂照)하게 진상이 활짝 드러나 있기 때문에 비록 밖의 경계인 소리와 색 등을 대하더라도 모든 분별상이 없어 오염에 물들지 않는다는 것이다. 심체가 여여하여 심체에는 달리 밖의 경계에 제상이 없다. 때문에 상(相)에 있어서도 무상(無相)이라 말한다. 이것이 곧 무상으로 체를 삼는다는 것이다.

무념(無念)이란 말은 이 심체가 이미 적이상조(寂而常照)하기 때문에 심체에는 밖으로 경계의 분별상이 없을 뿐만 아니라 안으로 마음에 잡념이 없다는 것이다. 외부의 경계인 선과 악이 이미 공한 줄을 안다. 때문에 자념(自念)에 대해서도 또한 마음에 동념이 발생하지 않고 외부의 경계에 염오되지도 않는다. 때문에 염(念)에 있어서도 무념(無

善하면 안과 밖이 동일하고 선정과 지혜가 곧 평등하다. 자성을 깨쳐 수행하는 자는 다투지 않는다. 만약 선·후를 다투면 곧 어리석은 사람과 똑같다. 그리하여 승부의 다툼을 단제하지 못하면 도리어 아·법이 증장하여 四相을 벗어나지 못한다"는 대목을 가리킨다.

念)이라 말한다. 이것이 곧 무념으로 종(宗)을 삼는다는 것이다. 그런 즉 무상이란 밖으로 경계에 대하여 분별상이 없는 것이고, 무념이란 안으로 마음에 잡념이 없는 것이다. 무릇 허망한 분별상과 잘못된 잡념이 없을 뿐만 아니라 또한 정념의 당체마저도 없는 것이다.

무주(無住)란 말은 바로 이 심성의 당체에 대하여 그 심체가 원명하게 활짝 드러나 있으면서 상주불변한다는 것이다. 때문에 비록 선과 악 등 밖으로는 대상의 제상에 대하여 염오도 없고 집착도 없으며, 또한 안으로는 마음에 비록 천사만려의 미세한 망념이 있을지라도 그 또한 망념이 본래 공한 줄 안다. 때문에 마음에 전혀 동념이 일어나지 않고 생·멸의 천류(遷流)도 없다. 때문에 안으로는 마음과 그리고 밖으로는 경계에 전혀 주(住)와 착(着)이 없고, 언제나[念念] 집착이 없다.

밖의 경계에 집착이 없는 것은 마치 햇빛이 염(染)과 정(淨)을 널리 비추는 것과 같아서 결코 염(染)과 정(淨)에 주(住)와 착(着)이 없다. 그리고 안으로 마음에 집착이 없는 것은 마치 명경이 널리 고움과 추함을 드러내는 것과 같다. 그러나 명경은 또한 고움과 추함에 대하여 주(住)와 착(着)을 일으키지 않는다.

자성의 경우도 또한 그와 같다. 경계에 대하여 집착하

지 않고 마음에도 집착하지 않아서 언제나[念念] 집착이 없고, 일념이 상속되어 전제와 후제가 단절되고 상주하여 불변이다. 그러므로 무주를 근본으로 삼는다고 말한다. 그런즉 무주의 경우 자성이 안과 밖으로 집착이 없고 상주하여 불변함을 직지하기 때문에 총(總)이고, 무상과 무념은 심(心)과 경(境)에 집착이 없음을 개별적으로 직지하기 때문에 별(別)이다. 무념 가운데서도 치우쳐서 이해하고 잘못 이해하기 때문에 또한 정념의 당체도 없다고 말한다.

○ 我此法門下 此定慧一體 非但名一行三昧 亦名無念無相無住 等三昧 故一一辨明也 此意稍難分疎 切須淨心諦詳 言無相者 以此心體 圓明寂照 眞相獨露 故雖當於外境聲色等 諸相無 染 無着 心體如如 於心體中無他外境諸相 故云於相而無相 是爲無 相爲體也 言無念者 以此心體 旣寂而常照 故於心體中 非但無 外境相 亦無內心雜念 以於外境善惡 旣知本空 故於自念上 亦 不生心動念 染着外境 故云於念而無念 是爲無念爲宗也 然則無 相者 無外境相 無念者 無內心念也 但無妄相邪念 非謂亦無正 念當體也 言無住者 正是心性當体 以此心體圓明露露 常住不變 故雖當於善惡等外境諸相 無念(染?)無着 亦於內心中 雖有千 思萬慮之微細妄念 亦知妄念本空 故都不起心動念生滅遷流也 故於內心外境 都不住着 念念不住 不住外境 如日光普照 染淨 必不住着 於染淨也 不住內心 如明鏡普現姸媸 明鏡又不起念住 着於姸媸也 自性亦然 不住於境 不住於心 念念不住 一念相續

前後際斷 常住不變 故曰無住爲本也 然則無住直指自性不住內外常住不變 故揔(揔+?)也 無相無念別指不住心境 故別也 無念中邪解錯解 以謂亦無正念當體也

○ "무(無)는 어떤 것이 없다는 것인가." 이하 부분[107]의 내용은 다음과 같다. 곧 앞에서 무념은 무릇 진공과 같다고 말했기 때문에 이제 여기에서 다시 어구에 대한 해석을 타파하여, 이로써 무념의 진공 속에도 또한 묘유가 구비되어 있음을 설명한다.

○ 無者無何事下 上明無念似是但爲眞空 故今更破句釋 以明無念眞空中 亦具妙有也

---

[107] "선지식들이여, 無란 무엇이 無이고, 念은 무엇이 念인가. 無란 분별상이 없고 모든 번뇌심이 없다는 것이다. 念이란 진여의 본성을 念하는 것으로서, 진여는 곧 념의 본체이고 念은 곧 진여의 작용이다. 그래서 진여의 자성이 念을 일으킬지라도 그것은 안·이·비·설로 관념할 수 있는 것이 아니다. 진여의 자성이 일으킨 念이기 때문이다. 그렇지 않고 만약 진여의 자성이 없다면 눈으로 보는 색과 귀로 듣는 소리는 당장 없어지고 만다"는 대목을 가리킨다.

V-iv. 교수좌선

○ 만약 좌선이라고 말할 경우에 좌는 체이고 선은 용이다. 밖으로 경계를 보아도 망념이 일어나지 않으면 곧 자성이 부동하기 때문에 선이라 말한다. 이것은 곧 진공이 부동한 것을 좌(坐)로 삼고, 지혜로 관조하여 부동인 줄 아는[能見] 것을 선(禪)으로 삼은 것이다.

만약 선정이라고 말할 경우에 밖으로 제상을 보고도 집착하지 않으면 곧 제상에 즉해서도 제상을 떠나 있는 것이기 때문에 선(禪)이라 말한다. 이미 밖으로 제상에 집착하지 않은즉 안으로 마음이 부동하기 때문에 정(定)이라 말한다. 이것은 곧 제상에 즉해서도 그 묘용에 집착하지 않는 것이기 때문에 선(禪)이고, 밖으로 제상에 집착하지 않고 안으로 마음이 염정(恬靜)하기 때문에 정(定)이다.

이런 즉 좌·선의 경우는 진공을 말미암아 묘유를 터득하기 때문에 진공 밖에 별도로 묘유가 없고, 선·정의 경우는 묘유를 말미암아 진공을 터득하기 때문에 묘유 밖에 별도로 진공이 없다.

教授坐禪第四
○ 若言坐禪則 坐爲體禪爲用 以見外境念不起則 自性不動 故名禪也 此則眞空不動爲坐 以慧觀照能見不動爲禪也 若言禪定則 外見諸相而不着 是即相離相 故名禪 旣不着外相 則內心不

動故 名定也 此則卽相不着 是妙用故爲禪 不着外相內心恬靜
故爲定也 此則坐禪 由眞空而得妙有 故眞空外無別妙有 禪定由
妙有而眞空現 故妙有外別無眞空

○ 『정명경』[108]에서는 선과 정을 증성(證成)하였고, 『계경』[109]에서는 좌와 선을 증성(證成)하였다.

"염념에 스스로 본성이 청정한 줄 보아서" 이하 부분에서는 두 경전의 뜻을 합하여 그것을 자세하게 설명하고 있다.

○ 淨名經證成禪定 戒經證成坐禪 於念下 合明二經意祥之

○ "우리의 문중에서 내세우는 좌선은" 이하 부분[110]에

---

[108] 바로 위에서 선과 정에 대한 설명이 곧 『淨名經』의 설명에 해당한다.
[109] 『계경』 곧 『梵網經』에서는 "우리의 본성은 원래부터 청정하다"고 말한다. 鳩摩羅什 譯, 『梵網經』卷下 "是一切衆生戒本源自性淸淨" (大正藏24, p.1003下) 참조.
[110] "우리의 문중(혜능의 선풍을 의미하는데 『단경』의 편찬자의 입장으로는 북종에 상대하는 남종을 가리킨다.)에서 내세우는 좌선은 원래 마음에 집착하지 않는 것이고 또한 청정에 집착하지 않는 것이며 또한 그렇다고 不動의 상태가 되는 것도 아니다"는 대목을 가리킨다. 여기에서는 소위 北宗의 좌선이 지니고 있는 看心看靜의 속성에 상대하여 소위 南宗에서 내세우는 좌선의 독자성에 대하여 말하는데 그 用心에 대하여 不著心·不著淨·非不動의 세 가지를 언급한다. 이 대목에서 不動의 상태가 되는 것도 아니다는 것은 좌선은 動이나 不動의 분별에 얽매이는 것이 아닌데도 불구하고 고요히 움직이지 않는 것을 좌선으로 간주하는 것을 비판한 것이다. 이에 대하여 『證道歌』에서는 "行亦禪 坐亦禪 語黙動靜 體

서는 거듭 좌선의 뜻을 설명한다. 심(心)은 용(用)이고 정(淨)은 기(機)인데 심(心)과 정(淨)에 집착하지 않는 것이 곧 부동이기 때문에 좌이고, 또한 곧 부동이 아니기 때문에 선(禪)이다.

"만약 마음에 집착한다면" 이하 부분[111]에서는 다음과 같이 세 가지 집착이 없는 경우에 대하여 설명한다. 허망은 집착할 근거가 없는 것인데 그 허망하다는 것이야말로 곧 납자가 명심하여 잊지 말아야 할 묘결이다.

"부동(不動)을 닦는다는 것은" 이하 부분[112]에서는 또한

安然"(大正藏48, p.396上)이라 말하였다.

[111] "만약 마음에 집착한다면 마음이란 원래 허망한 것이다. 그리하여 마음은 幻과 같은 줄 알기 때문에 집착함이 없다(이 대목은 좌선이야말로 自心을 닦는다는 생각에도 執着하지 않는 것임을 설명한다). 만약 청정에 집착한다면 사람의 자성은 본래 청정한 것이다. 그런데 망념을 말미암은 까닭에 진여를 뒤덮는 것이다. 그러므로 무릇 망상이 없으면 자성은 저절로 청정하다. 그럼에도 불구하고 마음을 일으켜서 청정에 집착하면 도리어 청정이라는 망념이 발생한다. 망념은 실체가 없다. 집착하는 그것이 곧 망념이다. 청정은 형상이 없다. 그런데 도리어 청정이라는 분별상을 내세워서 그것을 공부하는 것이라 말한다. 이와 같은 견해를 내는 자는 자기의 본성을 장애하여 도리어 청정에 얽매인다"는 대목을 가리킨다. 이 부분은 좌선이야말로 자성이 본래청정하다는 사실에조차 집착하지 않는 것임을 설명한다.

[112] "선지식들이여, 이에 不動을 닦는다는 것은 무릇 모든 사람을 만날 때에 그 사람의 시·비·선·악·호·오·과·환을 보지 않는 것이야말로 그것이 곧 자성의 不動이다"는 대목을 가리킨다. 여기에서는 좌선이야말로 몸이 不動이 상태가 되는 것이 아니라 마음에 動과 不動이라는 분별심에 집착하지 않는 것임을 설명한다.

진정한 부동이라 할 수가 없는 것에 대하여 설명한다. 먼저 묘유(見)에 즉한 진공(不見)에 대하여 제대로 설명하기 때문에[113] 부동이야말로 곧 진정한 좌(坐)이다.

"미혹한 사람은" 이하 부분[114]에서는 잘못된 것을 간택해준다. 곧 몸은 부동이면서 마음과 입은 늘 요동하여 그릇됨을 내보이는 것은 부동의 좌(坐)가 아니다. 하물며 묘유의 선(禪)이라 할 수가 있겠는가.

유(有, 非)와 무(無, 是), 권(權, 短)과 실(實, 長), 기(機, 善)와 용(用, 惡)의 세 가지 삼구는 곧 향하의 삼선(三禪)으로서 사람들의 과환이다. 비(非)·단(短)·악(惡)을 설하는 것은 마음에 대한 집착이고, 시(是)·장(長)·선(善)을 설하는 것은 청정에 대한 집착이다. 제대로 설명하는 가운데 장(長)과 단(短)의 경우에 대해서는 『단경』에도 생략되어 있다.

○ 然此門下 重明坐禪意 心是用 淨是機 不着心與淨 是不動故 爲坐 亦不是不動 故爲禪也 若言下 如次明三不着也 妄無處所 着者 是妄者 此是學者 銘心不忘之妙訣也 若修下 明亦不是不

---

113 "선지식들이여, 이에 부동을 닦는다는 것은 무릇 모든 사람을 만날 때에 그 사람의 시·비·선·악·호·오·과·환을 보지 않는 것이야말로 그것이 곧 자성의 不動이다"는 대목을 가리킨다.
114 "선지식들이여, 미혹한 사람은 몸은 부동이면서 입만 열면 곧 타인의 시·비·장·단·호·오를 말하기 때문에 도에 위배된다. 그리고 만약 마음에 집착하고 청정에 집착하면 곧 도에 장애가 된다"는 대목을 가리킨다. 여기에서 청정은 禪이고 안정은 定이다.

動 初正明以卽妙有(見)之眞空(不見) 故爲不動眞坐也 迷人下揀邪以身雖不動 心口常動放非不動坐 況妙有禪乎 有(非)無(是)權(短)實(長)機(善)用(惡)三三句 是向下三禪人之過患也 說非短惡爲着心 說是長善爲着淨 正明中略長短

Ⅴ-ⅴ. 전향참회

○ 먼저 상근기의 경우는 스스로 그 마음을 청정히 하여 자심을 알고 자기의 법신을 본 것으로서 특별히 전승할 것이 없다. 이것이 견성이고 견자심불로서 곧 성불이고, 곧 달마가 서쪽에서 온 뜻이다.

"이미 먼 곳으로부터 와서" 이하 부분에서는 법을 전수하는 가운데서 하근기의 경우가 깨친 것을 보여준다. 대저 아뇩다라삼먁삼보리라고 정해진 법이 없다.[115] 그러므로 조사는 "사인(邪人)이 정법(正法)을 설하면 정법(正法)은 모두 사(邪)로 돌아가고, 정인(正人)이 사법(邪法)을 설하면 사법(邪法)은 모두 정(正)으로 돌아간다"[116]고 말한다.

일반적으로 활안의 수단에서는 흙을 만지면 금이 되는 법이다.[117] 때문에 오고가는 온갖 만물이 조사의 뜻 아님이 없고, 산(山)·수(水)·풍(風)·월(月)·용(龍)·호(虎)·성(聲)·색(色) 등 밖의 경계 및 행(行)·좌(坐)·출(出)·입(入)·입식(入息)·출식(出息) 등으로 작용하는 낱낱의 오고감이 모두 조사의 뜻으로 염롱(拈弄)된 것이다.

---

115 鳩摩羅什 譯, "無有定法名阿耨多羅三藐三菩提 亦無有定法如來可說"(大正藏8, p.749中) 참조.
116 川老, 『金剛經註』"正人說邪法 邪法悉歸正 邪人說正法 正法悉皆邪"(卍續藏24, p.543下) 참조.
117 『圓悟佛果禪師語錄』"長河爲酥酪 大地變黃金"(大正藏47, p.715上).

또한 세간의 유정과 무정 등 제법조차 오히려 조사의 뜻인데, 하물며 출세간의 불조(佛祖)의 경교(經敎)는 본래 도리에 들어맞는 설화로서 그것만 유독 달마조사가 서쪽에서 온 뜻이 아니라고 할 수 있겠는가. 이에 모든 경전 가운데서 삼보·삼신·삼학·오분향·사홍서원·선정·좌선 등 세간과 출세간의 진·속·선·악의 일체 명(名)·상(相)에 대하여 혜능대사는 낱낱이 언급하여 모두 달마조사가 서쪽에서 온 뜻임을 염롱하였다. 이것이야말로 곧 활안의 조사가 경교(經敎)에 즉해서 종지를 설명하여 중·하근기를 인접한 것이다.

그러나 교학자의 경우에 선교방편의 대수단(大手段)을 가지고도 죽은 뱀만을 염롱한다는 것은 바로 이를 두고 한 말이다. 오늘날의 납자들은 대부분이 혜능조사가 염롱한 뜻을 이해하지 못하고 다만 문자에만 의지하여 간과해 버리고 만다. 때문에 육조의 법어를 대할 때마다 글은 쉬우면서도 도무지 마음을 기울여서 씹어보지 않는다. 그래서 마침내 정법안장을 무용지물로 만들어버린 지가 지금까지 몇 년이 지났던가(이것은 결코 과장된 말이 아니다).

비록 초종월격(超宗越格)의 특이한 안목은 없을지라도 무릇 숙세부터 익혀온 지혜로써 선문의 어구를 이해하였다. 때문에 일찍이 『금강경』·『선문염송』·『서장』·『도서』·

『선요』·『절요』 등 사집과목을 강설해 오던 차에 매 번 이와 같은 차제에 모두 종지를 가지고 납자들에게 선문의 규범을 이해해 줄 것을 기대해 왔지만 도리어 그와 같은 공부를[雕琢] 싫어하였다. 그러나 이제는 제방에서조차 모두가 믿음으로 돌아가 맹안(盲眼)의 부끄러움을 알아서 스스로 천착하는 사람들이 제법 많아졌다.

傳香懺悔第五

○ 先是無傳上根自悟中 自淨其心 是識心見自己法身 是見性見自心佛 是成佛也 即達麽(磨?)西來意也 旣從(遠+?)來下 示有傳授中下根所悟 大抵無有定法 是阿耨菩提 故祖師云 邪人說正法 正法悉歸邪 正人說邪法 邪法悉歸正 盖以活眼手段 把土成金 故物物拈來 無非祖意 山水風月 龍虎聲色等外境 及行坐出入 入息出息等 作用一一拈來 皆以祖意拈弄也 且世間有情無情等 法猶是祖意 何況出世間 佛祖經教 本是稱理說話 而獨非祖師西來意耶 是以諸經中 三寶三身三學五香四弘願 禪定坐禪等世出世眞俗善惡 一切名相 大師一一拈來 皆以祖師西來意拈弄也 此是活眼祖師 即教明宗 引接中下根 教學者之善巧大手段 活(拈?)弄死蛇正謂此也 今時學者 率多未會祖師活弄意 而但依文看過 故每當六祖語以爲文易 而都不留神咀嚼 故遂使正法眼藏 歸無用之物 今過幾年耶(不佞) 雖無超宗異目 但以宿習搦知禪禪門語句 故曾於金剛拈頌四集等 講說之次 每當如此等節則 皆以宗旨寄顯 以期學者 理會禪文之規 而反以雕琢爲嫌 今則諸方擧皆歸信還愧盲眼自多穿鑿處也

이제 나 백파의 나이가 80줄[118]에 이르고 보니 납자들이 선문(禪文)에 매몰되어 있다는 탄식에 더욱더 간절해진다. 아울러 제방의 선객들은 모두 말마가 서쪽에서 온 종지를 전혀 모르고서 단지 선·악·인·과의 형상에 집착한 사견으로써 그 최고를 삼고 있다. 때문에 더 이상 분개를 이기지 못하고 부지런히 눈동자를 닦아낼 것을 권장하면서 직접 정법안장인 『법보단경』에 나아갔다. 그 말씀마다 어구마다 모두가 달마의 직지인심으로서 견성성불의 뜻이므로 그것을 회통하고 설명해줌으로써 제방의 대선실에 위탁하여 선자들이 일용하는 다반으로 삼도록 하였다.

그러나 두레박줄은 짧고 길어 올려야 할 물이 깊으니 반드시 상덕(喪德)의 과실이 따를 것이므로 어찌 법을 아는 자를 두려워하지 않겠는가. 짧은 것을 버리고 긴 것을 취하려는 것이 보통사람들의 소견이다. 바라건대 모든 지혜로운 납자들은 결코 『단경』을 버리는 물건으로 간주하지 말고 방부를 드리는 선실마다 다반으로 삼아서 씹고 또 씹으며 토하고 또 토해 내어 반드시 불·조가 질투하는 경지까지 투득해야 비로소 제몫을 다하는 것이라고 기대해 본다.

---

118 백파긍선의 自序에 의하면 79세(1845년 을사년 맹춘)에 해당한다.

혹 전생의 습기를 고치지 못하여 담마기금(擔麻棄金)하면 곧 천 가지 경전과 만 가지 논서를 읽으며 백 천에 걸쳐서 다겁토록 좌선을 한다 하더라도 납월 30일에 도착해서는 마라한테 쫓겨나지 않을 수가 없고 앞길이 망망하여 어디로 갈 것인지 알지도 못한다. 그래서 만약 지옥의 확탕에서 삶기거나 데쳐지지 않는다면 반드시 나귀와 말의 뱃속에 축생으로 의탁되고 말 것이다.

불자라면 어떤 모습이어야 한다고 말할 수 있겠는가. 조계의 목우자야말로 동방의 활안 대도사로서 평생에 걸쳐서 『단경』을 스승으로 삼고 『서장』을 벗으로 삼아서 자기를 위해서 수행했을 뿐만 아니라 반드시 동방납자들을 위해서 친절하게 진수(眞修)하는 방법을 보여주었다는 말을 들어보지 못했던가.

조사의 경우에도 오히려 이와 같이 『단경』을 온전하게 갖추고 공부를 했거늘 청맹과니와 같은 범부로서 지혜의 안목이 없는 자[119]가 불조께서 세간에 전승해 주신 이 정법안장을 버리고서 어찌 그 경지에 도달할 수 있겠는가.

且今年登八十 尤切學者昧沒禪文之歎 加以諸方禪客 全昧達磨西來之宗旨 但以善惡因果之着相邪見 爲其上來 故不勝慨然 勵

---

119 일반중생뿐만 아니라 백파긍선 자신을 겸손하게 가리키는 표현이기도 한다.

精拭眸 直就正法眼藏 法寶壇經 言言句句 皆達磨直指人心 見
性成佛之意 會通明之 以寄諸方大禪室以爲禪者日用之茶飯矣
然短綆汲深 必多喪德之失 豈無識法者懼乎 弃短取長 通人所見
願諸智者 切勿以壇經爲棄物 而到處禪室 以爲茶飯 咬嚼來咬嚼
去 吞吐來吞吐去 必期於透得佛祖得人憎處始得如 或不改前習
擔麻棄金 則看得千經萬論 坐經百千多却 臘月三十日到來 無不
魔懾而打退鼓 前路茫茫 未知何往 若不泥犁鑊湯中煮煤必 向驢
胎馬腹里<裡?>托質 稱曰 佛子是何景色 不見道 曹溪收牛子我
東方活眼大噵(導?)師 而平生以壇經爲師 以書狀爲友者 非但
爲自己修行 必示東方學者 親切眞修之榜樣也 祖師尚如是具縛
凡夫盲無慧目者 捨此佛祖世傳之正法眼藏 奚適而可得也哉

○ 삼귀계 등에 대하여 참회하는 것에서 빠짐없이 무상(無相)이라 말한 것은 모두 진공으로써 그것을 설명하기 때문이다.

오분향 가운데서 계향이란 자심 가운데 본래부터 모든 악이 없기 때문에 기(機)이다.

혜향이란 안으로 자성을 비추어 보고 밖으로 모든 수행을 닦기 때문에 용(用)이다.

정향이란 모든 선과 악의 경계를 보고도(慧) 자심이 혼란스럽지 않기(戒) 때문에 중(中)이다. 이상 세 가지가 곧 조사선의 향하의 삼요이다.

해탈향이란 자성에 영원히 반연을 단절함으로써 선과

악을 생각하지 않기 때문에 곧 향상의 진공이다.

해탈지견향이란 널리 배우고 많이 들어서 자리하고 이타하기 때문에 곧 진공 가운데 본래 묘유가 갖추어져 있다. 그런즉 삼학이야말로 곧 달마가 말한 직지인심이고 해탈견성이며 지견향성불이다.

이로써 육조 이외에 달리 달마가 없다. 이 오분향은 곧 모든 사람의 본성이기 때문에 각자 안으로 훈습될 수가 있다.

○ 懺悔三歸戒等 必言無相者 皆以眞空明之故 五香中 戒香自心中本無諸惡故機也 慧香內照自性外修諸行故用也 定香觀善惡境(慧) 自心不亂(戒)故中也 即祖師禪向下三要也 解脫香以自性永絶攀緣不思善惡故即向上眞空也 (解脫+?)知見香廣學多聞自利利他故 即眞空中本具妙有也 然則三學是達磨所謂直指人心也 解脫見性也 知見香成佛也 是以六祖底外無別達磨底也 此五香是人人本性 故各者內熏可也

○ 참회 가운데서 소멸되는 삼세의 죄는 다음과 같다. 곧 의리선의 유(有)·무(無)의 삼구와 여래선의 금(今)·본(本)의 삼구와 조사선의 기(機)·용(用)의 삼요는 모두 아직 해탈하지 못한 상태에서 전수되는 삼구의 범위이기 때문에 이 삼종의 삼구를 소멸하는 것이다. 곧 지금의 이 일구는 향상의 진공이라는 화살 하나로써 향하의 세 삼구의

관문을 타파하기 때문에 견성이 되고, 지금 삼업의 청정을 터득하므로 성불이 된다.

"선지식들이여, 각자 내가 하는 말을 따라서 동시에 말하거라"는 것은 말하자면 각각 나 혜능의 법어를 따라서 다 함께 동시에 나 혜능처럼 말하라는 것이다.

"제자들은" 이하부터 "선지식들이여," 이상까지[120]는 모두 그것을 터득하겠다는 언사를 말한 것으로 곧 참회를 드러낸다.

"질투에 염오된다"는 것은 질투가 나를 이기는 것이기 때문에 진심죄(嗔心罪)이다. 교광(憍誑)에 물든다는 것은 내가 지은 작은 선법을 믿고 교만하여 남을 호리는 것이므로 탐심죄(貪心罪)이다.

"우미(愚迷)에 물든다"는 것은 우미하여 지혜가 없어서 선과 악이 본래 공한 줄을 모르는 것이므로 좋아하는 경

---

120 "저희들은 종전념과 금념과 후념이 염념에 愚迷에 물들지 않겠습니다. 종전의 모든 악업과 愚迷 등의 죄업을 일체 모두 참회합니다. 그러므로 일시에 소멸되어 영원히 다시는 일어나지 않기를 바랍니다. 저희들은 종전념과 금념과 후념이 염념에 憍誑에 물들지 않겠습니다. 종전의 모든 악업과 憍誑 등의 죄업을 일체 모두 참회합니다. 그러므로 일시에 소멸되어 영원히 다시는 일어나지 않기를 바랍니다. 저희들은 종전념과 금념과 후념이 염념에 嫉妬에 물들지 않겠습니다. 종전의 모든 악업과 嫉妬 등의 죄업을 일체 모두 참회합니다. 그러므로 일시에 소멸되어 영원히 다시는 일어나지 않기를 바랍니다"라는 대목을 가리킨다.

계를 따라 탐심을 일으키고 싫어하는 경계를 거슬러 진심(嗔心)을 일으키는 것으로 이것은 치심죄(痴心罪)이다.

위에서 말한 의리선·여래선·조사선 등 삼종선의 세 가지 삼구는 비록 깊고 옅음의 차이는 있을지라도 모두 아직 해탈하지 못한 삼구의 짐적(朕迹)이기 때문에 다 취(取)·사(舍)·향(向)·배(背)가 있다. 그런즉 어찌 탐(貪)·진(嗔)·치(痴)의 삼독이 아니겠는가. 그러므로 지금 삼세의 죄를 참회하지만 삼세가 모두 공적한 줄을 요달하기 때문에 그것이 곧 진공이다. 이미 진공을 본즉 삼업이 자연히 청정해지므로 자성불을 성취한다. 이 뜻은 삼업이 점점 사라지고 마음이 맑아지는 것을 자세하게 설명한 것이다.

○ 懺悔中滅三世罪者 以義理禪有無三句 如來禪今本三句 祖師禪機用三要 皆未脫傳授邊三句圈櫃 故滅此三種三句 則今此一句 以向上眞空一鏃 破向下三三句關 故爲見性也 今得三業淸淨 爲成佛也 各隨(我+?)語一時道者 謂各隨我語一時 如我道得也 弟子等下 至善識知以上 皆道得之辭 卽發露懺悔也 嫉妬染嫉他(妬?)勝己者 故嗔心罪憍誑染恃我小善憍慢誑他 故貪心罪 愚迷染 愚迷無智不知善惡本空 故於順情境起貪心 於違情境起嗔心 是爲痴心罪也 上三禪三三 雖深淺不同 俱未脫三句朕迹 故皆有取舍向背 則豈非貪嗔痴三毒耶 故今懺悔三世罪也 是爲了達三世悉空寂 故正是眞空 而旣見眞空 則三業自然淸淨 故成自性佛也 此義稍隱澄神詳之

○ 앞의 허물과 뒤의 허물이란 다음과 같다.

세 가지 삼구 가운데서 제일의 삼구는 곧 앞의 허물이기 때문에 그것을 참(懺)한다. 그러나 다시 제이와 제삼구에 집착하기 때문에 그것이 곧 뒤의 허물이다.

제이구와 제삼구는 곧 앞의 허물이기 때문에 그것을 참(懺)하지만, 다시 삼요에 집착한즉 또 뒤의 허물이 발생한다. 그러나 삼세심이 모두 불가득한 줄을 알고 진공의 자성을 철견하면 바야흐로 그것을 진실한 무상참회라 말한다.

○ 前怨後過者三三句中 初三句是前怨故懺之 而還着第二三句則更爲後過也 第二三句是前怨故懺之而還着三要 則更生後過也 了達三世心皆不可得 徹見眞空自性方名眞實無相懺悔也

○ 사홍서원 가운데 첫째는 악을 생각하지 않는 것이고, 둘째는 선을 생각하지 않는 것이며, 셋째는 견성이고, 넷째는 성불이다. 대의는 이와 같지만, 앞의 두 가지 서원은 모두 자심을 말한 것인데 선과 악을 가지고 표현한 것으로 곧 향하의 삼요이기 때문이다. 그리고 뒤의 두 가지 서원은 자성을 말한 것인데 진공과 묘유를 가지고 표현한 것으로 곧 향상의 자성이기 때문이다.

"그대들이 말하지 않았던가"[121]라는 대목은 여러분들이 이미 말한 사홍서원은 곧 혜능대사가 그것을 제도해 주겠다고 선창했던 것이 아닌가 하는 것을 가리킨다.[122]

첫째의 사미심(邪迷心)은 치(痴)이고, 다음으로 광망심(誑妄心)·불선심(不善心)의 두 가지는 탐(貪)이며, 다음으로 광망심(誑妄心)·불선심(不善心)의 두 가지는 치(嗔)이다.[123] 이 삼독은 자심이 악한 중생으로서 반드시 자성에서 발심하여 안으로 비추어 보아야 스스로 제도할 수가 있다. 반야지혜가 안으로 훈습된 자성이어야 곧 삼독심을 타파할 수가 있다.

둘째의 서원 가운데서도 역시 반야로써 향하의 삼종선 가운데 허망하여 실체가 없는 망상번뇌를 없애는데, 곧 교학 가운데서는 오계·십선·사성제·십이연기·육바라밀의 만행 내지 선 가운데서는 삼종선의 세 가지 삼구 등 일체의 제행으로 없애준다. 비록 유루와 무루와 깊고 얕

---

121 이 대목은 "선지식들이여, 그대들이 어찌 '자심의 중생이 끝없이 많아도 맹세코 제도할 것을 서원합니다'라고 말하지 않았던가"를 줄인 것이다.
122 혜능이 먼저 사홍서원의 네 가지 항목을 읊어주자 바로 이어서 그 자리에 모인 대중이 그대로 복창했던 것을 다음의 네 가지를 가리킨다. '자심의 중생이 끝없이 많아도 맹세코 제도할 것을 서원합니다. 자심의 번뇌가 끝없이 깊어도 맹세코 단제할 것을 서원합니다. 자성의 법문이 다함이 없어도 맹세코 학습할 것을 서원합니다. 자성의 불도가 아무리 높아도 맹세코 성취할 것을 서원합니다.'
123 이것은 "마음속의 중생이란 소위 邪迷心·誑妄心·不善心·誑妄心·不善心을 가리킨다"는 대목에 대한 해석이다.

음이 같지 않을지라도 모두 그것은 신훈(新熏)으로 전수(傳授)된 타니대수(拖泥帶水)[124]의 보살행위이기 때문이다. 그러나 전수(傳授)가 없는 청정한 본분(本分)의 입장으로 관찰한즉 허망한 번뇌망상 아님이 없기 때문에 그것을 단제할 것을 서원한다.

셋째의 서원은 견성하면 곧 무념의 정법을 실천할 수 있다는 것이다.

넷째의 서원 가운데서 처음의 여섯 구[125]는 모두 앞에 있는 제삼 법문의 서원에 따른 것이다. 곧 처음의 두 구는 늘 정법을 실천하는 것이다. 정법을 실천하는 까닭에 의리선의 미견(迷見)을 벗어나고 또한 여래선의 오견(悟見)도 벗어나며, 그리고 지혜를 발생하여 역시 조사선의 향하에 해당하는 진(眞, 機)·망(妄, 用) 삼요(三要)의 범위를 제거하여 곧 견불성한다. 이상의 여섯 구는 모두 앞의 제삼의 서원에 따른 것이다.

"언하에 불도를 성취하는 것이다"는 일구는 여섯 구를

---

124 拖泥帶水는 보살이 진흙 속에 발을 들이고 물을 뒤집어쓰면서 중생과 더불어 생활하는 보살행을 가리킨다.
125 여섯 구에 해당하는 대목은 다음과 같다. "이미 일상생활에서 하심을 통하여 진정한 정법을 실천할 경우에 迷를 벗어나고 覺을 벗어나서 늘 반야를 발생하고, 眞을 벗어나고 妄을 벗어나서 곧 불성을 보는 것이다(既常能下心 行於眞正 離迷離覺 常生般若 除眞除妄 卽見佛性)."

갖추어서 설명한[正明] 대목인데 넷째의 서원은 곧 견성법문으로서 언하에 성불한다는 것이다. 이것은 묘유인데 진공의 묘용이지 별도의 법이 아니다.

"일상의 염(念)에서" 이하 부분[126]은 결론적으로 사홍서원의 수행을 권장하는 대목이다.

○ 四弘願中 初不思惡 二不思善 三見性 四成佛也 大意如是 初二願皆言自心者 以善惡是向下三要 故後二願言自性者 以眞空妙有是向上自性故也 大家豈不道者 諸人旣道是願則不是 師度之謂也 初中邪迷心癡也 次二心貪也 後二心嗔也 以此三毒是自心惡衆生 當自性中發心 內照自度可也 以般若智內熏自性 則能破三毒心也 二中亦以般若除却向下三禪中 虛妄無實之妄想煩惱 以於敎中五戒十善四諦十二緣六度萬行 乃至禪中三禪三三句等 一切諸行 雖有漏無漏深淺不同 皆是新熏傳授拖泥帶水事 故自本分無授淸淨自性上觀 則無非虛妄煩惱妄想 故願斷也 三願見性則能行無念正法也 四願中初六句 皆躡前法門願而 初二句卽常行正法 以行正法故 能離義理禪迷見 及如來禪悟見也 又生智慧 亦除祖師禪向下眞(機)妄(用)三要圈橝 而卽見佛性也 上皆躡前 卽言下佛道成 一句正明 此願卽於 見性法門 言下成佛也 以此妙有卽眞空上妙用 非別法故也 常念下 結勸修行四願

○ 삼귀의계에서 불(佛)은 마음이 청정한 것이기 때문에

---

126 "이처럼 일상의 념에서 수행하는 것이 곧 네 가지 원력의 가르침이다"는 대목을 가리킨다.

기(機)이고, 법(法)은 마음의 광명이기 때문에 용(用)이며, 도(道, 僧)는 처처에 걸림이 없는 청정(佛)이고 광명이기(法) 때문에 중(中)인데 이것이 곧 묘유이다.

그리고 세 가지의 모든 경우에 존(尊)이라 말한 것[127]은 다음과 같다. 묘유를 벗어나서 달리 진공이 없기 때문이다. 불(佛)을 각(覺)이라 말한 것은 마음의 청정이 마치 잠과 꿈에서 깨어난 것과 같기 때문에 의리선에 유무의 사견이 발생하지 않는다. 이 유무의 사견으로 치구함을 멈추지 않으면 재(財, 有)·색(色, 無)으로 사람을 미혹케 하는 것보다 심하다. 때문에 깨어 있음과 미혹하지 않음을 이족존(二足尊)이라 말한다.

법(法)을 정(正)이라 말한 것은 마음의 광명이 곧 참되고 바른 견해[眞正見]이기 때문이다. 여래선은 존귀하여 사견이 본래부터 없고 공고심과 탐착심에서 벗어나 있기 때문에 이욕존(離欲尊)이라 말한다.

승(僧)을 정(淨)이라 말한 것은 걸림이 없는 청정한 광명은 향상본분의 묘용이기 때문이다. 향하의 애착심(機)과 경계(用)의 범위에도 모두 염착되지 않고 걸림이 없이 청정하다. 때문에 중중존(衆中尊)이라 말한다. 범어의 승가라는 말을 번역하면 화합이기 때문이다. 여섯 가지로 화

---

127 "歸依覺 二足尊 歸依正 離欲尊 歸依淨 衆中尊"의 尊을 가리킨다.

합[128]하기 때문에 중구(中句)이다. 안으로 심성을 조절하는 것은 수자성(修自性)이고 밖으로 타인을 공경하는 것은 수신행(修身行)이다.

○ 三歸戒 佛是心淸淨故機也 法是心光明故用也 道(僧)是處處無碍淨(佛)光(法)故中也 是爲妙有而皆言尊者 以妙有外無別眞空 故佛云覺者 以心淸淨 如睡夢覺 故義理禪有無邪見不生 以此有無邪見之馳求不歇 甚於財(有)色(無)之惑人 故能覺不迷則名二足尊 法言正者 以心光明 是眞正見故 如來禪尊貴 邪見自無 以能離貢高尊貴(尊貴-?)貪着 故名離欲尊 僧云淨者 以無碍淨光 是向上本分妙用故 向下愛看心(機)境(用)之圈樻 都不染着 無碍淸淨 故名衆中尊 梵語僧伽 此云和合 以有六合故 爲中句也 內調心性是修性 外敬他人是修行

○ 삼신 가운데서 일체이면서 삼신인 자성불이란 다음과 같다. 삼신은 진공으로서 일체인데 거기에 묘유인 삼요가 있다. 그 낱낱의 요(要) 가운데는 각각 삼요를 갖추

---

128 六和敬이라고도 한다. 僧은 和合이라는 뜻인데 화합에 두 가지 뜻이 있다. 첫째는 理和인데 同證滅理로서 見道 이상의 聖者에 해당한다. 둘째는 事和인데 여기에 6종의 敬具가 있다. 이것은 見道 이전의 凡僧에 해당한다. 첫째는 身和敬으로서 함께 예배하는 등 身業이다. 둘째는 口和敬으로서 함께 讚詠하는 등 口業이다. 셋째는 意和敬으로서 함께 信心 등을 지니는 意業이다. 넷째는 戒和敬으로서 함께 戒法을 지니는 것이다. 다섯째는 見和敬으로서 함께 공동의 견해를 지니는 것, 여섯째는 利和敬으로서 함께 衣食의 이익을 나누는 것이다.

고 있다. 때문에 일불에도 또한 삼신이 갖추어져 있다.

그래서 삼신을 보고 자성을 깨친다는 것은 이로써 삼신의 뜻을 설명한 것이다. 때문에 삼신을 변명(辨明)함으로써 자성을 깨치도록 한다는 것도 먼저 삼신을 보고 난 이후에 자성을 깨친다는 것이 아니다. 처음 부분에서 잠깐 나열했던 귀의삼신의 경우 법신·화신·보신의 차례로 삼은 것은 삼요에 그 순서를 맞추려는 것이었다.[129]

"색신은 곧 집과 같다"는 이하 부분은 총체적으로 자귀(自歸)의 뜻을 설명한 것이다. 마음 밖에서 부처를 찾는 것은 사견이기 때문이다.

"어떤 것을 청정법신이라 말하는가." 이하 부분은 개별적으로 삼신을 설명한 것이다. 법신은 대기가 원응(圓應)한 것으로 법과 비유의 합이다. 법 가운데 선과 악은 곧 기(機) 가운데 본래부터 원응(圓應)이 갖추어져 있다는 뜻이다.

"마치 저 하늘이 항상 맑으면" 이하는 해와 달은 항상 맑다는 것을 비유한 것이다. 바로 사람들[機]의 체(體)가 진

---

129 위의 "다섯째는 '心量은 광대하여' 이하 부분으로서 묘유의 행상을 제대로 보여주는 대목이다"는 부분에 대하여 묘용의 삼요를 해석하는 가운데 '一切가 一에 즉하는 것은 대용이 직절한 것이고'는 화신이고, '一이 一切에 즉하는 것은 대기가 원응한 것이며'는 법신이며, '거래가 자유로운 것은 機와 用이 齊示되는 것이다'는 것은 보신이다.

공을 벗어나 있지 않음을 비유한 것이다. 때문에 하늘과 맑음을 함께 언급한 까닭에 합중(合中)에 이른 것이다. 무릇 본래는 밝은 지·혜이건만 그 아래에는 미·오의 연기가 함께한다. 그것이 해와 달의 원응(圓應)한 뜻으로 합중(合中)되어 있다.

처음의 두 구[130]는 사람들[機]의 체(體)를 해와 달로 바꾸어 비유한 것이다. 달은 원만함이 갖추어져 있지 않지만 해는 늘 원만하기 때문에, 어떤 조(條)·장(章)에도 구속되지 않기 때문이다.

"밖의 경계에 집착하여" 이하는 모두 원응(圓應)의 뜻이다.

"자기의 마음이 자성에 귀의하면" 이하는 자귀의를 상세하게 보여준 것으로 우선 악의 단절에 대하여 설명한다.

"이것이 자귀의(自歸依)이다. 늘 모름지기 하심(下心)하여" 이하는 선을 닦는 것이 곧 자귀의임을 설명한 것이다.

○ 三身中一體三身佛者 以三身是眞空一體上妙有三要 而一一要中 各具三要 故一佛亦具三身也 見三身悟自性者 以此明三身義 故辨明三身令悟自性 非先見三身後悟性也 初且列歸依三身 而以法化報爲次欲順三要故 次色身是舍宅下 摠明自歸義 以心

---

130 知如日과 慧如月을 가리킨다.

外覓佛 是邪見故 何名下 別明三身 法身是大機圓應 有法喩合
法中善惡 卽機中自具圓應義 如天常明下 喩日月常明 正喩機體
而不離眞空 故兼擧天淸 故至合中 但明智慧下之迷悟緣起俱是
日月上 圓應義合中 初二句正示機體換喩日月 以月有缺圓 日常
圓滿故耶 不拘條章故耶 於外下 皆圓應義 自心歸依下 詳示自
歸先明斷惡 是自歸常須下 明修善是自歸

○ 화신은 곧 대용의 전창(全彰)으로서 그 자성은 본래 허공과 같다.

"화신은 자성이 본래 없기 때문에" 이하는 중생의 부류를 따르는 것과 중생의 부류를 거스르는 것이 모두 전창(全彰)의 뜻임을 설명한 것이다.

○ 化身是大用全彰性本如空 以不性本故下 明隨流返流 皆全彰
義

○ 보신은 곧 기(機)와 용(用)이 제시(齊施)된 것으로서 반드시 선·악에 있어서도(用) 선·악에 물들지 않는다 (機). 이것은 화신을 수취(收取)하여 다시 법신으로 환귀하기 때문에 보신이라 말한다.

"법신의 입장으로부터" 이하[131]는 삼신불(三身佛)과 자귀

---

131 "선지식들이여, 법신의 입장으로부터 사량분별을 하면 그것이 곧
   화신불이고, 염념에 자성이 스스로 드러나면 그것이 곧 보신불이
   며, 자성의 공덕을 스스로 깨치고 스스로 닦으면 그것이 곧 진실

의(自歸依)의 뜻을 총결한 부분이다.

○ 報身是機用齊施 當於善惡(用) 不染善惡(機) 是收取化身 還歸法身故 名曰報身 從法身下 摠結三身及自歸義

○ 게송에서는 무릇 참회의 뜻만 설명하였다. 오분향과 사홍서원과 삼보와 삼신불 등은 다 같이 그 자성에 공(空)의 뜻과 유(有)의 뜻이 있다. 그러나 여기에서는 참회하는 경우의 의궤이기 때문에 전향참회에 해당한다.

처음의 여섯 구[132]는 마음 밖에서 형상에 집착하는 사견을 타파한다. 향하의 삼선(三禪)은 모두 복을 닦는 것으로서 아직 향상의 자성을 보지 못한다는 것이다. 때문에 모두 멸죄하지 못한다.

"무릇 심중에서 죄의 반연을 없애야만" 이하의 여섯 구[133]는 바로 마음의 참회를 설명한 것으로 멸죄하고 성불

한 귀의이다. 피육은 곧 색신이고, 색신은 곧 사택이므로 이것은 귀의할 대상이라 말할 수가 없다. 무릇 자성의 삼신불을 깨치면 그것이 곧 자성불을 터득하는 것이다"는 대목을 가리킨다.

132 "迷人은 복만 닦고 수도하지 않으면서/ 다만 복 닦는 것을 곧 수도라 말하네/ 보시하고 공양한 복덕은 끝이 없지만/ 마음엔 삼독이 본래 그대로 자라나네./ 복덕 닦음으로써 죄를 소멸하려 해도/ 후세의 복덕 얻지만 죄는 그대로라네."는 대목을 가리킨다.

133 "무릇 심중에서 죄의 반연을 없애야만/ 각자의 자성이 진실한 참회가 된다네/ 홀연히 대승법을 깨쳐 진정 참회하여/ 邪 없애고 正 닦으면 곧 무죄 된다네/ 도를 닦으려면 곧 자성에서 관찰해야/ 제불과 더불어 똑같은 부류가 된다네/"는 대목을 가리킨다.

할 수가 있다는 것이다.

"역대 조사들은" 이하의 네 구[134]는 널리 형상을 벗어나서 마음을 닦을 것을 널리 권장한 것이다.

마지막의 네 구[135]는 세간의 무상함을 노래하여 마음에서 추구할 것을 간절하게 권장한 것이다.

○ 頌中但明懺悔義 以五香四願三寶三身等 同是自性上空有二義 而懺悔時儀軌故 傳香懺悔 初六句 破心外着相邪見 以向下三禪 皆是修福 未見向上自性 故俱未滅罪 但向心中下 六句正明心懺悔 可以滅罪成佛 五祖下 四句 普勸離相洗心 末四句 歎世無常 切勸心求

---

134 "역대 조사들은 오직 돈법만 전했으니/ 곧 견성하여 동일체가 되길 바란다네/ 만약 당래세의 법신을 찾고자 한다면/ 제법의 형상을 떠나서 마음을 맑혀라/"는 대목을 가리킨다.
135 "열심히 정진하여 세월 허비하지 말라/ 후념이 홀연히 멈추면 일세가 끝나리/ 만약 대승법 깨쳐 견성을 터득하려면/ 정성스레 손 모아 지심으로 추구하라/"는 대목을 가리킨다.

Ⅴ-ⅵ. 참청기연

유지략, 무진장, 조숙량도 또한 이 기연품에 포함된다.

參請機緣第六
劉志略 無盡藏 曹叔良 亦是機緣

○ 법해선사의 기연

"전념(前念)이 발생하지 않으면" 이하 부분[136]에서 이 대목은 간략하게 생략하여 설명한 것이다. 일반적으로 수행인이 찰나에 돈오할 경우 전념은 미혹하기 때문에 즉심이고, 후념은 깨치기 때문에 즉불이다. 그러나 또한 전념은 무릇 소멸되어 불생이고, 후념은 무릇 발생되어 불멸이다. 연후에는 가히 깨칠 것이 없고 이후에 다시 그것에 미혹되어 허물이 무궁하다. 이런 까닭에 즉심의 용(用)이고 즉불의 기(機)이다. 또한 일체의 상을 성취한 용(用)이

---

136 "前念이 발생하지 않으면 곧 卽心이고, 後念이 소멸하지 않으면 곧 卽佛이다(前念은 분별심이고, 後念은 청정심이다. 前念이 이미 소멸했기 때문에 不生이고, 後念이 아직 발생하지 않았기 때문에 不滅이다). 일체의 청정상이 성취되어 있는 것이 즉심이고, 일체의 분별상을 벗어나 있는 것이 즉불이다(일체의 청정상과 분별상에 대하여 조작적인 노력으로 성취된 것이 아니라 그 이전에 이미 그렇게 無念無心으로 현성되어 있는 모습을 가리킨다. 이것이야말로 보리달마로부터 전승되어 온 本來成佛 사상에 근거한 조사선의 가풍 그대로이다). 만약 이에 대하여 내가 자세하게 설한다면 영겁토록 끝이 없을 것이다"는 대목을 가리킨다.

고 일체의 상을 벗어난 기(機)이다.

늘 산(山)·수(水)·운(雲)·월(月)·동(動)·정(靜)·선(善)·악(惡) 등 일체의 삼구와 법체 등에 있어서 위의 2대(二對)의 예(例)로써 그것을 추론해 보면 곧 낱낱에 대해 알 수가 있다. 때문에 자세하게 설하자면 궁겁이 다해도 끝이 없다. 이것이 향하의 삼요이다.

게송 가운데서 첫째의 게송은 기(機)와 용(用)을 원만하게 닦아야 바야흐로 견성청정하다는 것이다. 둘째의 게송은 만약 이 즉심즉불의 법문을 깨치고자 한다면 곧 반드시 자성의 수습을 말미암아야 한다는 것이다. 즉심즉불의 묘용은 본래부터 생멸이 없는 진공에서 나온 것이다. 이런 까닭에 선정과 지혜를 함께 닦으면 반드시 진공을 증득한다는 것이다.

게송에서 법해는 '청정한 마음 원래 부처인데도/ 그 도리를 모르면 물러난다네./'라고 말하면서 금일에야 비로소 마음과 부처가 자성을 벗어나 있지 않은 줄 알았다고 찬탄한다. 그러므로 선정과 지혜를 함께 닦아야만 영원히 향하의 전수(傳授)인 삼선(三禪)의 보살행으로[拖泥] 모든 번뇌를 벗어날 수가 있다.

○ 法海前念不生云云 此文稍隱 盖行人一念頓悟時 前念是迷故即心 後念是悟故即佛也 而又以前念但滅不生 後念但生不滅 然

後可無悟 後再迷之無窮過也 是故即心用也 即佛機也 又成一切相用也 離一切相機也 常於山水雲月 動靜善惡等一切三句 法體等 以上二對例推之 則一一可知 故云具說 則窮劫不盡也 此是向下三要也 偈中初偈 機用圓修 方能見性淸淨也 後偈若欲悟此即心即佛之法門 則必由於修習自性也 即心即佛之妙用 本自無生滅 眞空而出也 是故雙修定慧 當訂(證?)眞空也 讚偈心佛平等本是自性不悟自屈 今日方知心佛不離自性 可以雙修 永離向下傳授三禪之拖泥諸塵

○ 법달선사의 기연

여기에서 부처님이 견성(見性)한 입장은 공이고 부처님이 견상(見相)한 입장은 유이다. 이것은 곧 모든 사람의 자성이다. 그래서 세상 사람들이 밖으로 미혹하여 상(相)에 집착하는 것은 의리선이고, 안으로 미혹하여 공(空)에 집착하는 것은 여래선이다. 이것은 성과 상의 차별로서 단·상에 집착하는 사견이다.

만약 상에 즉해서도 상을 벗어나 있는 것은 묘유이고, 성에 즉해서도 성을 벗어나 있으면 진공이다. 그것은 곧 사람들의 자성이기 때문에 그것을 깨치는[悟] 것이야말로 불지견을 여는[開] 것이다. 말하자면 남이 자신의 지견을 개(開)·시(示)해 주는 것을 듣고서 자신의 마음이 개(開)·오(悟)되기 때문에, 개(開)라는 글자야말로 스스로 중생지견을 여는 것은 곧 세간이 되고 삼종선의 세 가지 삼구는 삼종세간을 위해서 불지견을 여는 것은 곧 출세간이 되는 그 두 가지에 모두 통한다. 이 자성이라는 불지견이야말로 곧 향하의 삼종세간을 벗어나는 이유이다.

○ 法(達+?)是佛之見性爲空 佛知見相爲有 此是人人自性 世人外迷着相 爲義理禪 內迷着空爲如來禪 是爲性相別執斷常邪見也 若能卽相離相爲妙有 卽性離性爲眞空 此是人人自性 故悟而(之?)爲開佛知見也 謂聞他開示我之知見 而我心開悟故開字兩通自開衆生知見 卽是世間者 三種禪三三句爲三世間 開佛知見 卽是出世者 以此自性佛智(知?)見 卽出向下三世間故

○ 게송에서는 미혹하면 곧 경문(經文)을 따르고 교문(敎文)에 얽매이며, 깨치면 곧 문자에 구속되지 않고 자신의 지견을 따르기 때문에 자신이 『법화경』을 굴리는 것이라고 말한다.

"유념과 무념" 이하 부분[137]은 삼종선의 유·무에 계착되지 않아야 바야흐로 향상일승의 불지견을 증득한다는 것이다.

○ 偈迷則隨文走敎 故爲法華所轉 悟則不拘文字 隨我知見 故我能轉法華也 有念無念卽下 三禪有無不計 方證向上一乘佛知見

---

137 "무념으로 송경하면 송념이 正이고/ 유념으로 송경하면 송념이 邪이네/ 유념과 무념의 분별을 초월한다면/ 영원토록 대백우거를 타고 가리라."는 대목을 가리킨다.

○ "방편[假]을 제거하고 진실[實]로 돌아간다"는 것은 신훈의 삼종선을 제거하고 본분일승의 진실로 돌아가는 것이다.

"또한 명칭도 없다"는 이하 부분[138]에서는 또한 공에도 집착하지 않는 까닭에 기(機, 父)와 용(用, 子)을 수용한다는 것이다. 그런데 그것은 진공에서의 묘유이기 때문에 또한 무념으로 자재하여 곧 본분이라는 한 권의 경전이 된다. 그리하여 행·주·좌·와·입식·출식에 늘 백·천·만·억 권의 경권을 굴리는데 그것이 어떤 논서이고 또한 어떤 겁수이겠는가. 그러므로 『천지팔양경』에서는 "중생의 몸과 마음이 곧 십이부의 방대한 경권으로서 무시이래로 끊임없이 전독(轉讀)하건만 털끝만치도 손감이 없다"[139]고 말한다.

게송에서 말한 신훈삼구에는 본분일구가 없는 것이다. 만약 본분을 발명하지 못하고 단지 삼선에만 집착하면 어찌 치구하는 광성(狂性)이 그치겠는가. 삼선은 원래 선교방편인데 누가 삼선 안에 있는 원래의 본분일승을 알겠는가. 때문에 어떤 조사는 다음과 같이 말했다.

---

138 "진실로 돌아간 이후에는 또한 진실이라는 명칭도 없다." 이하 부분을 가리킨다.
139 『佛說天地八陽神呪經』"人之身心 是佛法器 亦是十二部大經卷也 無始已來 轉讀不盡 不損毫毛"(大正藏85, p.1423中) 참조.

사해의 바람이 멎어드니 달은 하늘에 떠있고/
파랑이 일어나지 않으니 철선을 타고 간다네./

(윗 구절은 삼선이 그치니 공과 유가 드러난다는 것이고, 아랫 구절은 세존이 본분을 떠나지 않고 선교방편을 시설하여 선양(善揚)한 것이다.)

○ 去假歸實者 去新熏三禪 歸本分一乘實 亦無名下 亦不着空 故能受用機(父)用(子) 而是眞空上妙有 故亦能無念自在 是爲本分一卷經 故行住坐臥 入息出息 常轉百千萬億經卷 何論晝夜(也?)劫數耶 故八陽經云 衆生身心 是十二部大經卷 無始以來 轉讀不盡 不損毫末 偈新熏三禪爲本分一句所亡也 若未明本分 但着三禪 則寧歇馳求狂性也 三禪元是善權 誰知三禪內 元是本分一乘耶 故祖師云 四溟風息月當天 不動波瀾駕鐵船(上句三禪息而空有現 下句世尊不離本分而設權善揚也)

○ 지통선사의 기연

삼신과 사지는 원래 묘유로서 본성을 벗어나 있지 않기 때문에 별도의 자성이 없다. 만약 본성을 벗어나 있으면 곧 삼신이 격별한 것이기 때문에 의리(義理)로서 사견(邪見)이다. 그러나 삼신이 본성을 벗어나지 않는 줄 깨치면 바야흐로 묘유라 말한다. 게송에서 말한 것처럼 삼신은 자성을 벗어나 있지 않기 때문에 삼신을 발명하면 곧 사지를 성취하는데 이것이야말로 삼구를 떠나지 않고 일불승을 초등(超登)하는 것이다. 만약 삼신을 떠나서 별도로 사지를 성취한다면 그것은 곧 여래선으로서 단견이기 때문에 도리어 무지(無智)가 되고 만다.

대원경지와 성소작지의 두 가지는 자성이 청정하기 때문에 기(機)이고, 묘관찰지는 무공용행이기 때문에 용(用)이며, 평등성지는 무념이기 때문에 중(中)이다. 과(果)와 인(因)이 서로 전(轉)하는 것은 곧 인(因)과 과(果)가 이법(二法)이기 때문이다. 그러나 만약 인·과에 막히지 않는다면 비록 인·과가 뒤섞여 있다 할지라도 진공의 나가대정(那伽大定)을 벗어나지 않는다. 나가(那伽)는 번역하면 용(龍)이다. 용수보살이 월륜삼매에 들어가 몸을 숨기고 설법하기 때문에[140] 형상이 없는 선정[無相定]으로서 나가(那伽)라고 말한다.

○ 智通三身四智 元是妙有而不離本性 故無別自性 若離本性 則三身隔別 故爲義理邪見 悟得三身不離本性 則方名妙有也 偈中三身不離自性 故發明三身 即成四智 是爲不離三句 超登一佛性(乘?)也 若離三身 別成四智 則爲如來禪 斷見故還成無智也 鏡作二智性清淨故機也 觀智無功用行故用也 性智無念故中也 果因二轉 是因果二法故 若能不滯 雖繁與因果 不離眞空(那伽

---

140 용수보살의 月輪三昧는 이후 선종사에서 남양국사 혜충이 제시한 表相現法의 圓相說法을 비롯하여 위앙종에서 내세운 상징과 부호와 기호 등 갖가지 방편설법의 원류가 되었다.

+?) 大定也 那伽此云龍 以龍樹菩薩 入月輪三昧 隱身說法 故無相定 名爲那伽

○ 지통이 혜능에게 바친 게송에서 삼신과 사지는 원래 자기 본심의 명체(明體)이기 때문에 삼신과 사지가 원융하고 무애한 십법계이다. 이것은 모든 사람에게 본래 구비되어 있는 묘용이다. 그런즉 의리선으로 그것을 애써 닦는다든가 여래선으로 그것을 수묵(守默)한다면 그것이야말로 어찌 사견이 아니겠는가. 위의 묘지(妙旨)를 지금 스승으로 인하여 깨치면 끝내 사견의 허물이라는 명칭은 사라지고 말 터인데 어찌 경쾌(慶快)하지 않겠는가.

○ 呈偈三身四智 元是我之本心 明體故身智圓融無碍 爲十法界 此是人人本具之妙用 則義理禪之勞修 如來禪之守默 豈非邪見乎 如上妙旨 今因師悟 終亡邪見之累(漏?)名 豈不慶快

○ 지상선사의 기연

게송에서 공하여 지·견이 없다[141]는 것은 곧 존귀하지만 그것은 단견이다. 때문에 아직 진공(太虛)과 묘유(日面)가 원융한 본분의 자성인 줄을 모른다. 공무(空無)라는 말은 무릇 저 의리(義理)를 타파하는 것으로 상견의 방편이

---

141 "일법도 없다고 보지만 없다는 견해가 있다"는 대목을 가리킨다. 여기에서 일법도 없다고 말하지만 오히려 그 없다는 견해가 남아 있다는 것으로 대통화상의 正見이라는 견해를 비판한 것이다.

다. 그런데 도리어 그것을 정(正)으로 간주하는 것은 어찌 쐐기로써 쐐기를 뽑는 경우처럼[142] 어리석은 행위가 아니겠는가. 이와 같은 지·견을 소멸해야 바야흐로 견성성불이라 말할 수가 있다.

소승은 곧 의리선이고, 중승은 곧 여래선이며, 대승은 곧 조사선이다. 그러나 이 모든 선은 신훈이기 때문에 가(假)이지 실(實)이 아니다. 만법에 모두 통하고 만법이 모두 구비되어 있어야만 곧 묘유로서 일체에 염오되지 않고 모든 법상을 벗어나는데 이것이 곧 진공으로서 바로 견성성불의 본분이다. 때문에 이 경우를 최상승선이라 말한다.

○ 智常 偈空無知見 是尊貴斷見 故未了眞空(太虛)妙有(日面)圓融之本分自性也 空無之說 但是破他義理 常見之方便 還以此爲正 豈非以楔出楔耶 滅此知見 方名見性成佛也 小乘是義理禪 中乘是如來禪 大乘是祖師禪 而是皆(皆是?)新熏故 是假非實也 萬法盡通 萬法俱備 是妙有一切不染 離諸法相 是眞空也 正是見性成佛之本分 故名最上乘(禪+?)

○ 지도선사의 기연
지도가 질문한 의문은 두 구절에 대한 것이다.

---

142 나무에 박혀 있는 쐐기를 뽑느라고 다른 쐐기를 박아서 밀어내고 나면 밀어낸 쐐기가 다시 나무속에 박혀 있다는 뜻으로 아무런 효용이 없는 어리석은 행위를 가리킨다.

첫째는 색신과 법신이 다르다는 것에 집착하여 단견과 상견을 일으키는 까닭에 부처님을 비방하는 결과라는 것이다. 곧 색신에는 발생이 있고 소멸이 있는 까닭에 상(常)이라는 것과, 법신에는 지(知)가 없고 각(覺)이 없는 까닭에 단(斷)이라는 것이다. 이렇게 결정해 놓고 보기 때문에 "경전[143]에서 말한" 이하의 내용을 계탁하여 상(常)이라 간주해버린다.

둘째는[144] 또한 "또한 법성은" 이하 부분에서는 진(眞)과 망(妄)이 다르다는 것에 집착하여 단견과 상견의 집착을 일으키는 까닭에 부처님을 비방하는 결과라는 것이다. 처음에 이렇게 결정해 놓고 보기 때문에 진(眞)은 단견이고 망(妄)은 상견이 되어버린다.

"생·멸은 곧 상(常)이다"는 것은 작용에는 생·멸이 있기 때문에 그것을 상(常)으로 간주하는 것이다.

"만약 다시 발생하는 것을 받아들인다면" 이하 부분에서는 단견과 상견을 계탁하는 모습이다.[145]

---

143 『열반경』의 '일체의 존재는 무상하다/ 이것은 생멸의 법칙이다/ 그래서 생멸을 초월하면/ 그게 적멸의 즐거움이다'에 대한 지도의 질문과 혜능의 답변 대목을 가리킨다. 曇無讖 譯,『大般涅槃經卷』卷 14(大正藏12, pp.450上~451中).
144 적멸의 樂은 누가 받느냐에 대한 질문이다.
145 이에 대한 내용은 다음과 같다. "이를테면 발생이란 곧 본체에서 작용을 일으키는 것이고 소멸이란 곧 작용을 섭수하여 본체로 돌아가는 것입니다. 만약 다시 발생하는 것을 받아들인다면 그것은

"대사가 말했다." 이하 부분에서는 첫째는 바로 두 구절에 대한 단견과 상견을 정파(正破)해 주고, 둘째는 "또한 『열반경』에서 말하는 상(常)과 락(樂)을 색신으로 수용한다는 것이다." 이하 부분에서는 색신이 있어서 열반의 락(樂)을 받는다는 견해를 별파(別破)해 준다.

"그대는 이제 반드시 알아야 한다. 부처님은 일체의 어리석은 사람을 위한다는 것을" 이하 부분에서는 『열반경』의 뜻을 제대로 보여준다. 곧 중생의 경우에 아(我)와 법(法)에 집착하는 까닭에 쓸데없이 생과 사를 받지만 그 법[146]이 꿈과 같은 줄 모른다는 것이다. 때문에 본유(本有)의 진락(眞樂)이 바뀌어서 생사의 허망한 고통이 되고 만다. 이에 진락(眞樂)의 본유를 상실하고도 허망한 고통이 본래 공한 줄을 느끼지 못한다고 말한다.

그것을 모르기 때문에 부처님은 심(心)은 본래청정하고 망(妄)은 본래공하다는 것을 보이고, 망(妄)이 이미 본공(本空)이기 때문에 다시는 생과 멸이 소멸하는 것도 없는 그

곧 유정물의 부류가 不斷不滅하다는 것이고, 다시 발생하는 것을 받아들이지 않는다면 그것은 곧 영원히 적멸로 돌아가는 것으로서 무정물과 똑같을 것입니다. 그렇다면 곧 일체의 제법이 열반의 도리에 갇혀있는 모습으로 오히려 발생하지도 못하는데 어찌 樂을 받는 일이 가능하겠습니까."

146 여기에서 法은 '오온이 화합된 몸과 일체법을 분별한 것'을 가리킨다.

것이 곧 적멸의 진락임을 바로 그 자리에서 현전시켜 준다. 그러나 본래부터 상적(常寂)하기 때문에 지금 현전한다는 인식도 없다.

"이 락(樂)이야말로 받는 자도 없고"이라는 것은 상적(常寂)하기 때문이다.

"또한 받지 않는 자도 없거늘"이라는 것은 상조(常照)하기 때문이다.

○ 志道 疑有兩節 初二身別執起斷常見 故謗佛也 色身有生有滅 故常也 法身無知無覺 故斷也 此按定已見經云下 計爲常也 後又法性下 眞妄別執起斷常見 故謗法也 初按定見已(已見?) 眞爲斷妄爲常也 生滅是常者 以用有生滅也 是常事故 若聽下 計爲斷常也 師曰下 初正破二節斷常見 又推下 別破有身受樂見 汝今下 正示經意 以衆生有我法二執 故枉受生死 而不知我法如夢 故本有眞樂 翻爲生死妄苦也 故云 眞樂本有失而不覺妄苦本空得 而不知是以佛示心本淨 妄本空 妄旣本空 故更無生滅可滅 則寂滅眞樂 當處現前 以本來常寂故 今無現前之量也 此樂無有受者 以常寂故 亦無不受者 以常照故

○ 게송에서 처음의 두 구(제1구와 제2구)는 간략하게 상적과 상조의 두 가지 뜻을 드러낸다.

"범부는 곧 죽음이라 말하고" 이하 여덟 구(제3구~제10구)는 아(我)·법(法)·단(斷)·상(常)의 이견을 타파한다. 곧 경문의 "일체의 존재는 무상하다/ 이것은 생멸의 법칙이다"

는 대목에 대하여 설명한다.

"곧 분별 여읜 과량대인만이" 이하의 열네 구(제11구~제24구)에서는 상적과 장조의 두 가지 뜻에 대하여 자세하게 설시한다. 곧 경문의 "그래서 생멸을 초월하면/ 그게 적멸의 즐거움이다"[147]는 대목에 대하여 설명한다.

이 가운데 처음의 열 구(제11구~제20구)는 상적의 뜻이고, 뒤의 네 구(제21구~제24구)는 상조의 뜻을 보여준다.

"괴겁(壞劫)에 불이 바다 불태우고" 이하(제25구~제32구)에서는 결론적으로 생·멸의 뜻을 보여준다. 비록 멸적(滅寂)이고 멸상(滅常)이지만 "내가 지금" 이하 부분(제29구~제32구)에서는 결론적으로 사(邪)를 버리고 정(正)으로 돌아갈 것을 권장한다. 게송의 대의는 이와 같다.

○ 偈中初二句 略標寂常(常寂?)常照二義 凡愚下 八句且破我法斷常二見 即明經中 諸行無常 是生滅(法+?)也 惟有下 十四句詳示寂照二義 即明經中 生滅滅已 寂滅爲樂 於中初十句是(示?)寂義 後四句示照義 劫火下 結示生滅(義+?) 雖滅寂滅常住吾今下 結勸捨邪歸正 大意如是

이제 이에 대하여 자세하게 해석한다.

제1구 무상대열반(無上大涅槃)은 명칭을 드러낸 것으로 범어로는 아뇩다라(無上)삼먁(寂)삼보리(照)이다. 때문에 제2

---

147 曇無讖 譯, 『大般涅槃經卷』卷14(大正藏12, pp.450上~451中).

구의 원명(圓明)은 조(照)의 뜻을 간략하게 드러낸 것이고, 상(常)의 글자는 적조(寂照)와 통한다. 파사(破邪) 가운데 범부와 외도의 의리선에서는 무상대열반에 대하여 범부는 죽음이라 말하고, 외도는 단멸이라 집착하는데, 이것은 여덟 가지 사견 가운데 단견과 상견이므로 아집이다.

그리고 이승의 여래선에서는 열반을 무작이라 하는데 이것은 여덟 가지 사견 가운데 유견과 무견이므로 법집이다. 무작[148]은 존귀한 견해이지만 허무견(虛無見)이다. 때문에 이 아집·법집·유견·무견은 모두 허망한 계탁에 속하기 때문에 육십이견[149]이다.

---

148 無作은 분별이 없는 無所作이고 無功能으로서 三三昧 가운데 無願三昧를 가리키기도 한다. 그러나 여기에서는 이승의 경우 열반을 無記空의 입장으로만 간주하여 無作이라 폄하하는 것을 가리킨다. 『大智度論』卷93 "邪見者 所謂無作見 雖六十二種皆是邪見 無作最重 所以者何 無作言不應作功德求涅槃"(大正藏25, p.714下).

149 범부와 외도와 이승의 견해인 죽음과 단견과 무기공은 모두 分別計度으로서 온갖 시비망상의 근본에 해당함을 가리킨다. 六十二見은 석존시대 당시 인도의 사상계를 총칭한 제종의 견해를 말한다. 『長阿含經』卷14(大正藏1, pp.892下 이하)에서는 외도의 所執 62論에 대하여 과거에 대하여 일으키는 常見인 本劫本見과 미래에 대하여 일으키는 斷見인 末劫末見으로 대별한다. 전자는 我에 대한 常論 4가지·世間에 대한 常論 4가지·亦常亦無常論 4가지, 天에 대한 확답을 하지 않는 갖가지 論 4가지, 세간의 창조에 관한 無因論 2가지 등 도합 18견이 속한다. 후자는 사후에 정신작용이 있는가 없는가에 대하여 有想論 16가지·無想論 8가지·非有想非無想論 8가지, 사후에 신체의 소멸을 설하는 斷滅論 7가지·現在涅槃論 5가지 등 도합 44견이 속한다.

본래 과량대인[150](제11구)에게는 본래부터 분별사식(分別事識)의 눈이 없기 때문에 능통하는데 그 아집과 법집의 두 가지 사견은 본공이기 때문에 취·사가 없다. 그러나 범부의 오온법과 외도의 오온 가운데 아(我)는 모두 아집이고, 소리와 형색의 분별상은 곧 법집이다. 여기에서 아집은 본래 공하여 꿈과 같다고 알기 때문에 의리선을 일으키지 않고, 범부와 외도의 단견과 상견 또한 여래선을 일으키지 않는다. 이승이 갖고 있는 무견(無見)의 경우란 곧 단·상·유·무의 이변에 대한 단(斷)이고, 또한 조사선의 향하삼요의 범위까지도 단(斷)하기 때문에 삼제도 단(斷)이다. 이상의 열 구(제11구~제20구)는 모두 상적에 대한 뜻이다.

"늘 육근의 작용을 하지만[151]/ 작용에 대한 분별상이 없고"의 두 구(제21구 및 제21구)는 아집을 뒤집어서 대기로 간주한 것이고, "또 일체의 법 분별하면서도/ 일체 분별상 일으키지 않네"[152]의 두 구(제23구 및 제24구)는 법집을 뒤집어서 대용으로 간주한 것이다. 때문에 상조에 대한 뜻이

---

150 일체의 분별과 집착을 벗어난 사람을 가리킨다.
151 『景德傳燈錄』卷3 "在胎爲身 處世名人 在眼曰見 在耳曰聞 在鼻辨香 在口談論 在手執捉 在足運奔"(大正藏51, p.218中) 참조.
152 鳩摩羅什 譯, 『維摩詰所說經』卷上 "法王法力超群生 常以法財施一切 能善分別諸法相 於第一義而不動 已於諸法得自在 是故稽首此法王"(, 537下) 참조.

다.

"괴겁에 불이 바다를 태우고" 이하 부분(제25구~제32구)은 이변의 속성인 생·멸하는 삼선의 경우 비록 향상의 본분은 벗어나 있을지라도 적·조의 진락은 상주·불변한다는 것을 전수한 것이다. 바다는 의리선이고, 산은 여래선이며, 불과 바람은 조사선의 기와 용이다.

따라서 산과 바다가 모두 소멸하면 곧 바람과 불도 또한 소멸하기 때문에 비유로써 든 의리선과 여래선의 두 가지 선이 이미 타파되면 곧 조사선도 또한 소멸한다. 대개 삼요로써 앞의 의리선과 여래선의 두 가지 선을 타파하고서 이 조사선을 설한즉 병이 제거되면 약도 또한 제거된다.

때문에 "열반의 모습 본래 그대로네[153](제28구)라는 것은 위의 상적과 상조의 두 가지 뜻을 총체적으로 가리킨 것이다.

> 今當委釋 初句標名 以是梵語 阿耨多羅(無上)三藐(寂)三菩提(照) 故二句圓明略標照義 常字通於寂照 破邪中凡愚外道義理禪 死與斷即 八邪見中 斷常二見 故爲我執 二乘如來禪 無作即 八邪見中 有無二見 故爲法執 以無作尊貴解爲無見也 此我法執

---

[153] 壞劫의 시대에도 자성은 여여하여 부동한 모습을 가리킨다. 僧肇, 『肇論』 "然則乾坤倒覆 無謂不靜 洪流滔天 無謂其動 苟能契神於卽物 斯不遠而可知矣"(大正藏45, p.151下) 참조.

斷常有無見 皆屬妄計 故爲六十二見 本過量人 無本分眼故能通
其我法兩種邪見本空無可取捨也 凡愚五蘊法 外道蘊中我 皆爲
我執 聲色二相 即法執也 以知我法本空如夢故 不起義理禪 凡
外斷常見 亦不作如來禪 二乘有無見 是爲斷常有無二邊斷也 亦
能進斷祖師禪向下三要圈櫃 故爲三際斷也 此上十句 合爲常寂
義 常應下(二句+?) 翻我執爲大機 分別下二句 翻法執爲大用
故爲常照義也 劫火下 傳授(二+?)邊生滅三禪 雖破向上本分寂
照眞樂 常住不變也 海是義理禪 山是如來禪 火與風是祖師禪機
用 而山海俱滅 則風火亦滅 故以喩二禪旣破 則祖師禪亦滅 盖
以要破前二禪說 此祖師禪則病去藥亦去 故相如是者 摠指上來
常寂常照二義也

○ 이 게송은 무공추(無孔鎚)이고 무삽취(無揷嘴)와 같은
것이 될 수 있다. 때문에 앞에서 풀이해서 설명해 줄 때
에는 늘 찬탄이 다 드러나지 못하였다. 그러나 이제야 게
송에서 비로소 밝게 드러나 의심이 없게 되었다. 때문에
절(節)과 문(文)의 자세한 해설로써 납자들을 위해서 선안
(禪眼)의 밝은 등불을 개통시켜 주었다.

○ 此偈可爲無孔鎚無揷嘴分 故前於講授時 常有未瑩之歎矣 今
始召然無疑 故節文詳解 以爲學者 開通禪眼之明燈矣

○ 행사선사의 기연
행사[154]는 곧 여래선의 종주로서 성제(聖諦)마저도 남겨

두지 않는 사람이었다. 이와 같은 돈기(頓機)는 금시의 신훈에 떨어지지 않을 뿐만 아니라 공겁의 본분까지도 또한 완전하게 초월한다. 그런즉 방편과 진실을 투탈하여 종문의 향상에 대하여 삼관(三關)을 내세웠으면서도 아직 인가를 받지 못한 상태였다. 때문에 혜능을 찾아와서 질문한 것이다.

"저는 어떤 수행에 힘써야 분별계급에 떨어지지 않겠습니까[155]"라는 것은 성제조차도 행하지 않는 것이 바로 분별계급에 떨어지지 않는 것이다.[156] 그런데 지금 어째서 행사는 다시 물었던 것인가.[157] 그것은 행사 자신의 성제에 대해서는 충분히 이해했지만 향하(向下)의 문제에 대하여 혜능대사의 의도를 이해하여 어떤 의심도 없애려는 까

---

154 青原行思(?~740)는 강서성 길주 안성 사람으로 성은 劉씨였다. 어려서 출가하여 육조혜능을 참문하고 그 법을 이었다. 강서성 길주의 청원산 靜居寺에 주석하자 문도들이 운집하였다. 그 문하에서 후에 禪宗五家 가운데 曹洞宗·雲門宗·法眼宗이 출현하였다.
155 보살의 수행지위에 해당하는 十信·十住·十行·十廻向·十地·等覺·妙覺과 같은 수행의 단계에 집착하는 것으로부터 벗어나려면 어찌해야 하는가를 묻고 있다.
156 범부위의 속제와 성인위의 성제를 분별하여 성인위의 聖諦 및 第一義諦를 추구하는 수행조차 하지 않았다는 것으로 수행에 대한 일체의 분별과 집착을 초월했다는 것을 나타낸다. 곧 깨침조차도 추구하지 않았음을 가리킨다.
157 행사가 혜능에게 다시 물은 내용은 다음과 같다. "聖諦도 추구하지 않았는데 저한테 어떤 계급이 있단 말입니까."

닭이었다.

"혜능대사는 행사를 법기(法器)로 여기고"라는 것은 행사가 깨친 것은 교학을 통하여 도달한 것이지만 그것은 곧 진공일 뿐만 아니라 또한 묘유를 철저하게 이해한 것이었기 때문이었다. 말하자면 여래선의 극칙은 곧 조사선이기 때문이다. 그러므로 혜능은 행사에게 한 지역을 담당하여 교화하도록 맡겨 주었다.

○ 行思 即如來禪宗主 聖諦亦不有者 是頓機非但不落今時新熏 亦能全超空劫本分 則透脫勤實 三關立 於宗門向上 而未得印可 故來問也 落何階級者 聖諦亦不爲 正是不落階級 今何更問耶 是爲滿口許他聖諦向不爲云云 領得師意盡淨餘疑 師深器之者 以其所悟 是教到底 則非但眞空 亦能徹會妙有故 以如來禪極則處 即祖師禪故也 故令分化

○ 회양선사의 기연

회양은 곧 조사선의 종주이다.

"무엇이 여기에 왔냐는 말이다"[158]라는 것은 진공의 자

---

158 위에서 '어디에서 왔는가' 하는 말은 회양 그대의 실체가 무엇인가 하는 本來面目・一物・此事・渠 등을 묻는 말이다. 그러나 숭산에서 왔다고 말하자 혜능은 보다 근원적인 질문으로 '무엇이 여기에 왔느냐는 말이다'라고 재차 묻는다. 『古尊宿語錄』과 『五燈會元』의 기록으로는 그 순간 회양은 말문이 막혔다. 그리고 8년 동안 회양은 자신의 본래면목을 추구하는 수행으로 일관하였다. 이하의 문답은 8년이 지난 후의 문답이다. 그러나 여기 종보 유포본은 『祖

성을 직접 드러낸 것이다. 이 질문에 대하여 팔년 만에야 바야흐로 깨치고 회양은 자신이 이해한 경지를 "일물이라 말씀하신 것도 적절한 표현은 아닙니다"[159]라고 말씀드렸다. 이 말은 진공에 대한 깨침이다.

"그렇지만 일물에 대한 수행과 깨침은 있어야 하지 않겠는가"라는 것은 그 깨친 경지가 단공(但空)과 비슷하기 때문에 저 깨친 경지의 심(深)·천(淺)을 증험하려는 것이다.

"일물에 대한 수행과 깨침이 없지는 않지만 곧 염오되지 않도록 할 뿐입니다"[160]는 말은 또한 철오(徹悟)한 묘유

堂集』과 『景德傳燈錄』의 기록대로 說似一物卽不中으로 이어진다.
159 說似一物卽不中에서 說似는 擧似·呈似·說向·知似·何似·擬欲·擬議 등과 같은 경우로서 무엇에 대하여 설명하는 것을 가리킨다. 似는 동사의 조사이다. 不中은 不用中으로서 '그렇지 않다', '그렇게 해서는 안 된다'는 부정의 뜻이다. 곧 甚麽物恁麽來처럼 굳이 일물이라는 말로 표현해도 본래면목에 딱히 들어맞는[的中] 것은 아니라는 뜻이다. 『古尊宿語錄』의 내용은 다음과 같다. "육조가 물었다. '어디에서 왔는가.' 회양이 말했다. '숭산의 혜안 스님이 계시는 곳에서 왔습니다.' 육조가 말했다. '무엇이 여기에 왔냐는 말이다.' 회양이 대꾸하지 못했다. 8년이 지난 후에 깨치고 나서 육조에게 자신이 깨쳤다고 말씀드렸다. 그러자 육조가 말했다. '무엇을 깨쳤단 말인가.' 회양이 말했다. '일물에 대하여 말씀드리자면 곧 이미 어그러지고 맙니다.' 육조가 말했다. '그렇지만 일물에 대한 수행과 깨침은 있어야 하지 않겠는가.' 회양이 말했다. '일물에 대한 수행과 깨침이 없지는 않지만 곧 염오되지 않도록 할 뿐입니다.'"
160 이와 같은 내용은 本來成佛에 근거한 것으로 달마의 선법을 계승

가 곧 진공에서의 묘유인 까닭에 다른 진공에 염오되지 않는다는 것이고, 수연에서의 묘유인 까닭에 수(用)·중(機)에 미혹되지 않는다는 것이며, 또한 불변의 자성인 까닭에 비록 수·중일지라도 진공에 염오되지 않는다는 것이다. 이것이야말로 회양선사가 깨친 경지이다. 청원행사의 경우는 다자탑전분반좌(多子塔前分半座)의 도리[161]를 깨친 진금포(眞金鋪)였다. 때문에 부처도 타파하고 조사도 타파한 그 진인의 면전에서는 말도 꺼낼 수가 없다. 남악회양의 경우는 영산회상염화미소(靈山會上拈華微笑)의 도리[162]를

한 祖師禪의 기본적인 바탕이다. 그 전승은 『華嚴經』卷14(大正藏 10, p.69下)의 善用其心을 이어서 달마의 深信含生同一眞性 — 혜가의 禪心 — 승찬의 信心不二 — 도신의 守一不移 — 홍인의 守心 및 修心 — 혜능의 자성 및 但用此心 — 남악의 修證卽不無但莫染汚 — 마조의 道不用修 — 백장의 體露眞性 등으로 계승되어 갔다. 기타 眞諦 譯, 『大乘起信論』 "菩提之法非可修相非可作相 畢竟無得"(大正藏31, p.577上) 참조.

161 『祖庭事苑』卷5 "雜阿含四十一云 尊者迦葉 長須髮 著弊衲衣 來詣佛所 爾時 世尊無數大衆圍繞說法 時諸比丘起輕慢心言 此何等比丘 衣服麤陋 無有容儀 伴伴而來 爾時 世尊知諸比丘心之所念 告摩訶迦葉 善來迦葉 於此半坐 我今竟知誰先出家 汝邪 我邪 彼諸比丘心生恐怖 身毛皆竪 並相謂言 奇哉 尊者迦葉 大德大力 大師弟子 請以半座 爾時 迦葉合掌白佛 佛是我師 我是弟子 佛告迦葉 如是如是 我爲大師 汝是弟子 今且坐 隨其所安 迦葉 此云飲光 以身光隱伏諸天故"(卍新纂續藏經 第64册, pp.387下~388上); 『別譯雜阿含經』卷6(大正藏2, p.416下); 『傳法正宗記』卷1; 『宗門統要續集』卷1 참조. 多子塔은 중인도 吠舍釐城 동북쪽에 있던 탑으로 千子塔이라고도 한다.

162 『大梵天王問佛決疑經』 拈華品 第二(卍新纂續藏經 第一册, p.442上~442中); 『天聖廣燈錄』卷1; 『人天眼目』卷5; 『無門關』제6칙; 『五

깨친 잡화포(雜貨鋪)였다. 때문에 부처도 안립하고 조사도 안립하는 그 납승의 뱃속은 바다처럼 드넓다.

○ 懷讓 即祖師禪宗主 什麼物恁麼來者 直示眞空自性 而八年方悟 故呈解云 說似一物即不中 是爲悟得眞空 還假修證否者 以其所悟似但空 故驗他所悟深淺也 修證即不無者 亦能徹悟妙有 而以是眞空上妙有 故亦不汚染他眞空 以於隨緣妙有 修(用)證(機)中不迷 不變自性 故雖修證而不汙眞空 此是讓師得力處也 靑原領得分座眞金鋪 故佛也打祖也打 眞人面前 休說假 南岳領得拈花雜貨鋪 故佛也安祖也安 衲僧肚裏 如海寬

○ 영가선사의 기연

"그렇다면 그대가 내 깨침을 증명해주길 바라네"라는 것은 영가 자신의 스승이 되어달라고 바라는 것이다.

"조계대사를 우요삼잡(右遶三匝)[163]하고나서 석장[164]을 흔

燈會元』卷1. 祖師禪의 가풍에서는 拈花微笑의 일화, 分半座의 일화, 槨示雙趺의 일화를 三處傳心으로서 세존이 가섭에게 以心傳心 以法印法으로 正法眼藏을 부촉한 일화로 전승되었다. 槨示雙趺의 일화는 『祖庭事苑』卷1(卍新纂續藏經 第64冊, p.317中) 참조.

163 遶師三匝은 조계대사를 右遶三匝하는 행위이다. 三尊을 공경하고 내지 三毒을 소멸한다는 뜻으로 問佛과 問法의 경우에 하는 예법이다.

164 錫杖은 범어 Khakkhara로서 隙棄羅・喫吉羅・喫棄羅라 음역하고 德杖・智藏・成長・鳴杖이라 의역한다. 비구가 소유하는 18物 가운데 하나로서 僧侶나 受驗者 등이 휴대하는 지팡이이다. 上部는 주석 등의 금속재료로 만들고, 中部는 나무로 만들며, 下部는 상아 또는 뿔로 만든다. 머리를 塔婆 형태로 만들어 大鐶을 걸고 大鐶에 다시 여러 개의 小鐶을 건다. 소환은 보통 6개를 거는데 육바

들고는 우뚝 섰다"는 것은 본분삼구를 투탈하고 향상의 경지에 섰다는 제스처로 이에 자기의 견해를 드러낸 것이다.

"대저 사문이라면 삼천 가지 위의와 팔만 가지 세행[165]을 갖추어야 한다." 이하는 공고심(功高心, 尊貴解)과 같기 때문에 꺾어준 것이다.

"생사사대(生死事大)이므로 무상신속(無常迅速)입니다[166]"라는 것은 존귀처(尊貴處, 尊貴解)를 부정하여 긍정도 부정도

라밀을 상징한다. 길을 가면서 땅을 짚고 딸랑딸랑 소리를 내어 禽獸 및 蟲類를 경각시켜 물러가게 함으로써 不殺生을 실천하고, 탁발의 경우 석장을 흔들어서 신호를 보내 시주물을 받기도 한다. 또한 나이가 많거나 기력이 없는 경우나 의지하기도 하고, 개울을 건너는 경우에는 물의 깊이를 재는 도구로 활용하기도 한다.

165 三千威儀 八萬細行은 비구가 지니는 계율을 말한다. 三千威儀는 二百五十戒 × 四威儀 × 三世가 三千威儀로서 곧 小乘比丘의 생활을 상징한다. 八萬細行은 八萬四千細行으로서 三千威儀에다 殺·盜·婬·妄의 身業과 兩舌·惡口·綺語의 口業 등 7가지를 곱하여 2만 1천 가지에다 身·受·心·法의 네 가지를 곱하여 八萬四千으로서 대승보살의 생활방식을 상징한다. 나아가서 일상의 모든 행위를 三千威儀 八萬細行이라 한다.

166 生死事大는 生事大이고 死事大로서 생과 사의 문제가 지극히 중대하여 윤회를 초월하는 것이 가장 중요하다는 말이다. 五祖弘忍이 제자들을 접화할 때에 활용한 말로부터 유래한다. 生과 死가 呼吸之間에 달려 있기 때문에 속히 생사의 문제를 해결해야 한다는 뜻이다.『雪巖祖欽禪師語錄』卷2 "死不知去處 生不知來處 所謂生死事大 無常迅速 … 豈不是死不知去處 謂之死大 卽今眼眨眨地 在這裡間箇父母未生前面目 開口不得 豈不是生不知來處 謂之生大 灼然生死事大 須是把當一件 無大至大底大事"(卍新纂續藏經70, p.610中) 참조.

하지 않는 것이다.

"생사(生死)에 대하여 체득[167]하면 곧 무생이고 요달하면 본래 신속조차 없는 도리를 어째서 모르는가[168]"는 것은 본래 생(生)·사(死)가 없고 또한 지(遲)·속(速)도 없는데 영가 그대가 생·사를 근심하여 치구심을 그치지 않는 것이야말로 어찌 말이 채찍의 그림자만 보고도 두려워서 달려가는 전도광견(顚倒狂見)이 아니겠는가. 만약 본래 생(生)·사(死)가 없음을 체득하고 본래 지(遲)·속(速)이 없음을 요달한즉 그것이 곧 심(心)이 본래 청정하고 망(妄)이 본래 공한 줄을 철견한 것이다. 때문에 바야흐로 돈오자성이 되는 것인데 그대는 어째서 생·사·지·속이 본래 공한 줄을 모른단 말인가.

"이제야 본체가 곧 무생으로서 본래 지체와 신속이 없음을 요달하였습니다"라는 것은 영가가 원래 상상돈기(上上頓機)이기 때문에 언하에 대오하고서 이미 생(生)·사(死)가 없는데 어찌 체득한다는 것이 있겠으며, 지(遲)·속(速)이 없는데 어찌 요달한다는 것이 있겠는가. 그런즉 지금

---

167 體取는 體認·體會로서 자신이 몸소 터득하는 것을 말한다.
168 生死에 대하여 체득하면 곧 무생으로서 분별심이 사라져 生과 死 및 遲滯 및 迅速의 대립을 초월한다. 그런데 그대는 함부로 生과 死, 常과 無常, 遲滯와 迅速을 언급하고 있는 것을 보면 아직 生死가 무생의 도리임을 깨치지 못한 행위라고 꾸짖는 말이다.

체득한다 및 요달한다는 말이야말로 어찌 그대가 특별히 망견을 일으키는 것이 아니냐는 것이다. 이것이야말로 무생을 철저하게 이해하는 것이므로 영원히 존귀(尊貴) 및 두각(頭角)의 견해를 벗어나서 무한(無限)을 터득하는 것이다. 때문에 혜능은 "그래, 바로 그렇다"라고 온전히 인가한 것이다.

"영가는 그제서야 위의를 갖추고 예배를 드렸다"는 것은 무생을 철오(徹悟)한 것으로 살작용(殺作用)의 완성으로 더 이상 깨칠 것이 남아 있지 않다는 것이다. 때문에 또한 조사선의 삼요의 깨침에 나아갔다는 상징으로 삼배를 드린 것이다.

"곧바로 하직인사를 드렸다"라는 것은 더 이상 깨칠 것이 남아 있지 않았다는 뜻이다.

"이대로 돌아간다니 너무 서두르는 것 아닌가"라는 것은 혜능이 거듭 영가의 깨침이 얼마나 철저한가를 점검한 것이다. 본래부터 움직임이 없지만 저절로 발생된 분별의 결과가 곧 무생을 철오한 것이기 때문에 깊이 찬탄[169]한 것이 어찌 유의(有意)와 분별(分別)이겠는가.

또한 비의(非意)의 설로서 더 이상 글을 첨가할 수 없기

---

169 깊이 찬탄한 혜능의 말은 "그대는 진정으로 무생의 뜻을 깨우쳤구나"라는 대목이다.

때문에 "그래, 그렇다"라고 말한 것이다. 그러나 이 경우에도 살작용(殺作用)이 주(主)이기 때문에 무릇 여래선일 뿐이다. 그래서 『중도가』에는 조사선의 뜻이란 하나도 들어 있지 않다.[170]

만약 회양 화상의 경우와 같이 "일물에 대한 수행과 깨침이 없지는 않지만 곧 염오되지 않도록 할 뿐입니다"라는 경우이어야 조사선이라 말할 수가 있다. 이에 혜능대사는 애석하다는 듯이 "좀 머물렀다 일숙(一宿)하고 가거라"라고 말한다.

> ○ 永嘉 仁者爲我證據者 願爲我師也 繞師三匝 振錫而立者 透脫本分三句 立於向上 此乃呈似己見也 具三千威儀云云 似有尊貴解 故折挫也 生死事大等 靠倒尊貴處不肯捨也 何不體取等 本無生死 亦無遲速 汝以生死爲慮馳求不歇 豈非怖影之狂見乎 若能體取本無生死 了達本無遲速 則是爲徹見心本淨妄本空 故方爲頓悟自性也 汝何不知生死遲速之本空耶 體則無生云云 元是上上頓機 故言下大悟曰 旣無生死 有何體取 又無遲速 有何了達 然則今此體取了達之說 豈非仁者別生妄見乎 是爲徹底 會得無生 故永脫尊貴頭角 而直得無限也 故滿口許他 方具威儀禮拜者 徹悟無生 是殺倒底 則更無餘事 故亦能進悟祖師禪三要而禮三拜也 告辭者 更無餘事 故返太速乎者 更驗其徹底與否也

---

170 이 대목은 남악회양의 먼 법손에 해당하는 백파긍선이 자파의 우월성을 강조하려고 영가의 선풍을 의도적으로 낮추어보려는 태도가 엿보인다.

本自非動 自生分別果 是徹悟無生 故深歎也 豈有意與分別 亦
非意之說 文不加點 故曰善哉 然以殺爲主 故但爲如來禪也 故
證道歌中 一無祖師禪意 若能如讓和尙 修證不無則可爲祖師禪
而可惜一宿卽去

○ 지황선사의 기연

지황이 "저는 선정에 들어 있는 바로 그때는 유심이다
무심이다 하는 것을 보지 않습니다"[171]라는 말은 유·무의
삼구를 투과한 것이기 때문에 존귀한 가풍이라는 것이다.

"지황이 대꾸하지 못하였다"라는 것은 자신이 했던 말
이 틀렸기 때문이다.

"묘담하고 원적하여" 이하 부분[172]은 심체는 본래부터
허물을 벗어나 있음을 그대로 드러낸 것이다. 곧 묘담한
자성은 본래 원만하고[用]·적적하여[體] 그 체(體)와 용(用)
이 여여(如如)하고 원타타지(圓陀陀地)하여 더 이상 손댈 것

---

171 유심과 무심의 분별을 초월해 있음을 가리킨다.
172 이에 해당하는 대목은 다음과 같다. "우리 스승께서 다음과 같이
설하셨습니다. 묘담하고 원적하여 체와 용이 여여합니다. 이에 오
음이 본래 공하고 육진은 실유가 아니므로 출정이 따로 없고 입정
도 따로 없으며 고요함 빠지는 것도 없고 산란함에 휘둘리는 것도
없습니다. 따라서 선정 자체에 집착이 없고 그 집착을 벗어나 있
으므로 禪寂의 경지에 머무릅니다. 또한 선정 그 자체에 생멸이
없고 생멸을 벗어나 있으므로 禪想의 경지가 발생합니다. 이에 마
음이 허공과 같이 편만하지만 또한 허공이라는 분별조차 없습니
다."

이 없다는 것으로 이 경우는 불이(不二)의 대정(大定)[173]이기 때문이다. 의리선(義理禪)의 아집은 단·상의 삼구로서 본래 공하고, 여래선의 법집은 유·무의 삼구로서 또한 유(有)이며, 조사선은 출·입의 삼구로서 또한 무(無)이다. 내지 향상의 진공(定)과 묘유(亂)도 또한 각립하지 않는데 이것이야말로 진정 불이의 선(有)과 정(空)이다.

"선정 자체에 집착이 없고" 이하 부분[174]은 거듭하여 납자들의 경우 반드시 허물을 벗어나야만 바야흐로 그 자성이 무주이므로 안으로는 결코 진공(寂)에 집착되지 않고 그 자성이 무생이므로 밖으로는 결코 묘유(常)가 발생되지 않는 줄 본다는 것이다. 바야흐로 마음이 허공과 같아지고 또한 허공과 같다는 분별조차 없어야 곧 묘용이 여여한 불이의 대정에 들어간다는 것이다.

"진실로 그대가 들었던 말과 똑같다"라는 것은 혜능 자신의 제자인 현책의 전언(傳言)을 인가한 것이고, 또한 그 말을 중시한다는 것이다.

---

173 욕계의 小定에 상대하여 大定은 색계와 무색계의 有漏善의 根本定을 가리킨다. 달리 那伽大定은 부처님의 선정을 말한다.
174 "따라서 선정 자체에 집착이 없고 그 집착을 벗어나 있으므로 禪寂의 경지에 머무릅니다. 또한 선정 그 자체에 생멸이 없고 생멸을 벗어나 있으므로 禪想의 경지가 발생합니다. 이에 마음이 허공과 같이 편만하지만 또한 허공이라는 분별조차 없습니다"는 대목을 가리킨다. 이것은 혜능이 선정의 당체가 無住이고 無生임을 구체적으로 속성과 공능을 통하여 말한 대목이다.

"그대는 무릇 마음을 허공과 같이 지니되 공견(空見)에도 집착해서는 안 된다"[175]는 이하 부분은 그 묘유는 곧 허공과 같다는 분별조차 없다는 것을 인가한 것이다.

이 가운데서 "응(應)과 용(用)에 걸림이 없다"는 구절은 묘유의 자재무애를 총표한 것이다.

이하의 "동(動)과 정(靜)을 차별하는 마음이 없으며, 범(凡)과 성(聖)을 분별하는 마음이 사라지고, 능(能)과 소(所)를 구별하는 마음이 모두 사라진다"라는 세 구절은 무애의 모습을 자세하게 보여준 것이다. 곧 각각 동·정·유·무의 삼구이고, 범·성·권·실의 삼구이며, 능·소·기·용의 삼구로서 동·정, 범·성, 능·소 등은 삼종선의 차별경계인데 각각 무분별심이고 무집착심이며 무장애심의 자재한 모습에 해당한다.

"성(性)과 상(相)이 여여하여 선정의 경지 아님이 없다"는 구절은 결론적으로 진공과 묘유가 원응무이(圓應無二)함을 보여준 것이다. 곧 상적(常寂)하고 상조(常照)하여 과거에도 미치고 현재에도 미치기 때문에 선정의 시절 아님이 없다는 것이다. '유심이다 무심이다 하는 것을 보지 않는다'는 지황의 그 마음은 곧 아만[尊貴處]에 집착한 것이다.

---

175 不著空見은 本來空이라는 말을 듣고는 그 空이라는 말에만 집착하면 邊見이 되고 만다는 것을 경계시킨 말이다.

때문에 묘유에는 소득심이 없다는 것을 자세하게 설명하여 지황으로 하여금 묘유의 도리를 깨치도록 하려는 것이다.

○ 智隍 不見有有無之心者 透過有無三句 故爲尊貴家風也 隍無對者 以其語相違故 妙湛下 正示心體本自離過 以妙湛自性本來圓(用)寂(體)體用如如圓陀陀地 無楞縫也 此是不二大定故 義理禪我執斷常三句本空 如來禪法執有無三句亦有 祖師禪出入三要亦無 乃至向上眞空(定)妙有(亂) 亦不角立 是眞不二禪(有)定(空)也 禪性無住下 仍示學者 必須離過方見 以其自性無住 故不應內住眞空(寂) 以其自性無生 故亦不外生妙有(想)(常?) 方能心如虛空 亦無虛空之量也 是爲入於妙用如如之不二大定也 誠如所言者 印他玄策所言 而亦以其言重示也 心如虛空句 印其眞空 不着空見下 印其妙有是爲亦無虛空之量也 於中應用無碍句 摠標妙有自在無碍 而下三句 詳示無碍之相 動靜有無三句 凡聖勸實三句 能所機用三要也 當於動靜凡聖能所等 三禪差別境界 一一無心無着無碍自在也 性相如如句 結示眞空妙有 圓應無二也 常寂常照 亘古亘今 故無不定時也 以其不見有有無之心 是着尊貴處 故偏明妙有所得心無者 領悟妙有故

○ 어느 승의 기연

어느 승이 황매의 의지(意旨)는 누가 터득하였는지 등에 대하여 물었는데 이것은 정법안장의 전수에 대한 것이다.

"불법을 아는 사람이 터득하였다"[176]는 것은 정법안장의 전수를 이해했느냐의 문제로서 불조가 전승한 법을 황매가 터득했느냐 하는 것이다. '나는 불법을 모른다'[177]에서 '나'는 일용에 자성을 벗어나지 않는 까닭에 나의 자성으로 진불이고 진법인데 어찌 밖을 향해서 별도로 황매의 불법을 추구하겠느냐는 것이다. 이것은 신훈의 전수를 부정하고 본분을 직접 보여준 것이다.

○ 一僧 黃梅意旨等問 傳授事也 會佛法人得者 傳授邊會得 佛祖所傳之法者 可得黃梅意 我則日用不離自性 故我之自性 是眞佛眞法 何須向外 別得黃梅佛法耶 此撥却新熏傳授 直示本分也

○ 방변선사의 기연

"대사가 어느 날" 이하 부분은 반드시 어떤 복난(伏難)[178]이 있었을 터인데 문언(文言)으로는 드러나 있지 않다. 그

---

176 會佛法人得은 조사선법의 도리를 터득한 사람이 계승했다는 말이다. 곧 本來成佛의 도리를 深信하여 무분별과 무차별과 無生과 無作의 도리를 터득한 사람으로서 구체적으로는 會 및 不會를 초월한 무분별의 평상심의 소유자가 홍인의 선법을 계승했다는 것이다.
177 我不會佛法은 혜능의 경우 이미 會 및 不會의 분별을 초월해 있기 때문에 굳이 會나 不會의 개념에 걸리지 않는다는 것을 표현한 말이다. 때문에 이 경우 승의 질문에 대하여 會라고 말하건 不會라고 말하건 그것은 상관이 없다. 왜냐하면 그 어떤 답변도 혜능의 무분별심으로부터 나온 것이기 때문이다.
178 해설하거나 다스리기 어려운 문제 내지 감추어져 있어서 드러나지 않은 문제 등을 가리킨다. 『金剛三昧經』 本覺利品第四 "無住菩薩言 若有衆生未得本利 猶有探集 云何降伏難伏"(大正藏9, p.368下).

러나 '대사가 이미 친수(親受)한 황매의 의발은 반드시 황매의 의지(意旨)를 터득한 것이었다'라는 말이 있어야 할 것이다.

또한 위에서 말한[179] "나는 홍인화상의 처소에서 법문을 한 번 듣고는 언하에 돈오견성과 진여본성을 바로 깨쳤다"는 것과, 또한 "우리의 홍인조사는 오직 이 돈법만을 전수하였다"는 것과, 또한 "삼경에 돈교와 의발을 전수하고서 '그대는 제육조가 되었다. 그런즉 어찌 의발만 얻고, 황매의 의지(意旨)는 터득하지 못하였겠고, 어찌 홍인 스님의 말에 어긋남이 있었겠는가'"와 같은 복난(伏難)이 있다.

때문에 "전수받은 가사를 세탁하고자 하였다"는 것은 전수와 관련된 타니대수(拖泥帶水)의 때를 제거하고 사람들이 본래부터 구비하고 있는 본성을 은밀하게 보여주려는 것이다.

"사찰의 뒤편 5리 쯤 떨어진 곳에 이르렀다"는 것은 한 봉오리의 꽃에서 다섯 개의 꽃잎이 피었다는 것으로 곧 오대(五代)의 전법을 가리킨다.[180] 때문에 이제 오 리를 지

---

179 『悟法傳衣品』에서 말한 대목을 가리킨다.
180 달마의 전법게송에 나오는 의미이다. 『祖堂集』卷2 "吾本來此土/ 傳教救迷情/ 一花開五葉/ 結果自然成//"(高麗大藏經45, p.245上) 제삼구의 一華開五葉에 대해서는 달마 이후부터 五代를 지난 혜능 시대에 선법이 크게 일어난다는 해석과, 혜능을 一華로 간주하고 이후에 禪宗五家가 번성한다는 해석이 있다. 백파의 본 해석은 이

나서 세탁한다는 것은 오대 동안 전수한 과정에서 묻은 때를 세탁한다는 것이다.

"산림이 울창하게 우거져 있고" 이하 부분은 본분을 제대로 보여준 것이다. 곧 '산림에 어린 상서로운 기운'은 바로 자기 앞에 펼쳐진 평상의 경계이고, '석장을 흔들고 땅을 내려치자 샘물이 손에 닿을 정도의 높이까지 솟구쳤다'[181]는 것은 주변의 온갖 사물이 모두 조사의 뜻 아님이 없다는 것이다. 때문에 천진본연의 바위이고(眞空) 천연본연의 샘물이 고인 연못이 되어(妙有) 거기에서 신훈으로 전수된 때를 세탁한다는 것이다.

"대사가 무릎을 꿇고 앉아서"라는 것은 살(殺)·활(活)의 분별로 전수된 의발을 굴복했음을 가리킨다. 그러나 육대조사 이후에 전수된 모습을 보면 지금 여기에 누락되었을 것으로 의심되는 두 글자는 의발(衣鉢)로 간주된다.

정색(正色)을 전수했다는 것은 실로 전수가 없는 도리를 가리킨다.[182] 이 정색(正色)의 도리는 마치 하늘에 의지한 (空) 장검(有)과 같은 경우로서 곧 나의 지금 이 색신은 상

가운데 전자에 해당한다. 그러나 정작 중요한 것은 '한 꽃봉오리에 다섯 개 꽃잎 피니'에서 一華가 곧 五葉임을 터득하는 것이다.
181 『大明一統志』卷80에 기록되어 있는 南雄府 霹靂泉의 고사를 가리키는데 慧能과 결부된 일화로 인하여 卓錫泉이라고도 한다.
182 혜능이 방변에게 塑像을 만들어보라고 권유하면서 문답한 내용이다.

신(常身)이고 법신(法身)임을 가리킨다. 이것은 곧 진정한 정법안장인데 방변 그대는 어째서 다만 전래된 의발만 알고 혜능 나의 본래면목에는 어둡단 말인가.

"방변이 당황하였다"라는 것은 그 정색(正色)의 도리 곧 진정한 불이정법안(不二正法眼)을 알지 못했기 때문이다.

"대사가 손을 뻗쳐서 방변의 정수리에 얹고 말했다"는 것은 소머리를 눌러서 억지로 풀을 먹이는 모습으로서 비단 혜능 내 몸은 정법안(正法眼)일 뿐만 아니라 그대도 또한 머리로는 하늘을 가리키고[空] 다리로는 땅을 밟으며[有] 눈은 가로로 붙어 있고[用] 코는 세로로 붙어 있으니[機]¹⁸³ 곧 썩 훌륭한 정법안이라는 것이다. 그러니 방변 그대는 반드시 불사를 베풀어서 사람을 제도하는 데 철저해야 한다는 것이다.¹⁸⁴

이 대목의 의도는 문외(文外)에 있으므로 조금이라도 갈등을 일으켜서는 안 된다.

○ 師一日下 此中必有伏難文不現也 應云師旣親受黃梅衣鉢 則必得黃梅意旨 且上云 我於忍和尙處 一聞言下 便悟頓見眞如本

---

183 머리는 하늘로 발은 땅으로 눈은 가로로 코는 세로로 묘사되는 것은 지극히 당연하고 올바른 진리의 법칙인 柳綠花紅을 가리킨다.
184 이에 혜능은 방변에게 '그대는 영원히 인간과 천상의 복전이 되리라'고 말했다. 이것은 대사가 그 보답으로 가사를 전수하였는데 방변은 육조의 가사를 전수받아 그 정법안장을 계승했다는 이야기를 상징한다.

性 又云 吾祖惟傳此頓法 又云 三更便傳頓教及衣鉢云 汝爲第六代祖 然則何以但得衣鉢 而不得黃梅意旨 豈非自語相違乎 有如是難 故濯衣者 洗去傳授邊拖泥之塵垢 而密示人人本具之宗旨也 至寺後五里許者 以一花開五葉 是五代傳法 故今過五里而洗者 俱濯五代傳授之塵垢也 山林下 正示本分 以其山林瑞氣 正是自前平常境 卓錫泉出 是物物拈來無非祖意 故於天眞本然之石上(眞空) 以天眞本然之活水(妙有) 洗濯新熏傳授之塵迹也 跪膝者 屈去殺活傳授也 見傳六代下 疑脫今在二字出示衣鉢者 似有 傳授正色者 實無傳授 以此正色處 如倚天(空)長劍(有) 則吾今色身 卽是常身法身 此眞正法眼藏 汝何但知傳來衣鉢 昧我本來面目耶 方辯罔措者 不知其正色處 是眞不二正法眼故 摩方便頂者 按牛頭喫草 非但我身爲正法眼 汝亦頭指天(空)脚踏地(有)眼橫(用)鼻直(機) 則好箇正法眼 汝當施作佛事 永度人天 爲人須爲徹也 此文意在文外 故葛藤不少

○ 와륜선사의 게송을 통한 어떤 선사의 기연

와륜선사 게송의 뜻은 존귀처(尊貴處)에 집착한 것이다. 곧 세간을 떠나서 보리를 추구하려는 것으로 마치 토끼의 뿔을 찾으려는 경우와 같다. 그러나 혜능대사 게송의 뜻은 주변의 온갖 사물이 조사의 뜻 아님이 없거늘 어찌 사상분별(思想分別)[185]을 단제할 필요가 있겠느냐는 것이다.

---

185 臥輪有伎倆 能斷百思想에 해당하는 돈황자료 Stein 6631호의 기록은 臥輪無伎倆 能定百思想이다. 伎量은 智謨巧伎의 뜻이다. 思想은 四句分別로서 번잡한 計度思量을 가리킨다.

곧 불법은 세간에 그대로 있어서 세간의 깨침을 벗어나지 않는데[186] 깨침을 추구할 까닭이 있느냐는 것이다. 이것은 깨침을 발생시키려고 억지로 노력하는 것에 대하여 크게 탄식한 것이다.

○ 臥輪偈意 泥着尊貴處 則離世覓菩提 猶如求兎角 師偈意 物物拈來無非祖意 何必斷思想耶 以佛法在世間 不離世間覺 故菩提作麽 長彈(歎?)其修生菩提

---

[186] 조사선의 本來成佛에 근거하고 있기 때문에 특별히 의도적으로 수행할 필요가 없다. 이에 늘 외부의 경계에 상응하면서도 정작 그에 집착이 없다. 와륜이 번뇌를 상대하여 단절함에 비하여 혜능의 경우 번뇌의 斷과 不斷 및 보리의 悟와 未悟의 분별심이 전혀 없음을 말한다. 곧 本來無一物로 대변되는 남종돈법의 종지를 가리킨다.

Ⅴ.-ⅶ. 남돈북점

○ "이에 대사가 대중에게 말하였다." 이하 부분[187]에서는 사람에게는 남·북이 있지만 법은 본래 동일한 종지인데 어찌 다툴 필요가 있겠느냐는 것을 설명한다.

"그리고는 그 상황을 말하였다"는 것은 신수로부터 명령받은 것[188]을 가리킨다.

"세작"이란 양 진영에서 탐정행위를 하는 간첩이기 때문에 그 은밀한 행위로써 법을 훔치는 사람이다. 이것은 쩨쩨한 소인의 행위로서 실제로는 법을 위하여 참청(參聽)한 광명정대한 사람의 행색이 아니다.

"마음을 불성에 집중하여 조용히 관찰하라." 이하 부분[189]은 부지런히 먼지를 떨어내고 닦으라는 것을 가리킨

---

187 "이에 대사가 대중에게 말하였다. 불법은 본래 동일한 종지이지만 사람은 남방 출신과 북방 출신이 있다. 불법은 곧 동일한 종류이지만 사람들의 견해에 더디고 빠름이 있다. 그러면 무엇을 頓과 漸을 말하는가. 불법에는 돈과 점이 없지만 사람에게 이근과 둔근이 있다. 때문에 돈과 점이라 말한다"는 대목을 가리킨다.
188 신수가 지성한테 명령한 내용인 "그대는 총명하고 지혜가 많다. 그러므로 나를 위해서 조계에 가서 법문을 듣거라. 그리고 들은 것을 모두 마음에 기억해두었다가 돌아와서 나한테 말해다오"를 가리킨다.
189 "마음을 불성에 집중하여 조용히 관찰하라는 것은 잘못된 가르침으로 진정한 선이 아니다.(是病非禪은 근본적인 치료를 하지 않고 對症만 치료하는 것은 잘못임을 지적한 것이다. 종밀이 말하는 息妄修心宗의 부류를 가리킨다. 『禪源諸詮集都序』卷上之二, 大正藏

다.

"내가 만약 어떤 법을 가지고 사람들에게 설해 준다고 말한다면" 이하 부분[190]에서는 '신수의 말은 어떤 법을 가지고 사람들을 가르치는가 하면 그것은 원래 무릇 방편에 따라서 계박을 풀어주는 것일 뿐이지 달리 남한테 주는 법이란 전혀 없다'는 것을 설명한다.

"불가사의하다"는 것은 그 법상이 대승임을 말한다.[191]

48, p.402中~下 참조). 그리고 늘 좌선만 하는 것은 몸을 구속하는 것이다(이 대목은 불성에 마음을 집중하는 住라든가 그 고요한 모습을 관찰하는 觀을 禪病으로 간주하고 있다. 곧 神秀의 입장은 본유한 불성은 청정무구할지라도 그것이 현실적으로는 망상번뇌에 휩싸여 있다고 보아 그 망상번뇌를 없애기 위해서는 住心觀靜의 방식으로 수행을 해야 한다는 것이다. 그러나 혜능의 입장은 망상번뇌는 본래 공하기 때문에 본래부터 청정한 자성을 자각하여 그것을 그대로 일상의 행위로 드러내는 것뿐이라는 것이다. 때문에 住心觀靜 및 長坐不臥의 행위를 선병으로 간주한다. 이와 같은 입장의 차이는 너무나 도식적인 해석이다. 때문에 본래청정한 불성 곧 자성을 어떻게 자각하고 그것을 일상생활에서 어떻게 실천하는가의 문제는 唐代 이후 지속적인 문제였다. 그것이 조사선에서 송대에는 간화선과 묵조선이라는 새로운 수행방식으로 창출되었다)"는 대목을 가리킨다.

190 "내가 만약 어떤 법을 가지고 사람들에게 설해준다고 말한다면 곧 그대를 속이는 꼴이 된다. 무릇 방편에 따라서 계박을 풀어주는 것을 짐짓 삼매라고 말할 뿐이다(본래의 입장에서는 설해야 할 법도 없고 설해주는 대상의 사람도 없지만 隨宜方便의 입장에서 미혹한 사람의 계박을 풀어주기 위하여 짐짓 설법한다는 것이다). 그대의 스승이 설한 계·정·혜의 방식은 실로 불가사의하다(여기에서의 不可思議는 이해가 되지 않는다, 불합리하다, 어이가 없다 등의 뜻이다). 내가 보는 계·정·혜는 그와 다르다"는 대목을 가리킨다.

때문에 짐짓 찬탄한 것이다.

"모름지기 알아야 한다." 이하 부분[192]은 계·정·혜로써 자성의 묘용을 삼는다. 때문에 게송에서 계는 그릇됨이 없는 것이므로 기(機)이고, 혜는 어리석음이 없이 널리 닦는 것이므로 용(用)이며, 정은 비록 널리 닦는 것(用)이지만 마음에 산란함이 없는 것(機)이므로 중(中)이라고 말한다. 이들 전체는 향하의 삼요이다.[193]

제사구는 상주불변이기 때문에 향상의 진공이다.[194]

제오구는 거·래에 걸림이 없으므로 묘유이다.[195]

---

191 여기에서의 不可思議는 이해가 되지 않는다, 불합리하다, 어이가 없다 등의 뜻이다. 혜능은 신수의 삼학에 대하여 대승의 법상이라 말하고, 혜능 자신의 삼학은 최상승의 법상이라 말한다.
192 "모름지기 일체만법은 모두 자성으로부터 일어나는 작용임을 알아야 한다. 이것이야말로 진실한 계·정·혜의 법이다"는 대목을 가리킨다.
193 돈황본 『壇經』의 경우는 "心地無疑非自性戒 心地無亂是自性定 心地無癡自性是惠"(大正藏48, p.342中)처럼 三句만으로 구성되어 있고 그 순서는 계·정·혜이다. 『景德傳燈錄』卷5의 경우는 "一切無心自性戒 一切無礙自性慧 不增不退自金剛 身去身來本三昧"(大正藏51, p.237中)처럼 四句로 구성되어 있는데 四句의 게송형태를 맞추려는 까닭에 계와 혜만 드러나 있다.
194 제사구는 "본래부터 증감이 없는 금강체와 같아서"인데 이것은 본래부터 자성의 계·정·혜이기 때문에 깨쳤다고 해서 늘어나는 것도 아니고 깨치지 못했다고 해서 줄어드는 것도 아니다. 마치 不壞의 속성을 지닌 금강과 같다는 것이다. 금강은 자성을 가리킨다.
195 제오구는 "몸이 태어나고 죽어도 본래의 삼매라네"인데 이것은 일상의 行·住·坐·臥와 見·聞·覺·知와 語·黙·動·靜의 모두가 본래부터 자성의 삼매 아님이 없음을 가리킨다. 곧 去來가 자

지성이 말한 게송(제1구와 제2구)에서는 진실로 몸과 마음의 오온은 본래 공하기 때문에 구경법이 되지 못하는데 어째서 시시불식(時時拂拭)해야 하겠는가를 말한다. 제삼구와 제사구에서는 마음은 본래 청정하기 때문에 본래 어리석음이 없거늘 어째서 몸과 마음을 닦아서 진여에 나아가야 하는가를 설명한다. 이리하여 지성은 비로소 신수의 설은 불가(不可)하다는 것을 깨우친다.

南頓北漸第七

○ 師謂衆云云 人有南北 法本一宗 何必爭耶 具陳其事者 稟秀師命事也 細作者 是兩陣探情之間使 故以此潛蹤盜法之人 此是細碎小人之所作 實非爲法參聽光明正大之行色也 住心觀靜云云 時時勤拂拭 若言有法云云 以彼云以何法誨人 故今言但隨方解縛無法與人也 不可思議者 以是法相大乘 故且讚也 須知一切云云 以戒定慧是自性上妙用 故偈中戒是無非 故機也 慧是無癡廣修 故用也 故(故-?)定是雖廣修而(而-?)(用)(而+?) 心無亂故(故-?)(機) 故中也 合爲向下三要 四句常住不變 故向上眞空 五句去來無碍 故妙有也 誠偈身心五蘊本空 故非究竟法 何必時時拂拭耶 下半心本淨 故本自無癡 何必修身心而趣眞耶 始悟秀說不可也

"보리열반도 내세울 것이 없고" 이하 부분[196]에서는 신

유롭고 生死卽涅槃의 경지를 말한다.
196 이에 해당하는 대목은 다음과 같다. "만약 자성을 깨치면 보리열반

수의 견해를 소탕하는 내용이다.

"바야흐로 만법을 건립한다"는 것은 미혹으로 건립하는 것이다.

그리고 "견성한 사람은 만법을 긍정하기도 하고 만법을 부정하기도 한다"[197]는 것은 진공이기 때문에 또한 만법을 부정하기도 하고, 묘유이기 때문에 또한 만법을 긍정하기도 한다.

"가고 옴에 자유롭다." 이하 부분에서는 개별적으로 입의(立義)를 설명한 것이다. 묘유는 자재하여 자성을 벗어나지 않기 때문에 자재하고 신통한 유희삼매[198]를 터득한다.

"거듭 여쭈었다"는 것은 입의(立義)에 대하여 위에서처럼 알 수가 있었다는 것이다. 때문에 무릇 자성을 내세우지

도 내세울 것이 없고 또 해탈지견도 내세울 것도 없다. 그래서 어떤 법도 터득할 것이 없지만 바야흐로 만법을 건립한다. 만약 이 뜻을 터득하면 또한 佛身이라고도 말하고, 또한 보리열반이라고도 말하며, 또한 해탈지견이라고도 말한다. 견성한 사람은 만법을 긍정하기도 하고 만법을 부정하기도 하며, 가고 옴에 자유롭고 막힘도 없고 걸림도 없다. 따라서 작용에 따라서 마음대로 활동하고 질문에 따라서 마음대로 답변하며, 널리 화신을 드러내지만 자성을 떠나지 않는다. 그리하여 곧 자재한 신통과 유희삼매를 터득하는데 이것을 견성이라 말한다."

[197] 여기에서 立을 肯定으로 그리고 不立을 否定으로 간주하는 것은 立은 動起 내지 造作의 뜻이고 不立은 掃蕩 내지 消滅의 뜻이기 때문이다.
[198] 獅子游戲三昧로서 遊戲는 自在의 뜻이다. 곧 중생을 제도해도 제도했다는 相이 없는 경우이다.

않고도 산란함이 없는 경지에 도달한 것에 대하여 질문한 것이다. 자성에는 본래 비(非)·치(痴)·란(亂)이 없기 때문에 계(戒)·정(定)·혜(慧)를 내세우지 않는다. 그래서 이미 삼학이 없는즉 어찌 해탈 및 지견인들 있겠는가.

"반야를 관조하여" 이하 부분에서는 또한 무념지(無念智)로써 자성의 리(理)와 지(智)가 명합되어 있음을 비추어는 것을 가리킨다. 때문에 상(相)에 즉해 있으면서도 상(相)을 벗어나 있어서 자유자재하므로 또한 어찌 삼학을 따로 내세울 것이 있겠는가.[199] 또한 자성을 스스로 깨친즉 어찌 삼학 등 일체법상이 있겠는가. 제법이 적멸한데 어찌 차제가 있겠는가.[200] 결론적으로 상즉상조이기 때문에 내세울 것이 없다는 것을 보여준다. 곧 제법은 본래부터 늘 적멸상(寂滅相)이기 때문이다.[201]

亦不立菩提云云 掃蕩也 方能建立下 迷立也 故云 立亦得 不立亦得 以眞空故 不立亦得 以妙有故 立亦得也 去來自由下 別明

---

199 자성의 계·정·혜를 터득한 반야삼매로서 자유자재한 작용이 종횡무진하기 때문에 따로 부정할 것조차 없는데 하물며 어디에 긍정할 것인들 있겠는가.
200 悟해도 悟의 집착이 없고 修해도 修에 집착이 없어서 一超直入如來地하므로 漸次의 계위가 없다. 이것은 悟와 修가 역력하게 일상의 생활에서 실천되는 평상심의 작용으로서 沒修와 沒證의 모습을 가리킨다.
201 鳩摩羅什 譯, 『妙法蓮華經』卷1 "諸法從本來 常自寂滅相"(大正藏9, p.8中) 참조.

立義 以妙有自在 不離自性 故得自在遊戲三昧 再啓者 立義如上可知 故但問不立自性至無亂 以性上本無非癡亂 故戒實<定?>慧不可立也 旣無三學 則有何解脫 及知見乎 般若智(觀?)照下 又以無念智 照自性理智冥合 故卽相離相 自由自在 亦何有三學等 可立乎 又自性自悟 則有何三學等 一切法相乎 諸法寂滅 有何次第者 結示常寂常照 故不可立也 以諸法從本來 常自寂滅相故

○ 지철이 칼을 세 차례나 휘둘렀지만 모두 손해를 입히지 못했다. 혜능의 색신은 곧 법신이었기 때문이다.

"정의로운 칼은 삿되지 않다"는 것은 하늘에 의지한(空) 장검(有)으로서 곧 무이의 자성이기 때문이다. 본래 그렇지 않으면 피·차에 손해를 끼치는 삿된 칼이 되고 만다. 지철 그대의 삿된 칼도 그 본성은 공하기 때문에 정의에 손해를 끼치지 못한다는 것이다.

"혜능대사가 말했다. 그대는 아는가." 이하 부분에서는 저 불성이 상(常)이라는 뜻을 타파해 준다. 진성은 심히 깊고 지극히 미묘하여 자성을 고집하지 않고 연을 따라 성취되기 때문에 염오와 청정의 인연을 따라서 선·악의 제법이 된다. 그러니 어찌 무상(無常)이 아니겠는가. 보리심을 내는 것이야말로 바로 청정한 인연으로서 상(常)이라는 뜻을 초월하는 것이다.

"또한 반대로 만약 일체의" 이하 부분[202]에서는 또 수연의 뜻에 의거하여 저 제법이 무상하다는 뜻을 타파해 준다. 만약 진성이 불변이라면 곧 제법은 진성의 밖에 있는 까닭에 제법이 무상하다고 말할 수 있을 터인데,[203] 어찌 그 진성에 두루 하지 못한 제법의 도리가 있겠는가. 진성이 이미 제법에 두루 한즉 제법이 어찌 무상하겠는가.

"부처님은 진단하였다." 이하 부분[204]은 복난(伏難)에 해

---

202 "또한 반대로 만약 일체의 제법이 無常이라면 그것은 곧 일체 사물의 모든 자성이 생사의 법칙을 수용하는 꼴이 되므로 眞常의 性임에도 불구하고 편만하지 못하는 도리가 되어버린다"는 대목을 가리킨다. 이것은 일체의 불성이 無常이라면 불성 자체의 공능에 해당하는 平等과 遍滿과 法身의 성질까지 모두 부정하는 꼴이 되기 때문에 바로 앞에서 불성을 常이라 말한 것에 상대하여 여기에서는 불성을 無常이라 말한다는 것이다. 곧 앞에서는 중생의 常見을 대치하기 위하여 불성의 無常을 말했지만 여기에서는 중생의 斷見을 대치하기 위하여 불성의 常을 말한 것이다.
203 일체의 불성이 無常이라면 불성 자체의 공능에 해당하는 平等과 遍滿과 法身의 성질까지 모두 부정하는 꼴이 되기 때문에 바로 앞에서 불성을 常이라 말한 것에 상대하여 여기에서는 불성을 無常이라 말한다는 것이다. 곧 앞에서는 중생의 常見을 대치하기 위하여 불성의 無常을 말했지만 여기에서는 중생의 斷見을 대치하기 위하여 불성의 常을 말한 것이다.
204 "부처님은 당시에 범부와 외도의 경우는 잘못 常에 집착하고 모든 이승의 경우는 常을 無常으로 계탁하여 그들 모두가 八倒에 빠져 있었다고 진단하였다. 때문에 涅槃了義教에서는 그들의 편견을 타파하려고 眞常・眞樂・眞我・眞淨을 설하였다. 그런데도 그대는 지금 言에 의거할 뿐 義를 등지고서 단멸적인 無常 및 단정적인 死常으로 부처님의 원묘한 뜻과 최후의 미묘한 말씀을 잘못 이해하고 있다. 그런 상태라면 가령 천 번을 읽은들 무슨 이익이 있겠

당한다. 힐난의 내용은 '그런즉 어째서 열반경에서는 제법이 무상(無常)이고 불성은 상(常)하다고 현설(現說)하였는가'라는 것이다. 지금 혜능대사가 설한 내용은 '어찌 열반경에서 통의(通意)로 말한 것, 곧 부처님이 제법은 무상하다고 말한 것에 크게 어긋나는 것이 아니겠는가'라는 것이다. 이것은 저 범부와 외도가 제법의 상견에 낙착(樂着)하는 것을 타파해 준다. 또한 불성은 상(常)이라는 것으로

는가"는 대목을 가리킨다. 여기 '佛比爲凡夫外道'에서 比는 당시의 상황을 잘 살펴서 대치한다는 뜻이다. 八倒는 八顚倒로서 범부와 외도의 경우는 常·樂·我·淨의 四顚倒에 빠져 있고, 모든 이승의 경우는 無常·無樂·無我·無淨의 四顚倒에 빠져 있는 것을 가리킨다. 때문에 부처님은 범부와 외도에 대해서는 諸行無常을 常이라 착각하므로 제행무상이라 가르쳐 주고, 一切皆苦를 樂이라 착각하므로 일체개고라 가르쳐 주며, 諸法無我를 我라 착각하므로 제법무아라 가르쳐 주고, 不淨한 육체를 淨이라 애착하여 그것을 有라고 집착하므로 육체를 不淨이라 가르쳐준다. 또한 모든 이승에 대해서는 그들이 범부와 외도의 四顚倒를 이해하여 無常·苦·無我·不淨인 줄을 알지만 常에 대한 無常·樂에 대한 苦·我에 대한 無我·淸淨에 대한 不淨의 일방적인 측면에만 고착되어 있으므로 眞常·眞樂·眞我·眞靜 등 여래의 四德을 설해준다. 勒那摩提 譯, 『究竟一乘寶性論』卷3 "四種顚倒가 있으므로 四種不顚倒법이 있음을 알아야 한다. 四種不顚倒란 무엇인가. 말하자면 色 등의 무상한 제법에 대하여 無常의 想과 苦의 想과 無我의 想과 不淨의 想을 발생시키는데 이것을 곧 四種顚倒에 반대되는 四種不顚倒라 말한다. …이러한 四種顚倒를 대치하기 위하여 여래법신에 의거하여 다시 顚倒를 내세우는 줄을 알아야 한다. 四種顚倒故 有四種非顚倒法應知 何等爲四 謂於色等無常事中生無常想苦想無我想不淨想等 是名四種不顚倒對治應知 … 如是四種顚倒對治 依如來法身 復是顚倒應知"(大正藏31, p.829中) 참조.

는 범부와 외도의 상·락·아·정 등 사전도(四顚倒) 및 이승의 무상·고·무아·부정 등 사전도(四顚倒)를 대치해 준다. 때문에 상과 무상의 뜻을 방편으로 설한다. 그러나 불법(佛法)은 곧 불이법(不二法)이거늘 어찌 상과 무상이라는 이법(二法)이 있겠는가.

행창 그대는 지금 언설에만 의거할 뿐 뜻에는 어긋나 있다. 곧 제법에 대해서는 단견을 일으키고, 불성에 대해서는 상견을 일으키고 있으니 이에 부처님의 비상(非常, 妙有)과 무비상(非無常, 眞空)을 잘못 이해하고 있으며, 또한 원만하고 미묘한 불이(不二)의 불성에 대하여 함부로 단(斷)과 상(常)의 사견(邪見)을 일으키고 있다.[205]

행창의 게송 가운데 첫째 게송은 이승의 무상견(無常見)을 타파해 준다. 때문에 불성의 상(常)에 대하여 설한다. 그러나 무릇 이것은 병에 따라 약을 처방해 주는 것일 뿐이지 부처님의 본의는 아니다. 그런데도 이승의 경우 그것이 방편인 줄 모르기 때문에 불성에 대하여 상(常)이라고 집착한다. 그러나 제법이 무상하다는 견해도 그림자와 같을 뿐이다.[206]

---

205 부처님의 원묘한 말씀과 최후의 미묘한 말씀은 『열반경』을 了義敎로 간주하는 열반교학의 입장에서 말한 것이다.
206 南本 『大般涅槃經』卷2 "譬如春時有諸人等 在大池浴乘船遊戲 失琉璃寶沒深水中 是時諸人悉共入水求覓是寶 競捉瓦石草木砂礫 各各

둘째 게송은 나는 지금 상과 무상에 상관이 없는 무이(無二)의 불성을 돈오하였는데,[207] 이것이야말로 곧 나의 자성이라는 것이다. 때문에 스승이 가르쳐 준 적도 없고[208] 자신이 친히 터득함도 없다고 말한다.

○ 志徹揮刃者三 悉無所損者 以色身即法身故 正劒不邪者 以倚天(空)長劒(有) 是無二自性故 本非如是 彼此損害之邪劒 汝之邪劒 以其本空 故不能害正也 師曰 汝知否下 破他佛性常義 以眞性甚深極微妙 不守自性隨緣成 故能隨染淨緣 爲善惡諸法也 豈非無常耶 發菩提心 正是淨緣超也 又一切法下 又約隨緣義 破他諸法無常義 若眞性不變 則諸法在於眞性外故 可云諸法無常 何有眞性不徧諸法之理乎 眞性旣徧諸法則 諸法豈無常耶 佛此(比?)下 通伏難 難云 然則何以經中 現說諸法無常 佛性常耶 今師所說 豈不大違經中通意云佛 以諸法爲無常者 破他凡夫外道樂着諸法之常見 故且以諸法爲無常也 又以佛性爲常者 破他二乘於眞常佛性 亦計無常 且以佛性爲常也 以對治凡外常等四倒 及二乘無常等四倒 故權說常無常義 然佛法是不二之法 何有常無常之二法乎 汝今依言背義 於諸法起斷見 於佛性起常見

自謂得琉璃珠 歡喜持出 乃知非眞"(大正藏12, p.617下) 참조.

207 『永嘉證道歌』"깨치고 난 이후부턴 공용조차 필요없어/ 일체의 유위법을 위한 수단이 사라졌다/ 형상에 집착하는 보시 하늘에 태어나니/ 허공을 향하여 화살을 쏘아대는 택이다.// 覺卽了不施功 一切有爲法不同 住相布施生天福 猶如仰箭射虛空"(大正藏48, p.396上) 참조.

208 非師相授與에서 相은 형편을 도와서 성취하도록 하는 것을 가리킨다.

是乃錯解佛之非常(妙有) 非無常(眞空) 妙圓不二之佛性 妄起斷常邪見也 偈中初頌 爲破二乘無常 故說佛性常 則但是應病之藥 非佛本意 不知方便 故執性爲常也 諸法無常見影也 後頌我今頓悟不干常無常之無二佛性 而是我自性 故非師授與 亦非新得也

○ 신회

"그런데 근본[209]은 터득하고 왔는가." 이하 부분[210]은 신회의 안목을 점검하는 것으로 본(本)은 진공이고 주(主)는 묘유이다.

"무주로써 근본을 삼는다"[211]는 것은 과연 진공으로 주(主)를 삼기 때문에 가히 용두(龍頭)라고 말한다.

"그것을 보는 것이 곧 도리[主]입니다"는 것은 조사선의 묘유에는 도달하지 못하고 다만 의리선의 유(有)·무(無)의 견해로써 주(主)를 삼기 때문에 사미(蛇尾)에 해당한다. 이에 그것을 타파하여 "어찌 그렇게 손쉽게 지껄이는가"[212]

---

209 還將得本來否의 本은 本有의 靈覺을 가리킨다. 이하에 나오는 無住爲本의 本과 같은 의미이다.

210 "그런데 근본은 터득하고 왔는가. 만약 근본을 터득했다면 곧 도리(主는 本有한 靈覺의 핵심적인 도리 및 주요한 원리를 가리킨다)를 알았을 것이다"는 대목을 가리킨다.

211 無住는 일체의 경계에 집착이 없는 것을 말한다. 鳩摩羅什 譯,『維摩詰所說經』卷中 "又問 顛倒想孰爲本 答曰 無住爲本 又問 無住孰爲本 答曰 無住則無本 文殊師利 從無住本立一切法"(大正藏14, p.547下) 참조.

라고 말한다.

"조사가 주장자²¹³로 세 차례 때려주고서 말했다." 이하 부분²¹⁴은 신회의 유·무에 대한 사견(邪見)을 타파해 주는 대목이다.

"신회가 대답하였다." 이하는 혜능화상의 좌선은 공(空, 坐)과 유(有, 禪)로서 무이(無二)의 불성이라는 것이다. 곧 신회가 "화상께서 좌선해 보니 그것이 보입디까, 보이지 않습디까"²¹⁵라고 질문한 것은 이미 망견(妄見)으로 혜능화상

---

212 取次는 草次, 急遽라고도 하는데 손쉽게 말하는 모습을 가리킨다.
213 拄杖은 행각할 경우에 사용하는 杖 및 몸을 의탁하는[拄] 경우에 사용하는 杖이 있다. 여기에서는 설법할 경우 활용하는 법구이다.
214 "'내가 그대를 때렸는데 아픈가, 아프지 않는가.' 신회가 대답하였다. '아프기도 하고 아프지 않기도 합니다.' 조사가 말했다. '나한테도 그것이 보이기도 하고 보이지 않기도 한다.' 신회가 물었다. '보이기도 하고 보이지 않기도 한다는 것은 무슨 뜻입니까.' 조사가 말했다. '내 소견으로는 늘 自心의 허물은 보이지만 타인의 是·非·好·惡는 보이지 않는다. 이것이 곧 보이기도 하고 보이지 않기도 하는 것이다. 그대가 말한 아프기도 하고 아프지 않기도 하다는 것은 무엇인가. 만약 그대가 아프지 않다면 목석과 같다는 것이고, 만약 아프다면 범부와 마찬가지로 곧 성냄과 원한을 일으킬 것이다. 그대가 아까 전에 말했던 보이기도 하고 보이지 않기도 하다는 것은 곧 二邊의 경우이고, 아프기도 하고 아프지 않기도 하다는 것은 生滅의 경우이다. 그대는 자성조차도 또한 보지 못하면서 감히 사람을 희롱하는구나.' 신회가 예배하고 사죄를 드렸다"는 대목을 가리킨다.
215 '견성을 했습니까 아니면 견성을 하지 못했습니까'라는 질문이다. 또는 '좌선을 하면서 선정 가운데서 마음을 봅니까 아니면 보지 않습니까'라는 질문이다.

의 좌선경지를 계탁한 것을 가리킨다. 이것을 뜻으로 말하자면 화상의 좌선도 또한 반드시 견(見)인데 어째서 신회 저를 때리는 것인가 하는 말이다.

"혜능 내가 그대를 때렸는데 아픈가, 아프지 않는가"라고 물은 것은 가히 도적의 말을 빼앗아 타고서 도적을 쫓아가는 격이다. 이것은 종사 곧 혜능의 질문으로서 능숙한 수단이다.

"아프기도 하고 아프지 않기도 합니다"라는 신회의 답변은 방으로 주는 상과 벌이 있는데, 벌방인 즉 아프지 않을 것이다. 이 또한 유·무의 견해이다.

"나한테도 그것이 보이기도 하고 보이지 않기도 한다"는 혜능의 답변은 다시 신회의 견해를 따라서 말한 것으로 그 뜻은 언외(言外)에 있다. 곧 혜능에 내세운 것은 견(見)과 불견(不見)에 상관이 없는 자성이기 때문이라는 것이다.

"조사가 말했다. '내 소견으로는'" 이하 부분도 또한 그 뜻은 언(言)에 국한되지 않고 견외(言外)에 있다는 것이다.

"만약 그대가 아프지 않다면" 이하 부분[216]은 그 통(痛)과 불통(不痛)을 바로 타파해 주는 대목이다. 곧 이것은

---

216 "만약 그대가 아프지 않다면 목석과 같다는 것이고, 만약 아프다면 범부와 마찬가지로 곧 성냄과 원한을 일으킬 것이다"는 대목을 가리킨다.

유·무·단·상의 사견인데 그대는 어째서 그것이 자성의 희론인 줄 알아보지 못하느냐는 것이다.

"내가 이미 보아서 스스로 알고 있다 한들" 이하 부분[217]은 납자라면 모름지기 좌선에 철오(徹悟)해야 한다. 좌선은 상적(常寂, 坐)하고 상조(常照, 禪)이기 때문에 마치 청천백일과 같이 독자적으로 명료한데 어찌 내가 그대의 견해를 대신할 수 있겠으며, 그대가 견성한즉 그대 또한 스스로 요해할 터인데 어찌 나의 견해를 대신할 수 있겠는가. 그대는 어찌 자성(自性)과 자지(自知)와 자견(自見)을 깨치지 못하고서 별도로 유·무의 견해를 발생하여 최상승을 터득하려고 하는가. 그것은 마치 반딧불이의 불을 가지고 수미산을 태우려는 것과 어찌 다르겠는가.

○ 神會還將得本來云云 驗他眼目 本是眞空 主是妙有也 以無住爲本者 果以眞空爲主 故可謂龍頭也 見卽是主者 不達祖(師+?)禪妙有 但以義理禪有無見解爲主 故爲蛇尾也 故破云 爭合取次語 打三下者 破他有無中邪見也 會乃問云云 以和尙坐禪 是空(坐)有(禪) 無二之佛性也 會以見不見問者 以已見妄計和尙底也 意云 和尙坐禪 亦必是見也 何必打我乎 卽問痛不痛者

---

[217] "내가 이미 보아서 스스로 알고 있다 한들 어찌 그대의 미혹을 대신해주겠는가. 반대로 그대가 만약 스스로 보았다고 한들 그 또한 나의 미혹을 대신할 수가 없다. 그런데도 어찌 그대 스스로 알려고도 않고 그대 스스로 보려고도 않으면서 이에 나한테는 보이느니 보이지 않느니 하고 묻는단 말인가"라는 대목을 가리킨다.

可謂騎賊馬趁賊 是宗師難能手段 亦痛亦不痛者 以棒有賞罰故 若罰棒則不痛也 此亦有無見也 亦見亦不見者 且隨他見解 而意在言外 以自立於不干見不見之自性故也 師言吾之所見云云 亦意不在此限 汝若不通云云 正破其痛不痛 此是有無斷常邪見 汝何不見自性戱論耶 吾見自知下 爲人須爲徹吾(悟?)之坐禪 常寂(坐)常照(禪) 故如靑天白日 則獨自明了 何代汝見 汝見性則汝亦自了 何代我見耶 汝何不悟自性自知自見 而別生有無知見 擬議最上乘乎 何異取螢火欲燒須彌也

"조사가 대중에게 말했다." 이하 부분[218]은 불성에는 두(頭)·미(尾)가 없기 때문에 마음으로도 어찌해 볼 수 없고, 명(名)·자(字)가 없기 때문에 언어로 표현할 수도 없으며, 배(背)·정(正)이 없기 때문에 공(空, 背)과 유(有, 正)가 무이(無二)임을 바로 보여준 것이다.

"그대들은 그것이 무엇인지 알겠는가"라는 것은 요컨대 이해시키려는 것이다.

"신회가 나서서 말했다." 이하 부분[219]은 신회가 다시

---

[218] "우리 모두가 지니고 있는 一物은 頭도 없고 尾도 없으며 名도 없고 字도 없으며 背도 없고 面도 없다"는 대목을 가리킨다. 여기에서 一物은 깨침, 열반, 진여, 본래면목 등을 가리키는 말로서 那一物, 這箇, 此事, 渠, 一圓相, 一著子라고도 한다. 『祖堂集』卷18 "汝不聞 六祖在曹溪說法時 我有一物 本來無字 無頭無尾 無彼無此 (無內外) 無方圓大小 不是佛 不是物 反問衆僧 此是何物 衆僧(無對)…."(高麗大藏經45, p.349中) 참조.

[219] "그것은 제불의 本源이고, 또한 저 신회의 불성이기도 합니다"라는

지견을 내세우는 대목이다. '그것은 제불의 본원(本源)[220]이다'는 상구는 공적(空寂)이고, '또한 저 신회의 불성이기도 합니다'는 하구는 영지(靈知)이다. 때문에 신회는 지해종주(知解宗主)가 되었다.

이 때문에 "작은 암자나 지어놓고"[221]라는 말은 입실(入室)하여 암자에 주석하는 것을 가리킨다. 그러나 아직 명(名)·자(字)를 벗어나지 못하였기 때문에 지해종도(知解宗徒)가 된 것이다. 그러나 공적(空寂, 無)과 영지(靈知, 有)의 네 글자로써 일대교의(一代敎義)를 총판(摠判)하여 결단(決斷)하고 요연(了然)하게 만들었다. 때문에 교학에 해박하고 해박하지 못한 모든 사람들에게 종승(宗乘)으로 수용되지 않음이 없었다. 그러나 무릇 아직은 격외도리에 들어가지 못한 까닭에 불(佛)·조(祖)의 서자가 되었다.

그러나 심(心)은 본래 청정하고 망(妄)은 본래 공하다는

대목을 가리킨다.
220 本源에 대해서는 鳩摩羅什 譯, 『梵網經盧舍那佛說菩薩心地戒品』 第十卷下 "金剛寶戒是一切佛本源 一切菩薩本源 佛性種子 一切衆生皆有佛性 一切意識色心是情是心皆入佛性戒中 當當常有因故 有當當常住法身"(大正藏24, p.1003下) 참조.
221 把茆蓋頭의 把茆는 작은 초막을 가리키고, 蓋頭는 한 사람이 겨우 들어가 살 수 있는 좁은 집을 가리킨다. 따라서 협소하고 보잘 것 없는 암자나 소박하고 겸손한 모습을 비유한 말이다. 知解宗徒는 郭凝之 編集, 『金陵淸涼院文益禪師語錄』 "古人受記人終不錯 如今立知解爲宗 卽荷澤是也"(大正藏47, p.592下) 참조.

돈오일문은 곧 달마서래의(達磨西來意)로서 신회가 천하에 널리 홍포함으로써[222] 북종에서 내세우는 점수의 상견(常見)을 꺾어버렸다. 때문에 돈교를 널리 홍포했다는 말은 종밀의 『원각경대소초』에도 보인다.[223]

> 師告衆下 正示佛性無頭尾 故心行處滅 無名字 故言語道斷 (無+?)背正故 空(背)有(正)無二也 還識否者 要令構取也 神會出下 還立知見 上句空寂 下句靈知 故爲知解宗主 把茆盖頭言 入室住庵也 以未脫名字故 爲知解宗徒 然能以空寂(無)靈知(有)四字 摠判一代敎義 決斷了然 故敎中疏親等 諸師莫不宗承 而但未入格外 故爲佛祖孼子也 以心本淨妄本空之頓悟一門 是達磨西來意 師能弘闡 以折北宗漸修之常見 故云大弘頓敎見圓覺鈔

"선과 악이 모두 없는 경지를 무이자성(無二自性)이라 말한다. 무이의 자성에 건립된 일체의 교문은 곧 모든 수행의 성스러운 가르침이다."[224] 그 말을 마치자 곧 무이의

---

222 天寶 4년(720)으로 신회가 南陽의 龍興寺에 들어가 수계설법을 하면서 교두보를 확보하고 소위 北宗의 배격을 위한 준비에 착수한 시기이기도 하다. 신회가 이곳 南陽의 龍興寺에서 행했던 설법은 『南陽和上頓敎解脫禪門直了性壇語』로 현재 전한다.
223 奎峰宗密, 『圓覺經大疏鈔』卷三之下(卍續藏14); 『中華傳心地禪門師資承襲圖』(卍續藏63) 참조.
224 "납자들은 일체의 선념과 악념을 반드시 다 버려야 한다. 이름을 붙일래야 이름을 붙일 수가 없는 것을 自性이라 말한다. 그리고 분별이 없는 성품을 곧 實性이라 말한다"는 대목을 가리킨다. 여기에서 '이름을 붙일래야 이름붙일 수 없다'는 것에 대해서는 『老子』

자성이 어떤 것인지를 볼 수가 있었다. 그렇지 않고서야 어찌 모두가 악심을 일으켜 힐난했겠는가.[225]

대저 도를 닦는 뜻은 고를 벗어나는 데 있다. 그런데도 사람들이 악념을 일으킨다면 가히 슬프지 않겠는가. 그러므로 모름지기 선·악과 상관이 없는 자성을 조고(照顧)해야 한다. 그 또한 그래야 하지 않겠는가.

○ 善惡都亡 名爲無二自性 於無二性上建立一切敎門 則凡諸修行聖敎者 卽此言下 便見無二自性可也 何不如是 咸起惡心之難問耶 夫學道意在離苦 而人起惡念 可不哀哉 切須照顧不干善惡之自性 不亦可乎

의 제1장의 常道와 常名의 내용 참조. 그리고 '實性'에 대해서는 實性은 자성이 本來不二이고 一味平等한 도리이다. 이것을 터득하면 분별심 때문에 혜능의 선법을 비난하고 악심을 품었던 것이 저절로 사라진다는 것을 말한다. 曇無讖 譯, 『大般涅槃經』 卷8. "凡夫之人 聞已分別生二法想 明與無明 智者了達 其性無二 無二之性卽是實性" 참조.

225 이와 관련된 대목은 "혜능조사는 諸宗에서 難問하고 모두가 악심을 일으켜 혜능의 법좌에 모여드는 것을 보고서 불쌍히 여겨 말한 것이다"라는 부분이다. 여기에서 혜능조사는 여러 사람들이 각기 다른 견해를 가지고 혜능의 선법을 힐난하고 또한 악심을 품고 모여드는 것을 알아보았다는 것을 가리킨다.

V-viii. 당조징조[226]

O 경성의 제덕들은 마음 밖을 향해서 별도로 좌선을 닦아서 자성의 진도(眞道)를 터득하려고 하기 때문에 진(眞)·망(妄)을 다르다고 집착한다.[227] 그러나 혜능대사는 자성의 공과 유를 좌(坐, 空)와 선(禪, 有)으로 간주한다. 때문에 좌선 밖에 별도로 자성이 없다. 곧 거·래에 있어서도 거·래의 분별상이 없고, 생·멸에 있어서도 생·멸의 분별상이 없다. 때문에 생·멸·거·래에 걸림이 없이 자재한데 이것이야말로 진정한 좌선이다. 그래서 생·멸·거·래는 곧 자성에서의 묘용이지만, 또한 그 자성에는 또한 증득조차 없는데 하물며 좌선의 인(因)인들 있겠는가.[228]

명명하여 끝이 없지만 또한 끝이 있다고 말할 경우에

---

[226] 唐朝徵詔의 품에서는 측천무후와 중종황제가 총 3회에 걸쳐서 혜능을 초청하는 조칙을 내렸는데도 혜능은 모두 응하지 않았다. 대신 사신으로 왔던 內侍薛簡의 요청에 따라서 행했던 紙上說法의 내용이다.

[227] 이 말은 혜능한테 황제의 사신으로 온 설간이 한 말에 근거한다. 이 내용은 선정이라는 수행과 깨침이라는 결과를 별개의 것으로 간주하는 소위 북종의 선풍을 가리킨다. 이에 반하여 혜능은 수행과 깨침을 나누지 않는 定慧一體의 입장이다.

[228] 구경에 증득조차 없는데 어찌 하물며 坐의 형식인들 있겠는가 하는 것이다. 곧 沒修沒證이라는 修證一如의 입장으로서 修는 證의 修이고 證은 修의 證임을 말한다.

는 그 암(暗)을 상대하여 명(明)을 내세운 것이다. 이 때문에 『정명경』에서 말한 뜻은 무이정법(無二正法)으로서 독일(獨一)하고 무대(無待)한 것이었다.[229]

"밝음은 지혜를 비유하고" 이하 부분[230]은 또한 마음 밖을 향해서 어지럽게 치닫고 진·망을 별개의 것으로 간주하여 집착하는 것이다.

唐朝徵詔第八

○ 京城諸德 向心外別修坐禪 欲得自性眞道 故爲眞妄別執 師則直以自性上空有爲坐(空)禪(有) 故坐禪外無別自性也 卽於去來 而無去來想 卽於生滅 而無生滅想 故生滅去來 無碍自在 是眞坐禪也 以生滅去來 是性上妙用故也 於自性上亦無證得 況有坐禪之因乎 明明無盡 亦有盡時 以其待暗立名(明?) 故淨名意 以無二正法獨一無待故也 明喩智慧下 亦心外亂走 眞妄別執

"조사가 말했다." 이하 부분[231]은 망(妄)이 곧 진(眞)임을

---

229 "법에는 비교가 없는데 그것은 곧 상대가 없기 때문이다"는 대목을 가리킨다. 鳩摩羅什 譯, 『維摩詰所說經』卷上 "法無我所 離我所故 法無分別 離諸識故 法無有比 無相待故 法不屬因 不在緣故 法同法性 入諸法故 法隨於如 無所隨故"(大正藏14, p.540上) 참조.

230 "밝음은 지혜를 비유하고 어둠은 번뇌를 비유합니다. 도를 닦는 사람이 혹 지혜로써 번뇌를 타파하지 못한다면 무시이래의 생사를 무엇에 의지하여 벗어나야 합니까"라는 대목을 가리킨다.

231 "조사가 말했다. 번뇌가 곧 보리입니다.(神會, 『南陽和上頓敎解脫禪門直了性壇語』(『神會和尙禪語錄』, 楊曾文 編校, 中國佛敎典籍選刊. 1990). "爲知識聊簡 煩惱卽菩提義 擧虛空爲喩 如虛空本無動靜 明來是明家空 暗來是暗家空 暗空不異明 明空不異暗虛空明暗自來

요달하는 것이 곧 무이(無二)의 불법(佛法)이기 때문에 상지(上智)가 된다는 내용이다. 망(妄)을 타파하고 진(眞)을 밝혀내는 것은 곧 차별법이기 때문에 이승이다.

"명(明)과 무명(無明)을" 이하 부분232은 저 위에서 말한 "명명하여 끝이 없지만"이라고 말했지만, 지금 그대가 말한 명과 암을 구별하여 집착한다는 것은 곧 범부의 사견이라는 것이다. 지자(智者)는 명·암이 무이(無二)로서 유일진성(惟一眞性)임을 요달하는데 그 무이(無二)의 자성은 상주

去虛空本來無動靜 煩惱與菩提 其義亦然 未悟別有殊 菩提性元不異" 참조.) 그래서 다름도 없고 차별도 없습니다. 만약 지혜로써 번뇌를 타파한다면 그것은 곧 이승의 견해로서 羊車 및 鹿車의 근기입니다. 鳩摩羅什 譯, 『妙法蓮華經』卷2 "如此種種羊車鹿車牛車 今在門外 可以遊戲"(大正藏9, p.12下) 上智의 대승근기는 모두 그렇지 않습니다"는 대목을 가리킨다.

232 "明과 無明을 범부는 둘로 봅니다. 그러나 智者는 명과 무명의 성품이 둘이 아닌 줄 요달합니다. 둘이 아닌 성품은 곧 實性입니다. 『永嘉證道歌』"수행을 완성한 무위법의 한가한 도인은/ 망상을 끊지도 참됨을 구하지도 않는다/ 무명의 본래 성품이 그대로 참불성이고/ 허깨비 텅빈 몸뚱아리 그대로 법신이다// 絶學無爲閒道人 不除妄想不求眞 無明實性卽佛性 幻化空身卽法身"(大正藏48, p.395下) 참조. 실성이란 凡愚의 경우라고 해서 줄어들지 않고 賢聖의 경우라고 해서 늘어나지 않으며, 번뇌의 경우라고 해서 어지럽지 않고 선정의 경우라고 해서 고요하지 않으며, 斷도 아니고 常도 아니며, 去도 아니고 來도 아니며, 중간에 있지도 않고 그 內外에 있지도 않으며, 生도 아니고 滅도 아니며 性과 相에 여의하여(性은 본성의 도리이고 相은 性이 현현한 모습이다. 여기에서는 事理冥合하고 性相互融한 實性의 이치를 말한다.) 常住不遷합니다. 이것을 가리켜 道라 말합니다"는 대목을 가리킨다.

불변이다. 때문에 범·성으로 변화하는 것이 없어 부증불감이고, 염·정으로 변이하는 것이 없어 불구부정이다.

위에서 설명한 "변화가 없다"는 뜻의 이하 부분[233]은 모두 허물의 뜻을 벗어나 있으므로 이미 불변이다. 때문에 의리선의 단견과 상견도 없고, 또한 여래선의 도중(途中, 去外)과 가리(家裡, 來內)[234] 및 권·실의 삼구라는 견해도 없으며, 또한 조사선의 기(機, 滅)와 용(用, 生)의 삼요라는 견해도 없다. 이로써 공(空, 性)과 유(有, 相)가 무이원융(無二圓融)하고 상주불변(常住不變)한데 이것이야말로 곧 무이의 실성이다.

외도의 경우는 불생멸과 생멸이 서로 대사(代謝)를 이룬다고 간주하기 때문에 차별법으로서 곧 단견과 상견의 입장이다. 그러나 혜능의 경우는 생·멸이 없는 무이자성으로서 상주불변이다. 때문에 본래 생·멸의 차별이 없으므로[235] 외도의 차별법과는 다르다.

---

233 "외도가 말하는 불생불멸이란 소멸을 가지고는 발생의 끝이라 말하고 발생을 가지고는 소멸의 현현이라 말합니다. 그래서 소멸을 그대로 불멸로 간주하고 발생을 그대로 不生으로 간주합니다. 그러나 내가 말하는 불생불멸이란 본래부터 발생이 없고 지금도 또한 소멸이 없습니다. 때문에 외도들의 설과 다릅니다"라는 대목을 가리킨다.

234 途中은 수행이고 家裡는 깨침이다.

235 鳩摩羅什 譯, 『維摩詰所說經』卷上 "無以生滅心行說實相法 迦旃延 諸法畢竟不生不滅 是無常義 五受陰洞達空無所起 是苦義 諸法究竟

"그대가 만약" 이하 부분236은 결론적인 답변 부분으로서 심요의 질문에 대하여 지시한 것이다. 무릇 그 심요란 다음과 같다. 곧 범(凡)·성(聖)·혹(惑)·지(智) 및 삼종선의 차별 등 일체의 선·악을 일도양단하고 모두 분별사량하지 않은즉 자연히 청정한 심체의 상적(常寂)·상조(常照) 및 진실한 자성청정의 좌(坐, 寂)와 선(禪, 照)에 들어갈 수가 있다.

주상의 질문에 대한 이와 같은 심요의 답변이 모든 제덕들에게 전해진다면 곧 혜능대사를 친견한 것과 무엇이 다르겠는가. 여래의 지견이란 바로 혜능이 지시해 준 심요를 터득하는 것이다. 신주는 곧 대사가 태어난 고향이기 때문에 특별히 국은사라는 호를 내려서 그 방명(芳名)이 만세에 전하도록 하였다.237

無所有 是空義 於我無我而不二 是無我義 法本不然 今則無滅 是寂滅義"(大正藏14, p.541上) 참조.

236 "그대가 만약 心要를 알고자 한다면 무릇 일체의 善과 惡을 모두 사량해서는 안 됩니다(都莫思量은 아무런 사량도 하지 않는 것이 아니라 일체의 대립적이고 분별적인 사량을 초월한다는 것이다. 위 행유품에서 혜능이 慧明에게 설한 "不思善 不思惡 正與麽時 那箇是明上座本來面目"도 같은 맥락이다). 그러면 저절로 청정한 心體에 들어가 湛然하고 常寂하여 그 妙用이 恒沙와 같을 것입니다"라는 대목을 가리킨다.

237 "이에 마납가사 및 수정 발우를 하사하였다(신라에서 생산된 고급 비단으로 만든 가사를 가리킨다. 수행자들의 발우는 鐵鉢盂였지만 부처님의 발우는 石鉢盂였다. 특별히 尊宿의 덕을 기리기 위하여

師曰下 達妄卽眞是無二佛法 故爲上智也 破妄明眞是差別法 故爲二乘也 明與無明下 以彼云明明無盡故 今云汝之明暗別執 是凡夫邪見 智了達無二 惟一眞性 此無二性 常住不變 故不爲凡聖所變 不增不減 不爲染淨所移 不垢不淨也 上明不變意下 皆離過意旣不變 故無義理禪斷常見 亦無如來禪 途中(去外)家裡里(來內) 權實三句見 亦無祖師禪 機(滅)用(生) 三要見也 是以空(性)有(相) 無二圓融常住不變 是爲無二之實性也 外道不生滅與生滅 互爲代謝 故爲差別法 卽斷常見也 我之不生滅 卽無二自性常住不變 故本無生滅差別 故不同外道差別法也 汝若下 結答其指示心要之問 盖此心要 凡聖惑智 及三禪差別等 一切善惡一刀兩段 都無思量 則自然得入淸淨心軆 常寂常照也 眞自性淸淨 坐(寂)禪(照)矣 以此心要上答 主上問下 傳諸德處 則與親見何異哉 如來知見者 領得所示心要也 新州是師胎鄕故 特賜國恩寺號 流芳萬世也

水晶 및 玉으로 만들어 바치기도 하였다. 그 해(705) 12월 19일에 칙명을 내려서 寶林寺를 中興寺라 개명하였다). 후에 소주의 자사에게 칙명을 내려서 사찰을 보수하고, 대사의 옛집을 國恩寺로 개명하였다"라는 대목을 가리킨다. 여기에서 神龍 3년은 707년인데, 실제로는 그 해 8월부터 景龍 元年이 시작되었다. 그 해 11월 18일에 소주의 자사에게 칙명을 내려 대사가 주석하는 中興寺의 佛殿 및 대사의 經坊을 보수하도록 하고, 勅額으로 法泉寺라 하고, 대사의 舊宅을 國恩寺라 하였다.

Ⅴ-ⅸ. 법문대치

○ 처음으로 돌아가서 발기를 총표한다.

"먼저 모름지기" 이하 부분은 설법의 의식을 정시(正示)한 대목이다. 이 가운데 삼과법문(三科法門)[238]과 동용(動用)의 삼십육대(三十六對)[239] 등 처음의 두 구는 위에서 진술한 법체의 3과(科) 및 36대(對)를 언급한 것인데, 이것이 바로 위에서 설한 법체(法體)이다.

"출(出)·몰(沒)[240] 및 즉(卽)·리(離)의 양변[241]" 이하 부분은 바로 그 이후에 종법(宗法)을 설한 대목이다. 출·몰의 처음 구는 신훈삼구의 법식을 설한 것이다. 말하자면 피(彼)의 출(出)을 유구로 삼고 아(我)의 몰(沒)을 무구 삼는 것은 곧 유변(有邊)을 벗어난 것이고, 피(彼)의 몰(沒)을 무구로

---

238 羅什의 번역으로는 陰·入·界이고, 玄奘의 번역으로는 五蘊·十二處·十八界이다.
239 상대적인 사고유형을 36종류로 언급한 것이다. 動用은 자성의 動用으로서 주체적인 작용을 말한다. 『祖堂集』卷18의 仰山章(高麗大藏經45, p.349中~下)에 그 일단이 엿보인다.
240 出沒은 十八變化 가운데 하나로서 다음 18종 가운데 (6-2) 此沒彼出에 해당한다. 『涅槃經』에서 말한 八自在 또는 八神變을 다음과 같이 18종으로 분류한 것이다. (1) 能小 (2) 能大 (3) 能輕 (4) 能自在 (5) 能有主 (6) 能遠至 (6-1) 飛行遠至 (6-2) 此沒彼出 (6-3) 移遠而近 不往而到 (6-4) 於一念徧到十方 (7) 能動 (7-1) 動 (7-2) 涌 (7-3) 震 (7-4) 擊 (7-5) 吼 (7-6) 爆 (8) 隨意
241 出·沒 및 卽·離는 離·微와 마찬가지로 肯定과 不淨, 一과 異, 去와 來, 生과 滅, 斷과 常 등의 대립적인 관계성을 가리킨다.

삼고 아(我)의 출(出)을 유구로 삼는 것은 곧 무변(無邊)을 벗어난 것인데, 이것은 양변을 벗어난 중도로 돌아간 것이다.

"일체법을 설하는" 이하 두 구[242]는 본분일구의 의식을 설한 것이다. 말하자면 비록 삼구가 양변을 벗어나 있을지라도 그 또한 차별법이기 때문에 구경에 이법(二法)은 모두 사라지고 자성의 본분일구로 돌아가는데 그것이야말로 바야흐로 진실무이(眞實無二)의 불법(佛法)이 된다. 그러므로 먼저 제법을 분별하고 나중에 필경공을 설한다고 말한다. 이것이 곧 불성설법의 대통(大統)이다.

"누가 그대한테 교법을 물으면" 이하 부분은 위의 뜻을 자세하게 보여준 대목이다. 처음의 네 구[243]는 삼구식을 설한 것이고, "구경에" 이하 부분의 두 구[244]는 일구식을 설한 것이다.

이것을 자세하게 설명한 "삼과법문" 이하 부분[245]은 위

---

[242] "일체법을 설하는 경우에 결코 자성을 벗어나지 말라"는 대목을 가리킨다.
[243] "말하자면 누가 그대한테 교법을 물으면 언제나 상대적인 법을 내세워 모든 경우에 상대적인 입장에서[雙] 답변해야 한다. 그러면 오고 감이 서로 因由하여"라는 대목을 가리킨다.
[244] "구경에 상대적인 두 가지 법이 모두 사라져서 더 이상 나아갈 것이 없다"는 대목을 가리킨다.
[245] "삼과법문이란 陰·界·入이다. 陰은 五陰으로서 색·수·상·행·식이다. 入은 十二入으로서 색·성·향·미·촉·법 등 바

에서 말한 법체(法體)를 자세하게 보여준 대목으로서 먼저 삼과법을 정시(正示)한 것이다.

"자성이 만법을 머금은 것을" 이하 부분[246]은 삼과법문의 출처인 자성에 세간과 출세간의 오염법과 청정법 등 만법이 포함되어 있음을 보여준 대목이다. 때문에 함장식이라 말한다. 이것은 능장(能藏)의 뜻을 취한 것으로 곧 제팔식이다. 곧 전식(轉識)된 제7식으로서 이 식(識)은 이전의 육식을 능생(能生)하고 육근문을 벗어나며 육진경계를 본다. 그러므로 이 18계(界)는 모두 자성의 작용이다.

"만약 자성이 사(邪)로 작용하면" 이하 부분[247]은 십팔계를 설명한 대목으로 사(邪)와 정(正)에 통한다. 본성이 이

겉의 六塵과 안·이·비·설·신·의 등 내부의 六門이다. 界는 十八界로서 육진·육문·육식이다"는 대목을 가리킨다.

246 "자성이 만법을 머금은 것을 含藏識이라 말한다. 따라서 만약 사량을 일으키면 그것이 곧 轉識되어 육식이 발생하고 육문이 일어나며 육진이 드러난다. 이와 같이 십팔계는 모두 자성에서 일어나 작용한다"는 대목을 가리킨다. 여기에서 含藏識은 藏識이라고도 하는데 第八阿賴耶識이다. 여기에서는 藏識 그 자체가 자성이라는 것이 아니라 자성이 근본이라는 것을 비유한 것으로 일념이 발생하기 이전의 상태를 가리킨다. 그리고 轉識은 前五識과 第六識과 第七末那識과 第八阿賴耶識의 모두에 해당되지만 여기에서는 前五識과 第六識과 第七末那識이 第八阿賴耶識에 所依되어 발생하는 根(門)·境(塵)·識을 말한다.

247 "그러므로 만약 자성이 邪로 작용하면 十八邪가 일어나고, 만약 자성이 正으로 작용하면 十八正이 일어나며, 만약 자성이 악용하면 곧 중생의 작용이고, 만약 자성이 선용하면 곧 부처의 작용이다"는 대목을 가리킨다.

미 염법과 정법의 만법을 포함한다. 때문에 만약 염법(染法)의 인연을 따르면 곧 18사(邪)가 되기 때문에 육도범부의 중생계가 끝이 없다. 그러나 만약 정법(淨法)의 인연을 따르면 곧 18정(正)이 되기 때문에 사성(四聖)과 불과(佛果)가 또한 끝이 없다.

法門對治第九
○ 初還來摠標發起 次先須下 正示說法儀式 於中初二句 且擧前陳法體三科三十六對 正是所說法體也 出沒即離下 正是後說宗法 初句說新熏三句之式 謂彼出以有句 我沒以無句 則離有邊也 彼沒以無句 我出以有句 則是離無邊也 即歸離二邊之中道也 說一切法下 二句說本分一句之式 謂雖三句離二邊 亦是差別法 故究竟二法盡除歸於自性本分一句 方爲眞實無二之佛法也 故云先分別諸法 後說畢竟空 此是佛性說法之大統也 忽有人問下 詳示上意 初四句說三句式 究竟下二句說一句式 詳之三科法門下 詳示所說法體 初正示三科法 自性能含下 因示三科出處自性 摠含世出世間 染淨萬法 故名含藏識 此取能藏義 即第八識 轉識卽第七識 此識能生前六識 出六根門 見六塵境也 故此十八界 皆是自性之用也 自性若邪下 明十八界 通於邪正 以本性旣含染淨萬法 故若隨染緣則爲十八邪 故六凡衆生界無盡 若隨淨緣則爲十八正 故四聖佛界 亦無盡也

"이에 십팔계의 작용은 무엇을 말미암는가 하면"이란 그 뜻을 다음과 같이 따진다.

문: 십팔계가 이미 자성의 작용이다. 그 자성은 본래 청정하기 때문에 십팔계도 또한 당연히 청정하여 무릇 부처님의 작용이 되어야 한다. 그런데도 지금은 어째서 또한 중생의 작용이 되어 있는가.

답: 그것은 자성에 있는 대법(對法)의 구(句)를 말미암아 왕래하기 때문이다. 뜻으로 말하자면 일반적으로 자성에 두 가지 뜻이 있다. 만약 불변의 뜻으로 보면 청정본연이기 때문에 중생의 작용과 부처의 작용이 없을 뿐만 아니라 또한 불가득이다. 때문에 본래부터 집착할 거리가 아무것도 없다[本來無一物]고 말했다.

그러나 만약 수연의 뜻으로 보면 자성에 이미 염법과 정법이 포함되어 있기 때문에 36대(對) 등의 법이 자성 속에 본래부터 구족되어 있다. 그런데 중생은 우미하여 낱낱에 개별적으로 집착하는 까닭에 36대(對)가 모두 사법(邪法)이 된다. 이런 까닭에 곧 중생의 작용이 되는 것이다. 그리고 제불의 경우는 지혜가 있어서 이 36대법(對法)의 낱낱이 오고 가는 근본 원인과 그 출·몰에 자재하다. 때문에 단(斷)·상(常)의 양변을 떠나고, 필경에 양변이 모두 사라져서 거처가 없는 즉 시각이 본각에 합치되어 구경각이 된다. 그러므로 36대법(對法)이 모두 정법이 되는 까닭에 부처의 작용이 된다.

이런 까닭에 반드시 알아야 한다. 곧 36대법(對法)의 낱낱은 단단적적(端端的的)하여 천진면목 아님이 없다.(不邊) 다만 사람에게 사(邪)와 정(正)이 있는 까닭에 부처의 작용과 중생의 작용이 있다. 그런즉 납자들은 반드시 지혜로써 관찰하여 십팔계 및 36대법(對法)의 낱낱에 대하여 출·몰이 자재하여 양변을 벗어나고, 필경에 양변을 소탕하여 진공에 돌아간다. 그런 이후에야 바야흐로 일생의 참학사를 마쳤다고 말한다.

"자성(自性)의 기용(起用)에 19대(對)가 있다"는 것은 36대는 모두 자성의 작용인데 지금 이 19대(對)는 그 자성의 작용의 개별적인 명칭이다. 낱낱의 상대는 모두 사(邪)와 정(正)으로 상대를 삼기 때문이다. 앞의 법상인 12대(對) 가운데도 또한 사(邪)와 정(正)이 상대되는데 그것과 어찌 다르겠는가. 이하에서 다시 상세하게 설하고 있다.

用由何等者 徵意云 十八界旣自性用 則自性本淸淨故 十八界亦應淸淨 但爲佛用可也 今何亦爲衆生用耶 由自性有對法句通也 意云盖自性有二義 若不變義則淸淨本然故 非但無衆生用佛用亦不可得 故云本來無一物 若隨緣義則自性旣舍染淨之法故 三十六對等法 於自性中本自具足也 衆生愚迷一一別執故 三十六對皆爲邪法 此其所以爲衆用也生(衆生用也?) 諸佛有智此三十六對法 一一來去相因出沒自在故 卽離斷常二邊 而畢竟二邊盡除無去處 則始覺合本覺 爲究竟覺故 三十六對皆爲正法 此其所

以 爲佛用也 是故當知 三十六對法一一端端的的無非天眞面目
(不邊) 但以人有邪正故爲佛用衆生用也 然則學者當以智慧觀
察 卽於十八界三十六對法上一一出沒自在 卽離二邊 而畢竟掃
蕩歸於眞空 然後方曰 一生參學事畢矣 自性起用十九對者 三十
六對皆自性用 今以此十九對 別名自性用者 一一對皆 以邪正爲
對故耶 前法相十二對中 亦有邪正對 與此何別 後當更詳道

"일체의 경법에 관통한다"는 것은 팔만대장경에서 설명한 법은 이 36대(對)를 벗어나지 않는다는 것이다.

"자성의 동용으로서" 이하 부분[248]은 양변의 의(義)와 상(相)을 벗어나는 것을 보여준다.

"만약 그대로 상(相)에 집착하면" 이하 부분[249]은 유에 집착하고 공에 집착하는 허물을 설명하여 두 가지 허물을 함께 표시한다.

"공에 집착하는 사람은" 이하 부분[250]은 개별적으로 공

---

248 "出・入 및 卽・離의 양변은 자성의 동용으로서 남과 더불어 이야기할 경우 밖으로는 相에 대하여 相을 벗어나고 안으로 空에 대하여 空을 벗어나야 한다"는 대목을 가리킨다.
249 "만약 그대로 相에 집착하면 곧 사견이 증장하고, 만약 그대로 空에 집착하면 곧 無明이 증장한다"는 대목을 가리킨다. 曇無讖 譯, 『大般涅槃經』卷36 "若人信心無有智慧 是人則能增長無明 若有智慧無有信心 是人則能增長邪見"(大正藏12, p.580中) 참조.
250 "공에 집착하는 사람은 경전을 비방하고 심지어 언어문자는 필요가 없다고도 말한다(不立文字의 용례는 吉藏, 『淨名玄論』卷1 '旣不立文字性故 不二敎不攝之也'(大正藏38, p.862中) 참조). 원래 언어문자가 필요 없다고 말하면 그렇게 말하는 사람도 역시 말해서는

에 집착하는 허물을 설명한다.

"만약 밖의 형상에 집착해서" 이하 부분[251]은 개별적으

안 되는 것이다. 왜냐하면 무릇 그렇게 말하는 것 자체가 곧 문자를 말하고 있기 때문이다(이 부분은 스스로 자성을 파악하고 남에게 법을 설명하는 데 있어 문자의 필요성을 강조한 대목으로서 불립문자에 대한 올바른 이해와 그 활용에 대하여 말한 것이다). 또 말하자면 직접 불립문자라고 말한 것의 경우에(원래 언어문자가 필요 없다고 말하는 사람의 두 번째의 경우를 가리킨다.) 곧 그 不立이라는 두 글자도 역시 문자이기 때문이다. 남들이 말하는 것을 보고서(원래 언어문자가 필요 없다고 말하는 사람의 세 번째의 경우를 가리킨다.) 남들의 말은 문자에 집착한다고 비방한다"라는 대목을 가리킨다.

251 "만약 밖의 형상에 집착해서 작법하고 진리를 추구하거나, 조작적인 행위를 통하여 무형의 부처를 추구하거나 진리를 추구하는 것은 생사의 인이 될 뿐이다. 『鳩摩羅什 譯, 『金剛般若波羅蜜經』 '若以色見我/ 以音聲求我/ 是人行邪道/ 不能見如來/'(大正藏8, p.752上); 『臨濟錄』 '若欲作業求佛 佛是生死大兆'(大正藏47, p.497下) 참조) 또 널리 도량을 건립하여 유무의 허물을 설한다면(무형의 부처를 구하거나 진리를 추구하는 바로 앞의 내용과 관련하여 여기에서는 유형의 도량을 크게 지어놓고 사람을 끌어모아서 有無에 빠지지 말라고 가르치면서 오히려 惡性空의 견해에 빠지는 것을 가리킨다.) 그와 같은 사람들은 누겁토록 견성하지 못한다. 무릇 들은 대로 여법하게 수행하라. 또한 온갖 대상에 대하여 사량을 물리침으로써 결코 道性에 꽉 막히는 결과를 초래해서는 안된다. 만약 설법을 듣기만 하고 실천하지 않으면 그 사람에게는 그 설법이 도리어 邪念으로 발생한다. 그러므로 무릇 여법하게 실천하면 그것이 곧 무주상법이다(鳩摩羅什 譯, 『金剛般若波羅蜜經』 "復次須菩提 菩薩於法應無所住行於布施 所謂不住色布施 不住聲香味觸法布施 須菩提 菩薩應如是布施不住於相 何以故 若菩薩不住相布施 其福德不可思量"(大正藏8, p.749上) 참조). 만약 그대들이 지금 내가 가르쳐준 그대로 설법하고 그대로 수용하며 그대로 실천하고 그대로 작법할 줄 안다면 곧 본래의 종지를 상실하는 일은 없을 것이다"는 대목을 가리킨다.

로 형상에 집착하는 허물을 설명한다.

"만약 설법을 듣기만 하고" 이하 부분[252]은 결론적으로 설법한 뜻을 보여주는 대목이다. 만약 혜능 내 설법을 듣기만 하고 스스로 수행하지 않으면 곧 도리어 타인을 오도하기 때문에 분별상에 집착하는 설법이 되고 만다. 그러나 만약 혜능 내 설법을 듣고 설법대로 수행하면 곧 자성을 벗어나지 않는 까닭에 무주상보시가 되는데, 그것은 분별상을 떠난 설법이기 때문이다.

"만약 그대들이 깨우쳐서" 이하 부분[253]은 결론적으로 혜능 내 설법에 의하여 이타행을 실천하고 혜능 내 수행에 의하여 스스로 수행하라고 권장한다. 때문에 『금강경』에서 "그러면 어떻게 남을 위해 연설하는가. 상을 취하지 않고 여여하게 부동해야 한다"[254]라고 말한다.

"만약 누가 그대들한테 교의(敎義)에 대하여 질문할 경

---

252 "만약 설법을 듣기만 하고 실천하지 않으면 그 사람에게는 그 설법이 도리어 邪念으로 발생한다. 그러므로 무릇 여법하게 실천하면 그것이 곧 무주상법시이다"는 대목을 가리킨다. 鳩摩羅什 譯, 『金剛般若波羅蜜經』 "復次須菩提 菩薩於法應無所住行於布施 所謂不住色布施 不住聲香味觸法布施 須菩提 菩薩應如是布施不住於相 何以故 若菩薩不住相布施 其福德不可思量"(大正藏8, p.749上) 참조.
253 "만약 그대들이 지금 내가 가르쳐준 그대로 설법하고 그대로 수용하며 그대로 실천하고 그대로 작법할 줄 안다면 곧 본래의 종지를 상실하는 일은 없을 것이다"는 대목을 가리킨다.
254 鳩摩羅什, 『金剛般若波羅蜜經』(大正藏8, p.752中).

우" 이하 부분[255]은 설법의 뜻을 자세하게 보여준 것이다. 처음에는 유·무·범·성의 상대에 의거하여 그것을 설명한 것이다.

"설령 누가" 이하 부분[256]은 다시 명·암의 상대에 의거하여 그것을 설명한 것이다. 그러나 "밝음이 사라지면" 이하 부분은 명과 암의 두 구가 출현한 이유이다. 곧 밝음이 사라지면 어둠이 되기 때문에 밝음으로써 어둠의 질문에 답변하고 어둠으로써 밝음을 드러낸 구이다. 만약 어떤 것을 밝음이라 말하느냐고 물으면 곧 어둠은 인(因)이고 밝음은 연(緣)이라고 답변한다. 어둠이 다하면 곧 밝음

---

255 "만약 누가 그대들한테 敎義(義는 敎義로서 구체적으로는 中道實相의 뜻이고 眞如의 義이다. 鳩摩羅什 譯, 『金剛般若波羅蜜經』 '如來者 卽諸法如義'(大正藏8, p.751上) 참조)에 대하여 질문할 경우, 곧 有에 대하여 물으면 無를 가지고 응대하고 無에 대하여 물으면 有를 가지고 응대하며 凡에 대하여 물으면 聖을 가지고 응대하고 聖에 대하여 물으면 凡을 가지고 응대하라. 그러면 그 두 가지[二道]가 서로 因由하여 中道의 義가 발생한다(『大智度論』卷43 '復次 常是一邊 斷滅是一邊 離是二邊行中道 是爲般若波羅蜜'(大正藏25, p.370上) 참조). 마치 하나의 질문에 하나로써 응대하듯이 그 밖의 질문에 대해서도 동일하게 그처럼 응수해 가면 곧 도리에서 벗어나는 일은 없을 것이다(三十六對法의 활용방식에 대하여 전체적으로 종합해서 말한 것으로 자성에 근거하여 中道의 義를 벗어나서는 안 된다는 것을 말한다)"는 대목을 가리킨다.

256 "설령 누가 '무엇을 어둠이라 말하는가'고 물으면 '밝음은 因이고 어둠은 緣으로서 밝음이 사라지면 곧 어둠이다'고 답변한다. 밝음으로써 어둠을 드러내고 어둠으로써 밝음을 드러내며, 오고 감이 서로 因由하여 中道의 義가 성립된다"는 대목을 가리킨다.

이기 때문에 어둠으로써 맑음의 질문에 답한다.

이 대목은 도리를 알기가 점점 어려워지므로 납자들은 정신을 기울여서 변명(辨明)해야 한다. 그런 이후에 널리 선문의 어구를 열람하면 곧 각각 주장하는 점을 서로 인정하지 못한 것에 대해서도 그 출·몰이 자재(自在)하고 원전(圓轉)하여 집착이 없으므로 서로 척파하거나 그것으로 나와 남을 다툴 것이 없는 줄 알게 된다. 저 부처님이 내세운 말후구와 운문이 내세운 최초구 등이 바로 그것이다.[257]

> 貫一切經法者 八萬藏經所詮法不出此三十六對也 自性動用下 示離兩邊義相也 若全着相下 明着有着空之過 而雙標二過執空下 別明空過 若着相下 別明相過 但聽下 結示說義 若聽我說 而自不修行則反誤他人故 爲着相說 若聽我說依法行則不離自性故 爲無住相布施 以離相說故 汝等若悟下 結勸依此說與用利他 依此行與作自修也 故金剛云 云何爲人演說 不取於相 如如不動 若有人問下 詳示說義 初約有無凡聖二對明之 設有下 更約明暗(二+?)對明之 而明沒下 二句出所以 以明沒爲暗故 以明答暗

---

[257] 『建中靖國續燈錄』卷7 "僧日 如何是末後句 師云 雙林樹下"(卍續藏 78, p682中) 참조. 운문의 『雲門匡眞禪師廣錄』卷上 "上堂良久云 觸目不會道 運足焉知路 僧問 如何是觸目菩提 師云 與我拈卻佛殿 問如設是最初一句 師云 九九八十一 僧便禮拜 師云 近前來 僧便近前 師便打"(大正藏47, p.546下) 참조. 여기에서 최초구와 말후구라는 말은 중요하지 않고, 다만 최초구와 말후구라는 분별을 초월할 것을 가리킨다.

問也 以暗顯明句 若問何名爲明 則答云 暗是因明是緣 以暗盡
卽明故 以暗答明問也 此文稍難理會 學者留神辨明 然後遍覽禪
門語句 則當於各主張不相許處 可知其出沒自在圓轉不着 不是
互相斥破 爭其人我 如佛立末後句 雲門立最初句等是也

V.－x. 부촉유통[258]

o "문인들에게 신주 국은사를 방문하여 묘탑을 건립토록 명했다[259]"는 것은 거기가 태어난 곳이기 때문에 지금 그곳에서 입적하려는 것이다. 그 교화를 거두고 깨침의 세계로 돌아가는 것을 보여줌으로써 제법은 당처에서 출생하고 수처에서 멸진함을 설명하는 것이다. 이것은 공과 유가 무이원융(無二圓融)한 것을 말한다.

"나는 8월에 세간을 떠나고자 한다"는 것은 2월 8일은 춘분으로 밤과 낮이 같기 때문에 2월 8일에 태어났고 2월 8일에 수계를 받았다. 또한 8월 3일에 시멸한 것은 추분도 또한 밤과 낮이 서로 같기 때문인데, 또한 혜능 당사자에게는 공(夜)과 유(晝)가 무이원융한 도리임을 보여주는 것이다. 특히 2월에 탄생한 것은 만물이 처음 발생하는 절기이기 때문에 깨침을 따라서 교화를 일으키는 것을 보여주는 것이다. 그리고 8월에 시멸한 것은 만물이 점차 스러지는 절기이기 때문에 교화를 거두고 깨침으로 돌아

---

258 이하는 셋째로 유통분에 해당한다.
259 神龍 3년(707) 곧 景龍 元年(707년 8월 시작)에 칙명으로 대사의 舊宅을 國恩寺라 하였던 곳이다. 혜능은 그 무렵 延和 원년(712) 7월에 신주 국은사에 도착해 있으면서 제자들을 불러서 묘탑건립을 부탁하였다. 命門人往新州國恩寺建塔에서 往은 방문하다는 뜻이다.

가는 것이다.

付囑流通第十

○ 往新州建塔者 以是生處故 今欲入寂於彼處 示其收化歸證 而以明諸法當處 出生隨處滅盡是爲空有無二圓融也 吾至八月者 以二月八日是春分晝夜平均故 降誕於二月八日 受戒於二月八日也 又以八月三日示滅者 是秋分則亦晝夜相半故 也以示當人空(夜)有(晝)無二圓滿之道也 特以二月生者 是萬物始生節故 示從證起化 以八月示滅者 是萬物肅殺節故 收化歸證也

"나는 내가 가는 곳을 본래부터 알고 있다"는 것은 진공의 열반을 가리킨다. 이전에 이미 진공으로부터 출래한 묘유이기 때문에 이제 또한 묘유를 거두어 진공으로 돌아가는 것이다. 때문에 "나뭇잎은 떨어져 뿌리로 돌아간다. 그러나 올 때는 말이 없다"[260]고 말했다.

"만약 내가 가는 곳을 그대들이 안다면" 이하 부분[261]은

---

260 진여자성을 상징하는 혜능 자신은 여래의 경우처럼 法爾然하게 떠나가고 法爾然하게 돌아온다는 것을 뜻한다. 때문에 떠나간다고 해서 죽는 것이 아니고 온다고 해서 태어나는 것이 아니다. 다만 진여의 입장에서 여법하게 오고 여법하게 갈 뿐이다. 진여자성의 不生不滅을 보여준 대목이다. 鳩摩羅什 譯, 『金剛般若波羅蜜經』 "若有人言 如來若來若去若坐若臥 是人不解我所說義 何以故 如來者無所從來 亦無所去 故名如來"(大正藏8, p.752中); 『信心銘』 "근본 찾으면 종지를 얻고/ 반연 따르면 종지를 잃네/ 歸根得旨 隨照失宗"(大正藏48, p.376下); 『黃檗斷際禪師宛陵錄』 "眞佛無口 不解說法 眞聽無耳 其誰聞乎"(大正藏48, p.387上) 참조.
261 "만약 내가 가는 곳을 그대들이 안다면 곧 그렇게 슬피 울지는 않

곧 상락의 열반은 반드시 경희로운 것이므로 슬프게 울어 서는 안 된다는 것이다. 법성은 본래 생멸이 없기 때문이다.

8개의 게송 가운데 처음 두 게송(제1게~제2게)은 진(眞)·가(假)·득(得)·실(失)을 설명하여 삼종선을 전수한 것이다. 이것은 근기에 따라서 가설한 것이므로 가(假)이지 진(眞)이 아니어서 일심을 전수하지 못한다. 그러나 본분은 자성이기 때문에 진(眞)이지 가(假)가 아니다. 이런즉 상·하를 상대하여 득·실을 변별한다.

"유정물은 기거동작 알지만" 이하 세 게송(제3게~제5게)은 동(動)과 정(靜)이 무이임을 설명한다. 이것은 무릇 향상에 나아가서 득(得)·실(失)을 변별한 것일 뿐으로, 유를 떠나서(動) 공에 의지한즉 실(失)이고 유에 즉하여 공에 의지한즉 득(得)이다.

"모든 납자들에게 부탁하니" 이하 부분의 한 게송(제6게)은 진(眞)·가(假)와 동(動)·정(靜)의 두 가지 뜻을 합하여 결론적으로 권장한 대목이다. 이 진(眞)·가(假)와 동(動)·정(靜)의 두 가지 뜻은 견성성불하는 대승의 돈문이다. 수도인들은 결코 가(假)로써 진(眞)을 삼지 말고 동(動)

을 것이다. 법성은 본래부터 生·滅·去·來가 없다"는 대목을 가리킨다. 이것은 법신의 성품은 본래부터 생·사가 없기 때문에 그런 줄 깨쳐서 그 생·사에 집착하지 말라는 것을 말한다.

을 벗어나서 정(靜)을 찾지 말기를 바란다. 그것은 도리어 차별에 집착하는 사견일 뿐이다.

"이런 가르침에 상응한다면" 이하 두 게송(제7게~제8게)은 그 가르침에 상응하는 것과 상응하지 못하는 것의 문제 그리고 법문[乘]에 대하여 조금도 다툼이 없어야 함을 말한다. 왜냐하면 혜능의 진실한 종지에는 본래 역·순 등의 차별법이 없기 때문이다.

吾自知去處者 指眞空涅槃也 前旣從眞空出來妙有故 今亦收妙有歸眞空也 故云落葉歸根來時無口 若知去處云云 是常樂涅槃 則必當慶喜 不合悲泣 以法性本無生滅故 偈中初二偈明眞假得失 以傳授三禪 隨機假說故 是假非眞無傳一心 本分自性故 是眞非假也 此則上下相對辨得失也 有情即解動下 三偈明動靜無二 此但就向上辨得失 離有(動)假空(不動)則爲失 即有(假+?)空則爲得也 根(報?)諸下 合上眞假動靜二義結勸 以此二義 是見性成佛之大乘頓門 願諸道人 切勿以假爲眞離動覓靜 却執差別邪見也 若言下 應與不應 一無所乘 以此眞宗本無逆順等差別法故也

"조사가 말했다." 이하 부분은 법해가 가사와 정법[단경]의 문제에 대하여 질문한 대목이다. 때문에 정법은 들을 수 있지만 가사는 전하지 말라고 말한다. 왜냐하면 그대들은 신근이 순숙하여 결정코 의혹이 없으므로 대사(大事)를 감당할 수 있기 때문에[262] 특별히 한 사람에게만 전수하지는 않는다는 것이다.

"그리고 비추어 보아도" 이하 부분[263]은 또한 달마대사의 의도이기 때문에 전하지 않는다는 것이다. 이로써 게송에서 말한 "한 꽃봉오리에 다섯 개 꽃잎 핀다"는 것은 오대[264] 이후에는 법을 전하지 않는다는 것을 가리킨다.

또한 "다섯 개의 열매 저절로 맺혀 가네.[265]"는 오대 이

---

262 제자들에게 正法眼藏을 계승하도록 부촉하는 것이다. 이것은 혜능이 자신의 설법과 그 설법을 수용하는 제자들에 대한 절대적인 자긍심과 무한한 신뢰를 보여준 것이다. 곧 淳熟한 身根이야말로 정법안장의 상징인 衣鉢 자체임을 말한 것이다. 鳩摩羅什 譯, 『妙法蓮華經』卷7, 卷6 "於我滅度後/ 應受持斯經/ 是人於佛道/ 決定無有疑//"(大正藏9, p.52下); "二子白言 大王 彼雲雷音宿王華智佛 今在七寶菩提樹下法座上坐 於一切間天人衆中 廣說法華經 是我等師 我是弟子 父語子言 我今亦欲見汝等師 可共俱往 於是二子從空中下 到其母所合掌白母 父王今已信解 堪任發阿耨多羅三藐三菩提心 我等爲父已作佛事 願母見聽於彼佛所出家修道"(大正藏9, p.60上) 참조.

263 "그리고 선조인 달마대사가 부촉으로 전수한 게송의 뜻에 비추어 보아도 의발은 전수하지 않는 것이 합당하다.1"는 대목을 가리킨다. 이것은 달마가 혜가에게 정법안장과 의발을 부촉하면서 전수한 전법게의 의미를 가리킨다. 이하의 전법게에는 정법안장만 전수하였지 의발을 전수한 내용은 보이지 않았다는 것이다.

264 달마로부터 혜능에 이르는 다섯 차례의 정법안장의 전승을 가리킨다.

265 『祖堂集』卷2 "吾本來此土 傳敎救迷情 一花開五葉 結果自然成"(高麗大藏經45, p.245上) 참조. 제일구 가운데 玆土는 다른 기록에는 唐國, 此土, 東土 등으로도 기록되어 전한다. 제삼구의 一華開五葉에 대해서는 달마 이후부터 五代를 지난 혜능 시대에 선법이 크게 일어난다는 해석과, 혜능을 一華로 간주하고 이후에 禪宗五家가 번성한다는 해석이 있다. 그러나 정작 중요한 것은 '한 꽃봉오리에 다섯 개 꽃잎 피니'에서 一華가 곧 五葉임을 터득하는 것이다.

후에는 꽃이 이미 피었으므로 자연히 열매가 맺힐 터인데 군이 가사를 전수하여 신(信)을 표시해야 하겠느냐는 것이다.

일상삼매[266]는 곧 진공이다. 우리의 심체는 청정본연하고 상주불변하여 모든 분별상에 집착이 없기 때문에 일상(一相)이라 말한다. 또한 모든 분별상에 집착이 없기 때문에 무상삼매라 말한다.

일행삼매[267]는 곧 묘유이다. 이 자념(自念)의 심체는 본래부터 원명하다. 때문에 일체시와 일체처에서 순일(純一)하고 무염(無染)하며 무착(無着)하여 자성의 도량을 벗어나 있지 않으면서 청정만행을 성취한다. 그래서 일행삼매라 말하고, 또한 무념삼매라고도 말한다. 이 일상삼매와 일행삼매는 모든 사람의 자성에 본래 구비되어 있는 보리종자이다. 그래서 지금 또한 혜능 나의 설법을 만나면 인연

---

266 一相三昧는 차별이 없는 삼매이다. 佛은 중생의 근기에 따라 갖가지로 설법하지만 실은 일상삼매의 법이기 때문에 차별이 없다. 『妙法蓮華經』卷3 "如來知是一相一味之法 所謂解脫相離相滅相 究竟涅槃常寂滅相 終歸於空"(大正藏9, p.19下) 참조.
267 一行三昧는 위의 第四 定慧品에서 말한 一切處·一切時·一切事에서 直心을 실천하는 것을 말한다. 곧 一行三昧는 도신선법의 중심이다. 『文殊說般若經』과 『大乘起信論』의 설명으로 천태의 四種三昧 가운데 常坐三昧의 내용이기도 하다. 다만 혜능은 일행삼매를 『유마경』의 直心에 비추어서 일상적인 선법의 실천으로 간주하고 있다. 이하에서 혜능은 다시 일상삼매와 일행삼매에 대하여 자신만의 독특한 해석을 가한다.

이 화합되는 것이므로 잘 뜻을 받들어서 그에 의하여 수행하면 반드시 보리의 묘과를 증득할 것이다.

> 師曰下 法海以衣法俱問故 法則可得衣不可得傳 以汝等諸人 皆能堪任大事故 不可別付一人也 然據下 亦以達磨意故不傳 以云一花開五葉 則五代後法不傳可也 且云結果自然成 則五代後花已開故 自然結果何必傳衣表信乎 一相三昧是眞空 以我心體 清淨本然 常住不變 不住諸相 故名曰一相 又不住諸相 故亦名無相三昧也 一行三昧是妙有 以此自念心體 本自圓明故 能於一切時一切處 純一無染無着 不離自性道場 成就淸淨萬行 故名曰一行三昧 亦各無念三昧也 此二三昧 是人人自性上 本具之菩提種子 而今亦遇我說法 則因緣和合故 果能承旨依行 決證菩提妙果也

혜능이 말한 게송[268]의 뜻은 제자들의 심지가 본래부터 그와 같은 종자를 품고 있기 때문이라는 것이다.

이제 혜능 내가 내려주는 법우(法雨)를 믿고 받아들이며 받들고 실천하라. 각자 그 마음의 꽃이 이제 싹을 틔웠으니 곧 열심히 정진하라. 그러면 돈오라는 마음의 꽃

---

268 "마음에 모든 종자 머금으니／ 단비에 모두 싹이 피어나네／ 꽃의 마음 단번에 깨친다면／ 보리의 열매 저절로 맺히네／"의 대목을 가리킨다. 『祖堂集』卷2 "心地含諸種／ 普雨悉皆生／ 頓悟花情已／ 菩提果自成//"(高麗大藏經45, p.249上) 참조. 이것이 혜능의 涅槃頌이다. 곧 혜능 선법의 특징인 自性은 제1구에, 慈悲는 제2구에, 頓修는 제3구에, 頓悟는 제4구에 모두 드러나 있다.

에 본래 구비되어 있는 자성의 열매와 마음의 열매가 반드시 저절로 성취될 것이다. 달마가 서쪽에서 온 대의(大意)란 진실로 이와 같은 혜능의 설법이었다.

"조사가 게송을 읊고 나서 말했다." 이하 부분에서는 결론적으로 달마가 전승한 것은 곧 무이의 자성을 권장하는 대목이다. 곧 그대들이 본래 구비하고 있는 마음 또한 무이의 자성이기 때문이다. 그 무이자성은 본래 청정하여 일상삼매에 통한다. 그러므로 그대들은 결코 분별상에 집착하여 공연히 애·증의 견해를 일으켜서는 안 된다. 그리고 그 마음은 본래청정함으로 취·사할 것이 없다.

"머리 위에다 부모를 봉양하고"는 상복을 걸치고 있는 까닭이고, "입안 가득히 음식을 먹여주네"는 음식과 금전을 받는 까닭이며, "장정만의 난을 만났을 때 양간은 현령이었고 유무첨은 자사였다"는 까닭이다.[269]

---

[269] "머리 위에다 부모를 봉양하고/ 입안 가득히 음식을 먹여주네/ 滿이 일으킨 법난을 당하는데/ 楊씨와 柳씨는 벼슬자리 얻네/"라는 대목을 가리킨다. 이 玄記 및 玄記에 대한 구체적인 해석은 『祖堂集』卷18(高麗大藏經45, p.348中)에 있다. 오륙 년은 30년 후를 말하고, '머리 위에다 부모를 봉양하고'는 어떤 효자를 만난다는 것이며, '입안 가득히 음식을 먹여주네'는 자주 재를 지낸다는 것이고, '滿이 일으킨 법난을 당하는데'는 汝州의 張淨滿이 신라의 金大悲 스님에게 매수되어 육조의 頂相을 잘라가지만 의발은 훔치지 못한다는 것이며, '楊씨와 柳씨는 벼슬자리 얻네'는 楊씨는 소주의 刺史이고 柳씨는 소주 曲江縣에 내려진 令을 집행하는 관리인데 그 사건 소식을 듣고는 깜짝 놀라서 石角臺에서 張淨滿을 붙잡아 공훈

"어떤 두 보살"이란 백장회해와 방온 거사를 가리키는데,[270] 뒤에 다시 자세하게 설명한다.

"그대들은 잘 들어라." 이하 부분[271]은 즉심시불에 대하여 자세하게 보여준 대목이다. 그러나 먼저 미(迷)·오(悟)를 아울러 표시한다.

"나는 지금" 이하 부분[272]은 직접 식심견성(識心見性)할 것을 권장하는 대목이다.

"다만 중생이" 이하 부분[273]은 미(迷)·오(悟)를 상대시켜

을 세운다는 것이다.
270 "내가 떠난 지 70년 후에 어떤 두 보살이 동방에서 찾아올 것이다. 한 사람은 출가인이고 또 한 사람은 재가인이다"의 대목을 가리킨다. 여기에서 혜능 입멸 이후 70년은 781년으로 『曹溪大師別傳』이 출현한 해이기도 하다. 그런데 마침 『曹溪大師別傳』에는 입멸 70년 후의 玄記에 대한 자세한 기록이 수록되어 있다. 그러나 한편으로 동방에서 온 두 보살은 馬祖道一과 龐居士, 혹은 黃檗希運과 裴休居士, 혹은 신라에서 品日과 無染國師가 入唐求法한 사실 등 여러 가지 설이 있다. 특히 신라의 品日과 無染國師에 대한 설은 李能和의 『朝鮮佛教通史』卷上의 「佛教時處」 대목 참조.
271 "그대들은 잘 들어라. 후대의 미혹한 사람이 만약 자신이 중생인 줄 알면 그것이 곧 불성이지만, 만약 자신이 중생인 줄 모르면 만겁토록 부처를 찾아도 만나지 못한다"는 대목을 가리킨다. 이에 대해서는 曇無讖 譯, 『大般涅槃經』卷20 "若見佛性 我終不爲久住於世 何以故 見佛性者 非衆生也"(大正藏12, p.480下) 참조.
272 "나는 지금 그대들한테 自心의 중생을 알라고 가르치고 自心의 불성을 보라고 가르치는 것이다. 부처를 보고자 하면 무릇 자신이 중생인 줄 알아야 한다"는 대목을 가리킨다.
273 "다만 중생이 부처에 대하여 미혹할 뿐이지 부처가 중생에 대하여 미혹한 것은 아니다. 그러므로 만약 자성을 깨치면 중생이 곧 부처이지만 만약 자성에 미혹하면 부처도 곧 중생이다. 자성은 평등하

즉심시불을 자세하게 보여주는 대목이다.

"만약 그대들의" 이하 부분[274]은 결론적으로 의심하지 말 것을 권장하는 대목이다.

"밖에다는 어떤 법도 건립할 수가 없다." 이하 부분[275]은 그것이 즉심시불인 까닭을 드러내는 대목이다. 왜냐하

기 때문에 중생이 곧 부처이다. 그래서 자성이 삿되고 비뚤어지면 부처라 할지라도 중생이다"는 대목을 가리킨다.

274 "만약 그대들의 마음이 비뚤어지고 왜곡되면 곧 부처가 중생 속에 숨어있지만 찰나(一念은 다양한 뜻이 있다. 지극히 짧은 시간에 일어나는 마음의 작용으로 瞬息間이나 刹那의 마음을 의미하고, 또 분별심을 의미하며, 또 專一하게 집중하는 마음을 의미한다. 여기에서는 찰나의 의미로 해석한다.)만이라도 평직하면 곧 그 중생이 그대로 부처가 된다. 자기의 마음에 본래부터 부처가 들어있으므로 자기의 부처야말로 곧 眞佛이다(自佛是眞佛은 자성불을 천진불로 간주하는 것은 本來成佛을 바탕으로 하는 祖師禪의 입장이다. 특히 혜능은 이 自性法門에 투철하여 발심하고 수행하며 깨치고 교화하며 전승하였다. 天親 造, 『金剛般若論』卷上 '응신과 화신은 진불도 아니고/ 또한 설법하는 사람도 아니네/ 설법을 취함도 설함도 못함은/ 설법의 언상 초월한 까닭이네// 應化非眞佛 亦非說法者 說法不二取 無說離言相'(大正藏25, p.784中) 참조). 때문에 만약 자기한테 불심이 않다면 어디에서 진불을 찾겠는가. 그대들의 자심이 곧 부처인 줄을 다시는 추호도 의심하지 말라"는 대목을 가리킨다.

275 "밖에다는 어떤 법도 건립할 수가 없다. 모두 곧 본심에서 온갖 종류의 법이 생겨난다. 때문에 경전에서는 '마음이 발생하니 갖가지 법이 발생하고 마음이 소멸하니 갖가지 법이 소멸한다.'(菩提留支 譯, 『入楞伽經』卷9 '種種隨心轉/ 惟心非餘法/生/ 心種種生/ 心滅種種滅/'(大正藏16, p.568下); 眞諦 譯, 『大乘起信論』'是故一切法 如鏡中像無體可得 唯心虛妄 以心生則種種法生 心滅則種種法滅故'(大正藏32, p.577中) 참조)고 말한다"라는 대목을 가리킨다.

면 만법은 모두 마음에서 발생한즉 부처도 또한 마음에서 발생하기 때문이다. 이런 까닭에 부처를 친견하고자 하면 반드시 자심(自心)에서 친견해야 한다. 때문에 『화엄경』에서는 다음과 같이 말한다.

"만약에 과거와 현재와 미래의
일체의 부처님을 알고자 하면
반드시 법계의 본성을 살펴라
일체는 마음이 조작한 것이다."[276]

偈意汝等心地 本含種子故 今我法雨之下 信受奉行 各其心花今已萌生 則更能精進 頓悟心花中 本具之自性實情果 必自成矣 達磨西來意 實如是師說偈已下 結勸達磨所傳之是無二自性 汝等本具之心 亦無二自性故 此無二自性本自清淨通爲一相也 汝等切勿着相空起憎愛見 此心本淨 無可取舍 頭上養親着喪中故 口裡(裏=)須飡(餐?)受食金錢故 其遇張淨滿亂(難?)時 楊侃爲懸令 柳無添爲刺史故也 有二菩薩者 百丈龐公耶 後當更詳 汝等諦聽下 詳示即心即佛 而初雙標迷悟 吾今下 直勸識心見性 只爲下 迷悟相對 詳明即心是佛 汝等下 結勸勿疑 外無一物下 出其即心是佛之所以 以萬法皆從心生則 佛亦從心生故也 是故若欲見佛 必從自心見也 故華嚴云 若人欲了知 三世一切佛 應觀法界性 一切惟(唯=)心造

게송 가운데 처음의 두 게송(제1게~제2게)은 악마와 부처

---

[276] 『大方廣佛華嚴經』卷19(大正藏10, p.102上-中).

를 상대시켜 즉심시불을 설명한다.[277]

"법신과" 이하 두 게송(제3게~제4게)은 삼신에 의거하여 즉심시불을 설명하는 대목이다.[278] 화신은 곧 중생심이기 때문에 즉심(即心)이고, 보신과 법신은 곧 자성이기 때문에 시불(是佛)이다.

---

[277] "진여의 자성이야말로 진불이고/ 사견의 세 가지 독 마왕이라네/ 邪迷의 경우 마왕이 집에 있고/ 正見의 경우 부처가 집에 있네/ 자성이 邪見 때 삼독 발생하면/ 곧 그것이 마왕이 머문 집이고/ 자성이 正見 때 삼독심 흩어져/ 마왕이 부처되면 곧 假는 없네/"라는 대목을 가리킨다. 제1구에서 진여의 청정란 성품으로서 자성청정심을 가리킨다. 여기에서 혜능은 진여법신을 곧 이미 그렇게 갖추어져 있는 자신의 마음으로 보고 있다. 제3구와 제4구에서 舍와 堂은 자성을 가리킨다. 魔는 범어 魔羅로서 殺者, 害者, 能奪命者라고 번역된다. 수행과 깨침을 방해하는 번뇌를 총칭한 말이다. 『臨濟錄』의 "問如何是佛魔 師云 爾一念心疑處是魔 爾若達得萬法無生 心如幻化 更無一塵一法 處處淸淨是佛"(大正藏47, p.498中) 참조. 곧 제1게와 제2게에서는 자성은 공하여 번뇌와 청정의 분별이 없다. 다만 자성의 작용을 따라 魔가 되고 佛이 되는 것이 곧 중생이고 부처가 된다.

[278] "법신과 보신과 그리고 또 화신/ 이 삼신은 본래 동일한 몸이네/ 만약 자성 속에서 스스로 보면/ 그야 곧 부처 되는 菩提因이네/ 본래 화신 그 자체 청정신이고/ 청정자성 늘 화신 속에 있네/ 자성이 화신 통해 正道 행하면/ 장차 원만한 보신 끝이 없다네/"라는 대목을 가리킨다. 여기에서 제5구와 제6구에서 청정법신과 천백억화신은 다른 것이 아니라 본래부터 법신불이 화신불로 나타나고 화신불은 법신불로 존재한다는 것을 가리킨다. 곧 삼신일체를 주장하는 혜능의 자성법문의 표현이다. 이 두 게송에서 性使化身行正道 當來圓滿眞無窮은 自性法身과 現成化身과 成就報身이 모두 동일한 것임을 썩 구체적으로 그려내고 있다. 곧 청정한 자성의 법신이 일상의 생활을 통하여 正道를 실천하면 그것이야말로 그대로 공덕이 원만한 보신임을 가리킨다.

"음성이" 이하 한 게송(제5게)은 염(染)과 정(淨)에 의거하여 즉심시불을 설명하는 대목이다.[279]

"금생에" 이하 두 게송(제6게와 제7게)은 미(迷)와 오(悟)에 의거하여 즉심시불을 설명하는 대목이다.[280]

---

[279] "婬性이 본래 淨性의 因이 되니/ 婬性 없애야 곧 청정자성 되네/ 자성 속에 각자 오욕 벗어나면/ 견성하는 찰나 곧 진실이 되네/"라는 대목을 가리킨다. 여기에서 제1구와 제2구의 婬性本是淨性因 除婬即是淨性身에 해당하는 돈황본 『단경』의 경우 婬性本身淸淨因 除卽婬無淨性身이다. 종보본 『단경』의 경우는 婬性이 그대로 청정자성이지만 婬性의 작용을 벗어나야 바야흐로 청정자성이 드러난다는 의미이고, 돈황본 『단경』의 경우는 婬性이 그대로 청정자성이므로 婬性을 없애면 청정자성도 없어진다는 의미이다. 따라서 종보본 『단경』의 是와 돈황본 『단경』의 無는 각각 자성에 대하여 긍정[是]과 부정[無]이 아니라 오히려 각각 자성에 대하여 부정[是]과 긍정[無]의 뜻으로 활용되었다. 鳩摩羅什 譯, 『諸法無行經』 卷下 "貪欲是涅槃/ 恚癡亦如是/ 如此三事中/ 有無量佛道//"(大正藏 15, p.759下); 僧肇, 『注維摩經』卷3 "斷婬怒癡聲聞也 婬怒癡俱凡夫也 大士觀婬怒癡 卽是涅槃 故不斷不俱"(大正藏38, p.350上) 참조. 제3구에서 五欲은 色・聲・香・味・觸의 욕망, 혹은 재욕・색욕・식욕・명예욕・수면욕을 가리킨다. 제4구에서는 오욕을 벗어나서 다시 見佛性하는 것이 아니라 오욕을 벗어나는 그대로가 곧 見佛性임을 말한다.

[280] "금생에 돈교법문을 터득한다면/ 곧 자성 깨처 세존을 친견하네/ 만약 수행 통해 부처를 찾으면/ 어느 곳에도 진불 있지 않다네/ 自心에서 진여자성 파악한다면/ 그것이 진실로서 成佛因이라네/ 자성 떠나 밖에서 부처 따르면/ 모든 用心 다 어리석을 뿐이네/"라는 대목을 가리킨다. 여기의 제2구에서 世尊은 自心佛로서 돈교법문을 만나서 자성을 깨치는 그것을 가리킨다. 제3구와 제4구는 자성을 떠난 밖에서는 제아무리 부처를 찾는다해도 결국 假相佛에 불과하므로 眞佛을 찾지 못한다는 것으로 진정한 수행은 自性定慧門이어야지 隨相定慧門이어서는 안 된다는 말이다.

마지막 한 게송(제8게)은 결론적으로 스스로 닦아야만 바야흐로 타인을 제도할 수 있음을 권장하는 대목이다.[281] 만약에 혹여나 마음을 벗어나서 부처를 찾는다거나 혹 스스로 수행하지 않는다면 무릇 구설(口說)만 추구하는 것으로 비록 진사겁(塵沙劫)이 지나더라도 중생을 벗어날 기약이 없다.

"무릇 자기의 본심을 알고" 이하 부분[282]에서는 곧 최후의 임종 시에 식심견불(識心見佛)하되 차별견해를 일으키지 말 것을 간절하게 권장한 대목이다. 여기에서 동(動)과 정(靜)은 곧 자성에서 공(空)과 유(有)가 다르다고 집착하는

---

281 "돈교 법문이 여기 놓여 있으니/ 자심 닦아 곧 세인을 제도하라/ 장차 그대 학도자에게 말하니/ 교법에 집착 말고 유유자적하라/"는 대목을 가리킨다. 지금까지 혜능 자신이 일러준 가르침에도 결코 집착하지 말라. 그것은 곧 밖에서 부처를 추구하는 격이다. 자성법문에 입각하여 집착하지 말고 悠悠自適하고 蕩蕩無碍하게 살라 가라는 말이다.

282 "무릇 자기의 본심을 알고 자기의 본성을 보라. 거기에는(自本心과 自本性을 가리킨다) 動도 없고 靜도 없으며 生도 없고 滅도 없으며 去도 없고 來도 없으며 是도 없고 非도 없으며 住도 없고 往도 없다. 다만 그대들의 마음이 미혹하여 내 뜻을 이해하지 못할까 염려될 뿐이다. 이제 다시금 그대들에게 부촉하여 그대들로 하여금 견성토록 하겠다. 내가 멸도한 후에 내 가르침을 따라서 수행하면 내가 살아 있는 것과 같다. 그러나 만약 내 가르침을 벗어나면 설령 내가 세상에 살아있다손 치더라도 또한 아무런 이익도 없다"는 대목을 가리킨다. 鳩摩羅什 譯, 『佛遺敎經』 "汝等比丘 於我滅後 當尊重珍敬波羅提木叉 如闇遇明貧人得寶 當知 此則是汝大師 若我住世 無異此也"(大正藏12, p.1110下) 참조.

견해이고, 생(生)과 멸(滅)은 조사선의 기(機)와 용(用)이며, 거(去)와 래(來)와 시(是)와 비(非)는 여래선의 두 가지 삼구이고, 주(住, 有)와 좌(坐, 無)는 의리선의 삼구이다. 그러므로 자성에는 그와 같은 차별의 법이 없는 줄 보고난 연후에야 바야흐로 견성이라 말할 수가 있다.

> 偈中初二偈 魔佛相對 明即心是佛 法身下 二偈約三身明即心是佛 以化身即衆生心故爲即心也 法報二身 即自性故爲是佛也 姪性下 一偈約染淨明即心是佛 今生下 二偈約迷悟明即心是佛 末一偈結勸自修方能救人 若或心外覓佛 或自不修行 但向口說 雖經塵劫 無出離期 但識自本心下 此是最後臨終時 切勸識心見佛 而不起差別見也 動靜即自性上空有別執見也 生滅祖師(禪+?)機用也 去來是非如來禪兩種三句也 住(有)坐(無)義理禪三句也 能見自性上畢竟無如許別法 然後方名見性也

임종게송[283]에서 앞의 반게(제1구와 제2구)에서는 선과 악

---

283 "올올하게 선을 닦지도 말고/ 등등하게 악을 짓지도 말라/ 적적하게 견문을 모두 끊고/ 탕탕하게 마음에 집착 말라/"는 대목을 가리킨다. 여기의 제1구와 제2구에서 兀兀은 아무것도 하지 않고 우두커니 있는 모습이고, 騰騰은 아무런 근심걱정도 없이 무심결의 행동을 나타내는 말이다. 『景德傳燈錄』卷30, 「南嶽懶瓚和尙歌」"兀然無事無改換 無事何須論一段"(大正藏51, p.461中);「騰騰和尙了元歌」"今日任運騰騰 明日騰騰任運 心中了了總知 且作佯癡縛鈍"(大正藏51, p.461中) 참조. 제3구와 제4구에서 寂寂은 마음이 고요하여 어떤 대상에도 국집되지 않는 모습이고, 蕩蕩은 어떤 것에도 얽매이지 않고 훤칠하게 벗어나 있는 모습이다. 위의 兀兀・騰騰・寂寂・蕩蕩 모두 대자유인의 걸림이 없는 행동을 나타낸다.

을 모두 사량분별하지 않으면 조사선의 삼요마저도 모두 사라진다고 말한다. 하물며 그 밖의 여래선과 의리선의 경우에야 더 언론(言論)할 것이 어디 있겠는가. 선과 악의 두 글자는 모두 삼종선처럼 분별을 가리키고, 또한 삼구를 가리키기도 한다.

제3구의 적적(寂寂)은 기(機, 見)와 용(用, 聞)을 단절한 까닭에 진공이고, 제4구의 탕탕(蕩蕩)은 무애로서 염착됨이 없으므로 묘유이다. 이 한 권의 『단경』의 대의는 이 한 게송으로 모두 설파되었다.

"단정하게 앉아서 삼경에 이르자 천화하였다"는 대목[284]은 비록 진공으로 돌아가지만 묘유를 벗어나지 않는다. 때문에 흰 무지개의 빛이 하늘까지 뻗친 것[285]은 진공이고, 열반한 이후 사흘만에야 그 빛이 사라졌다는 것은 곧 열반에 본래 갖추어져 있는 묘유이다.[286]

---

284 "단정하게 앉아서 삼경에 이르자 홀연히 문인들을 불러놓고 말했다. '나는 이제 떠난다.' 그리고는 조용하게 遷化하였다"는 대목을 가리킨다. 여기에서 遷化는 다른 세상으로 옮겨서 교화한다는 뜻으로 승려의 죽음을 말한다. 釋道誠 述, 『釋氏要覽』卷下, "釋氏死 謂涅槃・圓寂・歸眞・歸寂・滅度・遷化・順世 皆一義也 隨便稱 之 蓋異俗也"(大正藏54, p.307中~下) 참조.
285 『禮記』에 "군자의 덕은 玉과 같고 氣는 白虹과 같다"는 말이 있다. 이 말이 王維가 쓴 「六祖能禪師碑銘」에 기록되어 있다.
286 이 밖에 숲의 나무가 하얗게 변하였다는 林木變白은 부처님께서 입적하실 때 二雙의 沙羅樹가 枯死하여 白鶴처럼 하얗게 변하였다는 故事에서 연유한다. 若那跋陀羅 譯, 『涅槃經後分』卷上의 "大覺

臨終偈 上半不思善惡 則祖師禪三要都亡也 餘二禪尤何言論 善惡二字 通指三禪 亦可三句 寂寂斷機(見)用(聞) 故爲眞空 末句 蕩蕩無碍無所染着 故爲妙有也 一經大意 一偈都說破也 端坐至三更遷化 雖歸眞空 不離妙有 故白光衝天 正是眞空 涅槃三日始滅 是涅槃本具妙用也

육조대사법보단경요해를 마치다.
六祖大師法寶壇經要解 終

世尊 入涅槃已 其娑羅林東西二雙 合爲一樹 南北二雙合爲一樹 垂覆寶床蓋於如來 其樹卽時慘然變白猶如白鶴 枝葉花果皮幹 悉皆爆裂墮落 漸漸枯悴摧折無餘"(大正藏12, p.905上) 참조.

『육조대사법보단경요해』 해제[1]

1. 백파긍선과 『단경요해』

조선시대 후기의 백파긍선(白坡亘璇, 1767~1852)이 『선문수경』(禪文手鏡)을 발표한 이래로 초의의순을 비롯한 많은 사람들과 선리논쟁을 벌였던 것은 널리 알려져 있다. 거기에서 긍선은 기존에 전승해 오던 임제의 삼구에 대한 해석을 삼종선(三種禪)으로 새롭게 진행시키면서 진공(眞空)과 묘유(妙有)의 잣대를 가지고 일종의 기준으로 활용하였다.

이와 같은 기준은 긍선의 거의 모든 저술에도 공통되었다. 『선문수경』뿐만 아니라 『수선결사문』(修禪結社文)과 『금강팔해경』(金剛八解鏡) 등도 마찬가지이다. 특히 긍선의 『육조대사법보단경요해』[2]에서 가장 명쾌하게 드러나 있다.

긍선은 나름대로 수행의 지침을 마련하려고 수행자의

---

[1] 『韓國禪學』제31호(2012년 4월)에 수록된 졸고 「『六祖大師法寶壇經要解』에 나타난 백파긍선의 선사상의 특징 고찰」을 요약하였다.
[2] 여기에서 의용한 『단경요해』의 텍스트는 駒澤大學 소장본의 복사본인 동국대학교 중앙도서관 소장본에 의한다. 겉표지를 제외한 속내용면은 전체 87쪽 분량으로서 이하에서 표기하는 쪽수는 이에 의거한다.

지침서를 저술하였는데 그것이 『선문수경』이었다. 여기에서는 임제의 삼구에 대한 백파의 새로운 해석이 주요한 내용이었다. 곧 긍선은 임제가 진리와 현실을 하나로 묶어서 전개한 것에 상대하여 현실과 이상을 따로 내세워 분류하여 현실계에 적용할 수 있는 가장 뛰어나고 완성된 형태의 것으로 조사선을 들고, 그와 같은 조사선의 도리에서 대기(大機)와 대용(大用)에다 각각 진공(眞空)과 묘유(妙有)를 적용시켰다. 이 경우 견성(見性)은 진공(眞空)이며 대기(大機)이고, 성불(成佛)은 묘유(妙有)이고 대용(大用)이다. 또한 이상계에 적용할 수 있는 것으로는 수행자의 내적인 자세로서 생활이 곧 불법이라는 생활선을 강조하는 조사선풍을 내세워 향상의 본분진여(本分眞如)로서 그 교의를 제시하였다.[3]

또한 긍선은 그와 같은 선리에 대한 참구의 실제를 실천하기 위하여 수선결사를 결성하였는데 그 수선방법 및 이념을 기록한 것이 『수선결사문』이었다. 『수선결사문』의 저술 장소는 1822년(56세) 청도의 운문사로서 세 명의 납자가 찾아와서 후인을 위한 깨침의 지름길을 묻자 그에 응한 것이다. 곧 깊은 산에 들어가 『수선결사문』을 엮어

---

[3] 졸고, 「『修禪結社文』의 구성과 修禪作法」(『韓國禪學』제25호. 한국선학회, 2010년 4월).

서 그것으로 자신도 돈오를 추구했고 남들에게도 도움이 되기를 바란다는 것이었다.[4]

이로부터 이십 수 년이 지난 긍선의 나이 79세[5]에 이르러서는 혜능의 『단경』에 대하여 그 내용을 나름대로 분석한 『단경요해』를 통하여 다시 진공과 묘유의 도리를 내세운다. 이로써 긍선이 제시한 교학적인 구조는 향상의 본분에서는 진공과 묘유에 바탕하고 향하의 삼구에서는 삼종선을 제시하고 있음을 잘 보여준다.

2. 『단경요해』의 구조와 내용

『단경요해』는 덕이본 『단경』에 근거하여 나름대로 해석을 붙이고 전체적인 내용을 통하여 『단경요해』만의 몇 가지 선사상적인 특징을 보여주고 있다. 먼저 전체적인 구성은 다음과 같이 꾸며져 있다.

1) 육조대사법보단경요해 병서(긍선의 自序): pp.1~3.
2) 몽산덕이의 서문에 대한 분과: pp.5~8.
3) 『육조대사법보단경』의 대지(大旨): pp.8~10.
4) 법해가 찬술한 약서(略序)에 대한 개요: pp.10~11.

---

4 亘璇, 『修禪結社文』(韓佛全10, p.547上~中).
5 긍선의 自序는 道光 二十五年(1845) 乙巳 孟春에 붙인 것이다. 『단경요해』 서문. p.3.

5) 본문

  (1) 오법전의(悟法傳衣): pp.11~27.

  (2) 공덕정토(功德淨土): pp.27~31.

  (3) 정혜일체(定慧一體): pp.32~35.

  (4) 교수좌선(敎授坐禪): pp.35~37.

  (5) 전향참회(傳香懺悔): pp.37~48.

  (6) 참청기연(參請機緣): pp.48~65.

  (7) 남돈북점(南頓北漸): pp.65~73.

  (8) 당조징조(唐朝徵詔): pp.73~75.

  (9) 법문대치(法門對治): pp.75~80.

  (10) 부촉유통(付囑流通): pp.80~86.

여기에서 긍선은 우선 1) 자서(自序)에서는 선종의 우월성을 강조하고, 말엽의 중생을 위하여 선의 종지를 널리 보급하고자 『법보단경』을 초집(抄集)하여 유통시켰음을 말한다. 때문에 『단경』의 의의(意義)를 설하여 도반들로 하여금 『법보단경』의 정법안장을 가지고 영원히 선실(禪室) 가운데 일용의 명경으로 삼아야 할 것을 바라는 내용을 피력한다.

2) 덕이의 서문에 대해서는 다섯 대목으로 나누어 설명한다.[6]

첫째는 묘도(妙道)에 대하여 설명한다. 육조대사가 명(名)

과 상(相)이 없는 가운데에다 억지로 명(名)과 상(相)을 내세운 것은 묘도(妙道)인데, 37년 동안 횡설수설한 것은 묘유(妙有)이고 낱낱의 언(言)과 구(句)는 자성을 벗어나지 않은 진공(眞空)이라고 말한다.

둘째로 분반좌의 경우는 묘유와 진공이 모두 들어 있는데, 이것은 살인도(殺人刀)를 가지고 심법을 전수한 것으로서 곧 여래선이다. 염화미소는 진공과 묘유이기 때문에 활인인(活人釼)을 가지고 심법을 전수한 것으로 곧 조사선이다. 가섭은 제불의 끝이고 조사의 최초인데, 대중으로부터 나와서 삼배를 드린 것은 묘유(妙有)이고, 부처님이 정해준 자리에 앉은 것은 진공(眞空)이다.

셋째로 선종오가가 모두 『단경』으로부터 나뉘어졌다는 것을 가리킨다.

넷째로 『단경』이야말로 바로 원만하고 잘 성불하는 첩경으로서, 언(言)은 곧 능전이고 의(義)는 곧 소전이다. 이 경우에 리(理)와 사(事)는 각각 소전 가운데서 설명되는 진공이고 묘유이다.

다섯째로 덕이 자신이 널리 간행하고 유통시켰다는 것

---

6 古筠比丘 德異의 [六祖大師法寶壇經序]는 종보본 『六祖大師法寶壇經』의 처음 대목에도 동일하게 수록되어 전한다(大正藏48, p.345下). 여기에서 백파는 덕이의 서문에 대하여 자신의 견해를 피력한다. 『단경요해』 pp.5~8.

을 설명한다.

그리고 [약서]는 궁선의 분류에 의하면 서분에 해당하는데, 혜능대사가 출세하여 행화한 행적을 서술한 것이지 『단경』의 서문은 아니라고[7] 말한다. [약서]에서 한 줄기 광명이 허공에 뻗친 것은 혜능의 지혜가 진공(眞空)에 통철했기 때문이고, 기이한 향기가 방안에 가득한 것은 묘유(妙有)의 심향(心香)이 법계에 널리 퍼진 까닭으로 진공과 묘유의 도리를 통하여 설명한다.

또한 여명에 두 스님이 찾아와서 대사의 아버지에게 말했다는 내용에 대해서도 교화문에 있어서는 반드시 주(主)와 빈(賓)이 나뉘는 까닭에 두 스님이 등장한 것인데, 이것은 진공(眞空)으로부터 출생하였으나 이미 묘유(妙有)의 교화문에 도래한 것을 보여준 것이라고 말한다.

3) 『단경』의 대지(大旨)에 대해서는 직접 본심을 파악하고 자성을 깨쳐 성불한다는 직지인심 견성성불(直指人心 見性成佛)로써 건화문에 나아가고, 전수의 도리인 신훈으로써 향상일규를 직시하지만 전수할 것조차 없는 본분으로써

---

[7] 본 『단경요해』는 덕이본 『단경』에 대한 설명이므로 그 略序를 가리킨다. 이 略序는 육조대사의 전기로는 가장 오래된 기록이다. 최초의 『壇經』은 714년 무렵에 출현했기 때문에 이후 종보본 『단경』에 수록되어 있는 『六祖大師緣起外記』(德異本 『壇經』의 卷首에 수록되어 있는 『六祖大師法寶壇經略序』의 改題임)도 이 무렵에 함께 수록된 것으로 보인다.

진공(견성)과 묘유(성불)의 진여자성을 삼기 때문에 낱낱의 언설로는 끝내 몰파비(沒把鼻)임을 설한다. 또한 정법안장의 전등(傳燈)에 대한 의의를 설명한다.

4) [약서]⁸에 대해 혜능의 행적을 서술한 것이지 『단경』의 서문이 아님⁹을 말한다. 이에 대하여 진공과 묘유를 대입하여 『단경』의 본문을 몇 대목 간추려서 간략하게 논한다.

5) 본문에 해당하는 10단락에 대하여 구체적인 설명을 가한다.

'오법전의 제일' 대목은 자세하게 29단락으로 나누어 설명한다.

'공덕정토 제이' 대목은 공덕과 복덕의 차이를 여섯 가지로 분류한다.

'정혜일체 제삼' 대목은 선정은 진공이고, 지혜는 묘유임을 말한다.

---

8 일반적으로 『六祖大師緣起外記』라 알려진 것에 해당한다.
9 본 『육조대사법보단경요해』는 덕이본 『단경』에 대한 설명이므로 그 略序를 가리킨다. 이 약서는 육조대사의 전기로서 가장 오랜 기록이다. 최초의 『단경』은 714년 무렵에 출현하였기 때문에 이후 종보본 『단경』에 수록되어 있는 『육조대사연기외기』(덕이본 『단경』의 卷首에 수록되어 있는 『六祖大師法寶壇經略序』의 改題임)도 이 무렵에 함께 수록된 것으로 보인다. 이 유포본과는 달리 明藏本의 경우 권말에 부록으로 수록되어 있다. 緣起는 인연이 발생하는 것이고, 外記는 혜능 자신의 말에 상대되는 다른 기록을 의미한다.

'교수좌선 제사' 대목은 좌선의 좌는 체이고 선은 용이며, 선정에서 선은 제상에 즉해서도 그 묘용에 집착하지 않는 것이고 선은 밖으로 제상에 집착하지 않고 안으로 마음이 염정(恬靜)한 것으로서 좌선은 진공이고 선정은 묘유이다.

'전향참회 제오' 대목은 상근기의 경우는 특별히 전승할 것이 없는데 이것이 견성이고 견자심불로서 곧 성불이고 달마가 서쪽에서 온 뜻이다. 그러나 하근기의 경우에 대하여 자세하게 설명을 한다. 그리고 무상(無相)의 삼귀의계는 모두 진공이다.

오분향 가운서 계향이란 기(機)이고, 혜향이란 용(用)이며, 정향이란 중(中)이다. 이상 세 가지가 곧 조사선의 향하의 삼요이다. 해탈향이란 향상의 진공이고, 해탈지견향이란 묘유이다.

또한 사홍서원에서 첫째는 악을 생각하지 않는 것이고, 둘째는 선을 생각하지 않는 것이며, 셋째는 견성이고, 넷째는 성불이다. 앞의 두 가지 서원은 향하의 삼요이고, 뒤의 두 가지 서원은 향상의 자성이다.

삼귀의계에서 불(佛)은 마음이 청정한 것이기 때문에 각(覺)으로서 기(機)이고, 법(法)은 마음의 광명이기 때문에 정(正)으로서 용(用)이며, 도(道, 僧)는 처처에 걸림이 없는 청정(佛)이고 광명이기(法) 때문에 정(淨)으로서 중(中)인데 이것이 곧 묘유이다.

삼신(三身)은 진공으로서 일체인데 거기에 묘유인 삼요가 갖추어져 있고, 그 낱낱의 요(要) 가운데는 각각 삼요를 갖추고 있다. 때문에 일불에도 또한 삼신이 갖추어져 있다. 그래서 삼신을 보고 자성을 깨친다는 것은 이로써 삼신의 뜻을 설명한 것이다.

법해선사의 기연에서는 즉심즉불을 말한다. 일반적으로 수행인이 일념에 돈오할 경우 전념이 미혹하기 때문에 즉심이고, 후념이 깨치기 때문에 즉불이다. 그러나 또한 전념은 무릇 소멸되어 불생이고, 후념은 무릇 발생되어 불멸이다. 연후에는 깨칠 것이 없고 이후에 다시 그것에 미혹되어 허물이 무궁하다. 이런 까닭에 즉심의 용(用)이고 즉불의 기(機)이다. 또한 일체의 상을 성취한 용(用)이고 일체의 상을 벗어난 기(機)이다.

법달선사의 기연에서는 부처님이 견성(見性)한 입장은 공이고 부처님이 견상(見相)한 입장은 유이다. 이것은 곧 모든 사람의 자성이다. 그래서 세상 사람들이 밖으로 미혹하여 상(相)에 집착하는 것은 의리선이고, 안으로 미혹하여 공(空)에 집착하는 것은 여래선이다. 이것은 성과 상의 차별로서 단·상에 집착하는 사견이다. 만약 상에 즉해서도 상을 벗어나 있는 것은 묘유이고, 성에 즉해서도 성을 벗어나 있으면 진공이다. 그것은 곧 사람들의 자성이기 때문에 그것을 깨치는[悟] 것이야말로 불지견을 여는[開] 것이다.

지통선사의 기연에서 삼신과 사지는 원래 묘유로서 본성을 벗어나 있지 않기 때문에 별도의 자성이 없다. 만약 본성을 벗어나 있으면 곧 삼신이 격별한 것이기 때문에 의리(義理)로서 사견(邪見)이다. 그러나 삼신이 본성을 벗어나지 않는 줄 깨치면 바야흐로 묘유라 말한다.

대원경지와 성소작지의 두 가지는 자성이 청정하기 때문에 기(機)이고, 묘관찰지는 무공용행이기 때문에 용(用)이며, 평등성지는 무념이기 때문에 중(中)이다.

지상선사의 기연에서 소승은 곧 의리선이고, 중승은 곧 여래선이며, 대승은 곧 조사선이다. 그러나 이 모든 선은 신훈이기 때문에 가(假)이지 실(實)이 아니다. 만법에 모두 통하고 만법이 모두 구비되어 있어야만 곧 묘유로서 일체에 염오되지 않고 모든 법상을 벗어나는데 이것이 곧 진공으로서 바로 견성성불의 본분이다. 때문에 이 경우를 최상승선이라 말한다.

지도선사의 기연에서는 우선 색신과 법신이 다르다는 것에 집착하여 단견과 상견을 일으키는 까닭에 부처님을 비방하는 결과라는 것이다. 나아가서 진(眞)과 망(妄)이 다르다는 것에 집착하여 단견과 상견의 집착을 일으키는 까닭에 부처님을 비방하는 결과라는 것이다. 이렇게 결정해 놓고 보기 때문에 진(眞)은 단견이고 망(妄)은 상견이 되어 버린다.

회양선사, 영가선사, 지황선사 등의 기연에서 다시 삼종선 및 진공과 묘유의 도리를 설명한다.[10]

'남돈북점 제칠'에서는 사람에게는 남·북이 있지만 법은 본래 동일한 종지인데 어찌 다툴 필요가 있겠느냐는 것을 설명한다.

지철과의 문답에서는 혜능을 해치려 하였지만 해치지 못한 인연을 통하여 색신과 법신의 도리와 결부시켜 상과 무상에 대하여 설명한다.

신회와의 문답에서는 공적(空寂, 無)과 영지(靈知, 有)의 네 글자로써 일대교의(一代敎義)를 총판(摠判)하여 결단(決斷)하고 요연(了然)하게 만들었다. 때문에 교학에 해박하고 해박하지 못한 모든 사람들에게 종승(宗乘)으로 수용되지 않음

---

10 이 점은 남악회양의 기연 부분에 잘 드러나 있는데, 『선문수경』의 23항목 가운데 23번째에 해당하는 禪敎大旨不出眞空妙有大機大用 곧 '사람의 마음을 불변과 수연으로 나누고, 불변은 진공자리이고, 수연은 묘유자리다. 선에서 가르치는 것은 진공과 묘유, 대기와 대용에서 벗어나지 않는다는 것이다'는 것과 상통한다.

이 없었다. 그러나 무릇 아직은 격외도리에 들어가지 못한 까닭에 불(佛)·조(祖)의 서자가 되었다.

'당조징조 제팔' 대목에서는 무이법(無二法)의 도리를 설명한다.

'법문대치 제구' 대목에서는 『단경』의 처음으로 돌아가서 발기를 총표한다. 삼과법문(三科法門)과 동용(動用)의 삼십륙대(三十六對) 등 처음의 두 구는 위에서 진술한 법체의 삼과 및 삼십육대를 언급한 것인데, 이것이 바로 위에서 설한 법체(法體)이다.

'부촉유통 제십' 대목에서는 교화를 거두고 깨침의 세계로 돌아가는 것을 보여줌으로써 제법은 당처에서 출생하고 수처에서 멸진함을 설명하는 것이다. 이것은 공과 유가 무이원융(無二圓融)한 것을 말한다.

이들 내용을 일관하면 그 성격은 철저하게 선종우월주의에 바탕하여 전개되고 있음을 알 수가 있다.[11] 이로써 이와 같은 선종의 종지는 혜능이 충실하게 계승하였는데, 이미 부처님과 더불어 마야부인의 뱃속에서부터 정법안장을 부촉 받았다고 말한다. 37년 동안에 걸친 혜능의 설

---

11 『단경요해』 序文 "原夫我瞿曇老爺傳付家業 有禪敎律三宗至三祖 商那和修律部別行 又至二十祖師子尊者敎法分派 但以禪一宗單傳直指 如甁注甁直至于曹溪大鑒祖師 可知禪一宗 正是佛祖世傳之正法眼藏 若其敎與律 但爲嚴飾正法眼之助道而已"(p.1).

법은 선의 종지였고, 그 말씀이야말로 '모든 말씀이 햇살처럼 빛났고(妙有), 예리한 칼처럼 모든 구절은 물이 흐르듯이 걸림이 없었으며(眞空), 팔만대장경의 바다로 유출시켜 오가종풍이라는 인천의 스승을 길러냈다'고 말한다. 나아가서 『단경』의 유통은 일찍이 조계의 목우자께서도 '스승으로 삼아서 믿고 받아들이며 받들고 실천하여 동방의 대도사가 되었다'고 말한다.[12]

여기에서 긍선은 『단경요해』의 저술의도를 "바라건대 우리의 도반들은 지금 이후로 특별한 마음을 열고 대장부의 마음을 내어서 선악과 인과를 모두 따지지 말고 직접 이 『법보단경』의 정법안장을 가지고 영원히 선실 가운데 일용의 명경으로 삼아야 할 것이다"라고 말한다. 이것으로 『단경요해』의 성격과 그 목적이 곧 본분납자로서 방편이 없는 가운데 진실한 방편이고 수증이 없는 가운데 진실한 수증으로서 시절이 도래하면 그 도리가 저절로 현창될 것을 지향하려는 것임을 알 수가 있다.

---

12 긍선은 『修禪結社文』을 통해서도 보조지눌의 『定慧結社文』을 총 19회에 걸쳐 인용할 만큼 지눌의 사상에 많은 영향을 받은 것으로 보인다. 졸고, 「『修禪結社文』의 修禪作法과 修禪結社의 이념」(『한국선학』제25호. 2010.4).

3. 진공(眞空)과 묘유(妙有)의 관계

긍선은 향상의 본분을 진공과 묘유의 관계에 의거하여 설명한다.[13] 우선 복덕과 공덕의 차이를 논하는 부분에서 긍선은 공·과 관련하여 여섯 가지로 설명한 혜능의 설법을 향상본분의 입장에서 진공과 묘유에 배대한다.

첫째는 견자성은 진공으로서 공이고, 견불성은 묘유로서 덕이다.[14] 둘째는 묘유 가운데 안으로 겸하하는 것은 대기로서 공이고, 밖으로 공경하는 것은 대용으로서 덕이다. 이하 셋째와 넷째에서 거듭 보여주는 것은 기와 용을 서로 공덕으로 간주한다는 것이다. 셋째는 묘유가 공이고 진공이 덕이다. 넷째는 진공은 공이고 묘유는 덕이다. 이하 다섯째와 여섯째는 거듭 보여주는 것은 공과 유를 서로 공덕으로 간주한다는 것이다. 다섯째는 용(用)이 공이고 기(機)가 덕이다. 여섯째는 기(機)가 공이고 용(用)이 덕

---

13 『단경요해』에서 사용된 진공과 묘유의 용어는 각각 89회와 71회이다. 여기에서 진공은 空, 묘유를 有라고만 표기한 것은 제외된 통계이다. 긍선은 진공과 묘유의 개념에 대하여 일찍이 『선문수경』에서 다양하게 표현하였다. 따라서 여기에서는 『단경』에 대한 진공과 묘유의 개념으로 국한시키기로 한다.
14 『선문수경』의 18항목에 해당하는 達磨不立文字直指人心見性成佛에서 '불립문자는 바깥 경계에 현혹되지 않는 것이고, 직지인심은 사람의 참된 마음을 지시하는 것이다. 견성은 진공을 향하고, 성불은 묘유를 향한 것이다'는 내용과 통한다.

이다.

정(定)·혜(慧), 무념(無念) 그리고 좌(좌선)와 선(선정)을 향상본분의 입장에서 진공과 묘유로 설명한다.[15] 나아가서 다시 좌선을 진공의 입장에서, 그리고 선정을 묘유의 입장으로 분류한다. 그래서 만약 좌선이라고 말할 경우에 좌는 체이고 선은 용이다. 밖으로 경계를 보아도 망념이 일어나지 않으면 곧 자성이 부동하기 때문에 선이라 말한다. 이것은 곧 진공이 부동한 것을 좌로 삼고, 지혜로 관조하여 부동인 줄 아는[能見] 것을 선으로 삼은 것이다.

만약 선정이라고 말할 경우에 밖으로 제상을 보고도 집착하지 않으면 곧 제상에 즉해서도 제상을 떠나 있는 것이기 때문에 선이라 말한다. 이미 밖으로 제상에 집착하지 않은 즉 안으로 마음이 부동하기 때문에 정이라 말한다. 이것은 곧 제상에 즉해서도 그 묘용에 집착하지 않는 것이기 때문에 선이고, 밖으로 제상에 집착하지 않고 안으로 마음이 염정(恬靜)하기 때문에 정이다. 이런즉 좌선의 경우는 진공을 말미암아 묘유를 터득하기 때문에 진공

---

15 『선문수경』의 17번째 항목인 配坐禪禪定四字에서 좌선과 선정의 네 글자를 분석한 것과 통한다. 곧 좌는 진공이고 선은 묘유이고, 선은 묘유이고 정은 진공이며, 좌선은 진공에서 시작하여 묘유를 얻고 선정은 묘유에서 시작하여 진공을 드러내는 것으로 좌선과 선정이 둘이 아니라는 것과 동일한 입장이다.

밖에 별도로 묘유가 없고, 선정의 경우는 묘유를 말미암아 진공을 터득하기 때문에 묘유 밖에 별도로 진공이 없다고 하여 진공과 묘유를 본분의 입장으로 내세운다.

삼귀의에 대해서는 무상(無相)의 입장을 감안하여 진공으로 간주한다. 곧 삼귀계 등에 대하여 참회하는 것에서 빠짐없이 무상(無相)이라 말한 것은 모두 진공으로써 그것을 설명하기 때문이다. 그러나 삼귀의계에서 불(佛)은 마음이 청정한 것이기 때문에 기(機)이고, 법(法)은 마음의 광명이기 때문에 용(用)이며, 도(道, 僧)는 처처에 걸림이 없는 청정(佛)이고 광명이기(法) 때문에 중(中)인데 이것이 곧 묘유이다. 그리고 세 가지의 모든 경우에 존(尊)이라 말한 것[16]은 묘유를 벗어나서 달리 진공이 없기 때문이다.

삼신의 경우에는 삼신 모두가 진공으로서 일체인데 거기에 묘유인 삼요가 있다고 말한다.[17] 이 경우에 삼신을 변명(辨明)함으로써 자성을 깨치도록 한다는 것도 먼저 삼신을 보고난 이후에 자성을 깨친다는 것이 아니다. 삼신을 그대로 자성의 삼신으로 간주하고 있다. 이런 점에서 귀의삼신의 경우에 대하여 법신·화신·보신의 차례로 삼은 것은 삼요에 그 순서를 맞추려는 것이었다.

---

16 "歸依覺 二足尊 歸依正 離欲尊 歸依淨 衆中尊"의 尊을 가리킨다.
17 『단경요해』 "三身中一體三身佛者 以三身是眞空一體上妙有三要 而一一要中 各具三要 故一佛亦具三身也"(p.46).

오분향례의 경우에 대해서는, 계향(機) 정향(用) 혜향(中)은 향하의 삼요이고, 해탈향은 향상의 진공이며, 해탈지견향은 진공(묘유를 함유)이라고 말한다.

사홍서원의 경우에 앞의 둘은 향하의 삼요로서 선·악에 배대하고, 뒤의 둘은 향상의 자성으로서 진공과 묘유에 배대한다.[18]

부촉유통 제십 가운데서 "단정하게 앉아서 삼경에 이르자 천화하였다"는 대목[19]은 비록 진공으로 돌아가지만 묘유를 벗어나지 않기 때문에 흰 무지개의 빛이 하늘까지 뻗친 것[20]은 진공이고, 열반한 이후 사흘만에야 그 빛이 사라졌다는 것은 곧 열반에 본래 갖추어져 있는 묘유[21]라

---

18 사홍서원 가운데 첫째는 악을 생각하지 않는 것이고, 둘째는 선을 생각하지 않는 것이며, 셋째는 견성이고, 넷째는 성불이다. 대의는 이와 같지만, 앞의 두 가지 서원은 모두 자심을 말한 것인데 선과 악을 가지고 표현한 것으로 곧 향하의 삼요이기 때문이다. 그리고 뒤의 두 가지 서원은 자성을 말한 것인데 진공과 묘유를 가지고 표현한 것으로 곧 향상의 자성이기 때문이다.
19 "단정하게 앉아서 삼경에 이르자 홀연히 문인들을 불러놓고 말했다. '나는 이제 떠난다.' 그리고는 조용하게 遷化하였다"는 대목을 가리킨다. 여기에서 遷化는 다른 세상으로 옮겨서 교화한다는 뜻으로 승려의 죽음을 말한다. 釋道誠 述,『釋氏要覽』卷下 "釋氏死 謂涅槃·圓寂·歸眞·歸寂·滅度·遷化·順世 皆一義也 隨便稱之 蓋異俗也"(大正藏54, p.307中~下) 참조.
20 『禮記』에 "군자의 덕은 玉과 같고 氣는 白虹과 같다"는 말이 있다. 이 말이 王維가 쓴 「六祖能禪師碑銘」에 기록되어 있다.
21 이 밖에 숲의 나무가 하얗게 변하였다는 林木變白은 부처님께서 입적하실 때 二雙의 沙羅수가 枯死하여 白鶴처럼 하얗게 변하였다는

고 말한다.

이처럼 『단경요해』에서는 그 전반에 걸쳐서 향상의 진공과 묘유에 근거하여 풀어내고 있다. 이것은 이전 『선문수경』의 경우에 근본을 임제삼구에 두고 그것을 향상의 본분진여와 향하의 신훈삼선으로 간주하였던 것과는 다른 입장이다. 『선문수경』에서 긍선은 자신마저도 향상의 본분진여에서는 불조와 다름이 없다[22]고 간주하였다. 또한 중생이 갖추고 있는 본분진여는 불변을 진공으로 보고 수연을 묘유로 간주한 것이었다.[23]

곧 『단경요해』와 『선문수경』에서 진공과 묘유를 갖추고 있다는 점에서는 같은 입장이지만 『단경요해』에서 보여준 진공과 묘유는 자성의 향상본분과 향하신훈을 아우른 진공과 묘유의 입장에 바탕하고 있다.

이런 점에서 『단경요해』의 경우 『선문수경』보다 폭넓게 해석되어 불변과 수연까지도 아우르는 개념으로 두루 활용되었다.

故事에서 연유한다. 若那跋陀羅 譯, 『涅槃經後分』卷上 "大覺世尊 入涅槃已 其娑羅林東西二雙 合爲一樹 南北二雙合爲一樹 垂覆寶床蓋於如來 其樹卽時慘然變白猶如白鶴 枝葉花果皮幹 悉皆爆裂墮落 漸漸枯悴摧折無餘"(大正藏12, p.905上) 참조.
22 『禪文手鏡』 "山僧今日見處 與佛祖不別"(韓佛詮10, p.515中).
23 『禪文手鏡』 "解曰本分眞如 有隨緣不變二義 此妙有三要 卽隨緣也 菩提也 照也 此眞空一竅 卽不變也"(韓佛詮10, p.515中) 참조.

4. 무념(無念)·무상(無相)·무주(無住)의 해석

긍선은 혜능의 무념(無念)·무상(無相)·무주(無住)에 대하여 약간 다른 관점에서 해석을 가한다. '정혜일체 제삼' 대목에서 무상(無相)이란 밖으로 경계에 대하여 분별상이 없는 것이고, 무념(無念)이란 안으로 마음에 잡념이 없는 것이며, 무주(無住)란 안으로는 마음과 그리고 밖으로는 경계에 전혀 주(住)와 착(着)이 없고, 언제나[念念] 집착이 없어 일념이 상속되어 전제와 후제가 단절되고 상주하여 불변하는 것으로 간주한다. 긍선에 의하면 여기에서 무상과 무념은 별(別)이고, 무주는 총(總)으로 분별되어 있다.[24]

무상(無相)에 대해서는 심체가 여여하여 심체에는 달리 밖의 경계에 제상이 없다. 때문에 상(相)에 있어서도 무상(無相)이라 말한다. 이것이 곧 무상으로 체를 삼는다는 것이다.[25]

무념(無念)에 대해서는 외부의 경계인 선과 악이 이미 공한 줄을 안다. 때문에 자념(自念)에 대해서도 또한 마음에 동념이 발생하지 않고 외부의 경계에 염오되지도 않는

---

24 이 점은 혜능의 경우 무념을 중심으로 설한 것에 비하여 긍선의 경우는 무주를 중심으로 설한 것으로 대비된다.
25 『단경요해』 "於心體中無他外境諸相 故云於相而無相 是爲無相爲體也"(p.33).

다. 때문에 염(念)에 있어서도 무념(無念)이라 말한다. 이것이 곧 무념으로 종(宗)을 삼는 것이다.[26] 그런 즉 무상이란 밖으로 경계에 대하여 분별상이 없는 것이고, 무념이란 안으로 마음에 잡념이 없는 것이다. 무릇 허망한 분별상과 잘못된 잡념이 없을 뿐만 아니라 또한 정념의 당체마저도 없는 것이다.

무주(無住)에 대해서는 밖의 경계에 집착이 없는 것은 마치 햇빛이 염(染)과 정(淨)을 널리 비추는 것과 같아서 결코 염(染)과 정(淨)에 주(住)와 착(着)이 없고, 안으로 마음에 집착이 없는 것은 마치 명경이 널리 곱고 추함을 드러내는 것과 같은 것을 무주의 의미로 간주하였다. 마치 명경의 경우 곱고 추함에 대하여 주(住)와 착(着)을 일으키지 않는 것처럼 무주의 경지에 머무는 것은 안팎으로 집착과 분별이 없음을 가리킨다.[27]

긍선은 자성의 경우에 대해서도 마찬가지로 설명한다. 곧 경계에 대하여 집착하지 않고 마음에도 집착하지 않아서 언제나 집착이 없고, 일념이 상속되어 전제와 후제가

---

26 『단경요해』 "言無念者 以此心體旣寂而常照 故於心體中 非但無外境相 亦無內心雜念 以於外境善惡 旣知本空 故於自念上 亦不生心動念染着外境 故云於念而無念 是爲無念爲宗也"(pp.33~34).
27 『단경요해』 "不住外境 如日光普照 染淨必不住着 於染淨也 不住內心 如明鏡普現妍嬸 明鏡又不起念住着於妍嬸也"(p.34).

단절되고 상주하여 불변이다. 그러므로 무주를 근본으로 삼는다고 말한다. 그런즉 무주의 경우 자성이 안과 밖으로 집착이 없고 상주하여 불변함을 직지하기 때문에 총(摠)이고, 무상과 무념은 심(心)과 경(境)에 집착이 없음을 개별적으로 직지하기 때문에 별(別)이다. 무념 가운데서도 치우쳐서 이해하고 잘못 이해하기 때문에 또한 정념의 당체도 없다고 말한다.[28]

그러면서 '무(無)는 어떤 것이 없다는 것인가.' 이하 부분[29]에 대하여 긍선은 "앞에서 무념은 무릇 진공과 같다고 말했기 때문에 이제 여기에서 다시 어구에 대한 해석을 타파하여, 이로써 무념의 진공 속에도 또한 묘유가 구비되어 있음을 설명한다"[30]고 해석을 하였다.

---

28 『단경요해』 "不住於境 不住於心 念念不住 一念相續 前後際斷 常住不變 故曰無住爲本也 然則無住直指自性不住內外常住不變 故摠也 無相無念別指不住心境 故別也 無念中邪解錯解 以謂亦無正念當體也"(pp.33~34).
29 "선지식들이여, 無란 무엇이 無이고, 念은 무엇이 念인가. 無란 분별상이 없고 모든 번뇌심이 없다는 것이다. 念이란 진여의 본성을 念하는 것으로서, 진여는 곧 念의 본체이고 念은 곧 진여의 작용이다. 그래서 진여의 자성이 念을 일으킬지라도 그것은 안·이·비·설로 관념할 수 있는 것이 아니다. 진여의 자성이 일으킨 念이기 때문이다. 그렇지 않고 만약 진여의 자성이 없다면 눈으로 보는 색과 귀로 듣는 소리는 당장 없어지고 만다"는 대목을 가리킨다.
30 『단경요해』 "上明無念似是但爲眞空 故今更破句釋 以明無念眞空中亦具妙有也"(p.35).

이로써 긍선은 혜능이 '선지식들이여, 나의 이 법문은 종상 이래로 으뜸으로 내세우는 것은 무념을 종지로 삼고 무상을 본체로 삼으며 무주를 근본으로 삼는다'[31]고 말한 것에 대하여 나름대로 해석을 가하였다. 그러나 긍선은 혜능이 말한 '무상은 일체상에 대하여 차별상을 벗어나는 것이다'에 대하여 긍선은 "곧 무상(無相)이란 말은 그 심체의 경우 원명(圓明)하고 적조(寂照)하게 진상이 활짝 드러나 있기 때문에 비록 밖의 경계인 소리와 색 등을 대하더라도 모든 분별상이 없어 오염에 물들지 않는다는 것이다. 심체가 여여하여 심체에는 달리 밖의 경계에 제상이 없다. 때문에 상(相)에 있어서도 무상(無相)이라 말한다. 이것이 곧 무상으로 체를 삼는다는 것이다"[32]고 말한다.

그리고 '무념은 일체념에 대하여 분별념이 없는 것이다'에 대하여 긍선은 "무념(無念)이란 말은 이 심체가 이미 적이상조(寂而常照)하기 때문에 심체에는 밖으로 경계의 분별상이 없을 뿐만 아니라 안으로 마음에 잡념이 없다는 것

---

31 『六祖大師法寶壇經』"善知識 我此法門 從上以來 先立無念爲宗 無相爲體 無住爲本"(大正藏48, p.353上). 혜능의 경우 無念은 無分別念으로 法身의 淸淨이고 無相은 無差別相으로 般若의 平等이며 無住는 無執着住로서 解脫의 空으로서 『금강경』으로 보면 수보리가 질문한 應云何住 云何修行 云何降伏其心은 각각 無念과 無相과 無住에 대한 내용이었다.
32 『단경요해』"言無相者 以此心體 圓明寂照 眞相獨露 故雖當於外境聲色等 諸相無 染無着 心體如如"(p.33).

이다"33고 말한다.

'무주는 사람의 본성이 세간의 선·악, 고움·미움, 내지 원수·친구 등으로 인하여 험악한 말과 거친 몸싸움으로 속이거나 다툴 경우에도 모두 공(空)으로 간주하여 보복이나 해코지하려는 생각을 하지 않고 언제나 지나간 경계에 대하여 집착하지 않는 것이다. 만약 지나간 생각과 지금의 생각과 다가올 생각이 언제나 끊임없이 상속된다면 그것을 계박(繫縛)이라 말한다. 그러나 제법에 대하여 언제나 집착이 없으면 곧 무박(無縛)이다.

이런 까닭에 무주를 근본으로 삼는다'34는 것에 대해서는 긍선은 "무주(無住)란 말은 바로 이 심성의 당체에 대하여 그 심체가 원명하게 활짝 드러나 있으면서 상주불변이라는 것이다. 때문에 비록 선과 악 등 밖으로는 대상의 제상에 대하여 염오도 없고 집착도 없으며, 또한 안으로는 마음에 비록 천사만려의 미세한 망념이 있을지라도 그 또한 망념이 본래 공한 줄 안다. 때문에 마음에 전혀 동념이 일어나지 않고 생·멸의 천류(遷流)도 없다. 때문에

---

33 『단경요해』"言無念者 以此心體旣寂而常照 故於心體中 非但無外境相 亦無內心雜念"(pp.33~34).
34 『六祖大師法寶壇經』"無住者 人之本性 於世間善惡好醜 乃至冤之與親 言語觸刺 欺爭之時 並將爲空 不思酬害 念念之中 不思前境 若前念今念後念 念念相續不斷 名爲繫縛 於諸法上 念念不住 卽無縛也 此是以無住爲本"(大正藏48, p.353上).

안으로는 마음과 밖으로는 경계에 전혀 주(住)와 착(着)이 없고, 언제나[念念] 집착이 없다"[35]고 말한다.

이처럼 혜능은 무상(無相)을 외부경계에 집착이 없다는 것이었고, 무념(無念)은 내심에 분별이 없는 것이었으며, 무주는 과거에 대하여 집착이 없는 것이었다. 이에 대하여 긍선은 무상(無相)에 대하여 심체에는 달리 밖의 경계에 제상이 없다는 것으로 보았다. 무념(無念)에 대하여 외부의 경계인 선과 악이 이미 공한 줄을 알기 때문에 자념(自念)에 대해서도 또한 마음에 동념이 발생하지 않고 외부의 경계에 염오되지도 않는다고 보았다. 무주(無住)에 대해서는 안팎으로 경계와 마음에 집착이 없는 것으로 보았다. 이것은 혜능의 경우 삼무(三無)에 대하여 개별적인 입장의 해석으로 간주한 것에 비하여 긍선은 총체적인 입장의 해석으로 풀어냈기 때문이다.

5 법신(法身)·화신(化身)·보신(報身)의 설법

혜능은 일체삼신(一體三身)의 자성불(自性佛)을 설하여 삼

---

35 『단경요해』 "言無住者 正是心性當体 以此心體圓明露露 常住不變 故雖當於善惡等外境諸相 無念(染?)無着 亦於內心中 雖有千思萬慮之微細妄念 亦知妄念本空 故都不起心動念生滅遷流也 故於內心外境 都不住着 念念不住"(p.34).

신을 보아 분명하게 스스로 자성을 깨치도록 하겠다[36]고 말하여 자성불을 근거에 두고 삼신불을 설한다. 이 경우 일체삼신(一體三身)의 자성불(自性佛)[37]은 '자기의 색신에 있는 청정법신 비로자나불에게 귀의합니다. 자기의 색신에 있는 천백억화신 석가모니불께 귀의합니다. 자기의 색신에 있는 원만보신 노사나부처님께 귀의합니다'라는 것으로, 색신 자체는 사택(舍宅)과 같은 것이므로 그것에 귀의한다고 말할 수가 없다고 하여 자신 속에 있는 자성의 삼신불을 보여주겠다고 말한다.

여기에서 법신에 대해서는 만법으로 변화하는 자기, 화신에 대해서는 만법 곧 선과 악으로 변화하는 자기, 보신에 대해서는 선법을 실천함으로써 악법이 소멸되는 자기에 대하여 말한다. 이것이 곧 법신·보신·화신의 순서로부터 법신·화신·보신의 순서로 배열되는 이유이다.[38]

이에 대하여 긍선은 삼신에 대하여 자성의 일신(一身)에

---

36 『六祖大師法寶壇經』 "吾與說一體三身自性佛 令汝等見三身了然自悟自性"(大正藏48, p.354中).
37 이것은 법신·화신·보신이 궁극적으로 一體라는 것으로 선사상의 근저에 性起思想이 존재하고 있음을 보여준다. 자성은 청정한 것이므로 어떤 변화도 없음을 자각하는 것이다. 이것을 짐짓 삼신의 사상으로 파악한 것이 『단경』에서 추구하는 깨침의 구극이다. 나아가서 無相戒가 목적으로 삼는 근본적인 의미는 염념에 善法을 추구하여 자기가 그대로 청정법신임을 自悟하는 것이다.
38 『六祖大師法寶壇經』(大正藏48, p.354中~下) 참조.

삼신을 두루 갖추고 있고, 일체이면서 삼신인 자성불의 입장이라는 것에는 동의한다. 그와 함께 이 경우에 삼신을 진공으로 보는데 더불어 거기에는 묘유로서 삼요가 들어있다는 것이다. 때문에 일불에도 또한 삼신이 갖추어져 있기는 하지만, 그 삼신을 보고 자성을 깨친다는 것은 삼신을 보고난 이후에 자성을 깨친다는 것이 아니다.[39] 이미 삼신 그것이 곧 자성신으로 현현해 있다는 것을 화신으로 간주한 것이다. 때문에 이 경우에 화신은 만법의 원리인 자성법신이 변화하여 드러낸 묘용으로 나타나 있다. 그래서 귀의삼신의 경우에 법신·화신·보신이라는 차례로 언급된 것에 대해서는 삼요에 그 순서를 맞추려는 것이었다[40]고 말한다.

여기에서 청정법신의 경우에는 대기(大機)가 원응(圓應)한 것을 말한 것이다. 화신은 곧 대용(大用)의 전창(全彰)으로서 그 자성은 본래 허공과 같고, 보신은 곧 기(機)와 용(用)이 제시(齊施)된 것으로서 반드시 선·악(用)에 있어서도 선·악에 물들지 않기(機) 때문이다. 이것은 화신을 수취(收取)하여 다시 법신으로 환귀하기 때문에 보신이라 말한

---

39 『단경요해』 "以三身是眞空一體上妙有三要 而一一要中 各具三要 故一佛亦具三身也 見三身悟自性者 以此明三身義 故辨明三身令悟自性 非先見三身後悟性也"(p.46).
40 『단경요해』 "初且列歸依三身 而以法化報爲次欲順三要故"(p.46).

것이다.[41] 이런 까닭에 『단경』에서 기(機)·용(用)·기용제시(機用齊施)라는 삼요에 따라서 법신·화신·보신의 차례로 설해졌다는 것이다.

이것은 신훈삼요의 경우처럼 『단경』의 자성설법마저도 궁극적으로는 방편설법임을 보여주는 것이라는 긍선의 주장이기도 하다. 또한 '부촉의법 제십'의 대목 가운데서 '법신과' 이하 두 게송(제3게~제4게)은 삼신에 의거하여 즉심시불을 설명하는 대목이다.[42]

여기에서도 긍선이 화신의 경우 곧 자성으로서의 중생심이기 때문에 즉심(卽心)이고, 보신과 법신의 경우 곧 자성의 그 자체이기 때문에 시불(是佛)이라고 분별하여 말한 것도 삼신은 모두 자성불에 근거하고 있음을 보여준 것이었다.

6. 삼종선(三種禪)의 방편적 전개

긍선은 임제의 삼구에 대하여 제일구는 조사선이고, 제이구는 여래선이며, 제삼구는 의리선에 해당한다고 규정하였다. 따라서 이상계를 나타내는 향상의 본분진여에 대하여 긍선 자신은 불조와 다르지 않다[43]고 말한다. 곧 긍

---

41 『단경요해』 pp.46~47. 참조.
42 『단경요해』 p.85.

선 자신과 불조는 모두 진공과 묘유를 갖추고 있다는 것이다.

그리고 현상계에 해당하는 향하의 신훈삼선의 의미에서 글자 없는 도리를 허공에 찍는 것은 제일구이고, 물에 찍는 것은 제이구이며, 진흙에다 찍는 것은 제삼구라고 비유한다. 따라서 제일구에서 깨치면 진공과 묘유를 깨친 것으로 불조의 스승이 되고, 제이구에서 깨치면 진공을 깨친 것으로 인천의 스승이 되며, 제삼구에서 깨치면 자신도 구제하지 못하므로 남의 스승이 될 수 없다고 말한다. 이에 삼종을 각각 조사선은 삼요(三要)에, 여래선은 삼현(三玄)에, 의리선은 삼구(三句)에 배대하여 나타낸다.

이와 같은 삼종선에 대하여 일찍이 긍선은 조사선에 대해서, 조사선은 상근기의 중생으로서 삼요문에서 향상의 진공과 묘유를 깨치는 것이다44고 말하고, 여래선에 대해서, 여래선은 중근기의 중생이 삼현의 방편문에서 본분과 향상을 깨치는 것이라45고 말하며, 의리선에 대해서는 범부가 오수성불(悟修成佛)하는 데 있어서는 반드시 의

---

43 『禪文手鏡』 "山僧今日見處 與佛祖不別"(韓佛詮10, p.515中) 참조.
44 『禪文手鏡』 "祖師禪 以上根衆生 卽於三要門 透得向上眞空妙有也" (韓佛詮10, p.519下).
45 『禪文手鏡』 "如來禪 以中根衆生 卽於三玄權門 透得本分及向上也" (韓佛詮10, p.519下).

로(義路)와 이로(理路)의 방편이 필요하다[46]고 말하였다. 따라서 긍선은 의리선을 제삼구로 보았다.

이에 『단경요해』에서는 삼종선을 각각 향하의 입장에서 삼종삼구에 배대한다.

> 참회 가운데서 소멸되는 삼세의 죄는 다음과 같다. 곧 의리선의 유(有)·무(無)의 삼구와 여래선의 금(今)·본(本)의 삼구와 조사선의 기(機)·용(用)의 삼요는 모두 아직 해탈하지 못한 상태에서 전수되는 삼구의 범위이기 때문에 이 삼종의 삼구를 소멸하는 것이다. 곧 지금의 이 일구는 향상의 진공이라는 화살 하나로써 향하의 세 삼구의 관문을 타파하기 때문에 견성이 되고, 지금 삼업의 청정을 터득하므로 성불이 된다.[47]

이것은 삼종선에 대하여 의리선은 유(有)·무(無)의 삼구로, 여래선은 본(本)·금(今)의 삼구로, 조사선은 기(機)·용(用)의 삼요로 보아 삼종의 삼구를 모두 향상의 일구 곧 진공으로 타파하는 것이 곧 무상참회라고 보았다.[48] 또한

---

46 『禪文手鏡』 "以是凡夫 必須悟修成佛 義理當然 故名義理禪"(韓佛詮 10, p.519中~下) 참조.
47 『단경요해』 "懺悔中滅三世罪者 以義理禪有無三句 如來禪今本三句 祖師禪機用三要 皆未脫傳授邊三句圈櫃 故滅此三種三句 則今此一句 以向上眞空一鏃 破向下三三句關 故爲見性也"(pp.31~32).
48 이것을 진공과 묘유의 도리와 관련시켜보면, 『선문수경』에서는 23개 항목 가운데 여덟 번째에서는 '의리선은 수행해서 부처가 되기

궁선은 소승은 곧 의리선이고, 중승은 곧 여래선이며, 대승은 곧 조사선으로 배대하기도 한다.[49] 그러나 이 삼종의 선은 신훈이기 때문에 가(假)이지 실(實)이 아니다. 만법에 모두 통하고 만법이 모두 구비되어 있어야만 곧 묘유로서 일체에 염오되지 않고 모든 법상을 벗어나야만 진공으로서 바로 견성성불의 본분이다. 이런 경우를 향상본분의 최상승선이라 말한다.

그러나 삼종선은 궁극적으로 개별적으로 작용하는 것이 아니라 더불어 작용하기 때문에 궁선은 향상과 향하의 본분과 신훈이 삼종선을 통하여 승화되는 것으로 간주한다.[50] 그러나 이것은 삼종선의 원리적인 측면을 강조한 것일 뿐이었다. 그와는 달리 현실적으로는 삼종선을 낱낱이 평가하여 판별하였다. 이에 궁선은 이하에서도 청원행사의 경우는 곧 여래선의 종주로 간주하였다. 곧 행사는 성

때문에 진여 자성을 밝히지 못하여 부처의 서자이고, 신훈이다. 여래선 및 조사선은 향하삼요로써 신훈을 삼고, 향상진여로써 근본을 삼아 본분인 진여로 나아가므로 수연과 불변이 원만하여 진공과 묘유를 깨달아 부처의 적자가 된다'고 말한다.

49 『단경요해』 "小乘是義理禪 中乘是如來禪 大乘是祖師禪 而是皆(皆是?)新熏故 是假非實也 萬法盡通 萬法俱備 是妙有一切不染 離諸法相 是眞空也 正是見性成佛之本分 故名最上乘禪"(p.53).

50 『단경요해』 "劫火下 傳授二邊生滅三禪 雖破向上本分寂照眞樂 常住不變也 海是義理禪 山是如來禪 火與風是祖師禪 機用而山海俱滅 則風火亦滅 故以喩二禪旣破 則祖師禪亦滅 盖以要破前二禪說 此祖師禪則病去藥亦去 故相如是者 摠指上來常寂常照二義也"(pp.56~57).

체(聖諦)마저도 남겨두지 않은 사람으로서, 이와 같은 돈기(頓機)는 금시의 신훈에 떨어지지 않을 뿐만 아니라 공겁의 본분까지도 또한 완전하게 초월한다고 보았다. 그런즉 방편과 진실을 투탈하여 종문의 향상에 대하여 삼관(三關)을 내세웠으면서도 아직 인가를 받지 못한 상태였다. 때문에 혜능을 찾아와서 질문한 것이라고 본 것이다.[51]

그리고 남악회양의 경우는 조사선의 종주로 간주하였다. 곧 '무엇이 여기에 왔냐는 말이다'는 것은 진공의 자성을 직접 드러낸 것이다. 이 질문에 대하여 팔년 만에야 바야흐로 깨치고 회양은 자신이 이해한 경지를 '일물이라 말씀하신 것도 적절한 표현은 아닙니다'라고 말씀드렸다. 이 말은 진공에 대한 깨침이기 때문이라는 것이다.[52]

또한 영가현각의 경우는 여래선일 뿐 조사선은 없다고 간주하였다. '이대로 돌아간다니 너무 서두르는 것 아닌가'라는 것은 혜능이 거듭 영가의 깨침이 얼마나 철저한가를 점검한 것이다. 본래부터 움직임이 없지만 저절로 발생된 분별의 결과가 곧 무생을 철오한 것이기 때문에 깊이 찬탄[53]한 것이 어찌 유의(有意)와 분별(分別)이겠는가.

---

51 『단경요해』 pp.57~58.
52 『단경요해』 pp.58~59.
53 깊이 찬탄한 혜능의 말은 "그대는 진정으로 무생의 뜻을 깨우쳤구나"라는 대목이다.

또한 비의(非意)의 설로서 더 이상 글을 첨가할 수 없기 때문에 '그래, 그렇다'라고 말한 것이다. 그러나 이 경우에도 살작용(殺作用)이 주(主)이기 때문에 무릇 여래선일 뿐이다. 그래서 『중도가』에는 조사선의 뜻이란 하나도 들어있지 않다. 만약 회양화상의 경우와 같이 '일물에 대한 수행과 깨침이 없지는 않지만 곧 염오되지 않도록 할 뿐입니다'는 경우이어야 조사선이라 말할 수가 있다는 것이다.[54]

나아가서 하택신회의 경우는 일찍부터 의리선으로 치부해버렸다. '무주로써 근본을 삼는다'는 혜능의 말에 대해서는 진공으로 주(主)를 삼기 때문에 가히 용두(龍頭)라고 말한다. 그렇지만 '그것을 보는 것이 곧 도리입니다'라는 신회의 답변에 대해서는 조사선의 묘유에는 도달하지 못하고 다만 의리선의 유(有)·무(無)의 견해로써 주(主)를 삼기 때문에 사미(蛇尾)에 해당한다고 말한다.[55] 이것은 모두 삼종선의 개별적인 측면을 드러낸 것들이다.

나아가서 '부촉유통 제십' 대목에서는 "8개의 게송 가운데 처음의 두 게송은 진(眞)·가(假)·득(得)·실(失)을 설명하여 삼종선을 전수한 것이다. 이것은 근기에 따라서 가설한 것이므로 가(假)이지 진(眞)이 아니어서 일심을 전수

---

54 『단경요해』 pp.59~60.
55 『단경요해』 "以無住爲本者 果以眞空爲主 故可謂龍頭也 見即是主者 不達祖(師+?)禪妙有 但以義理禪有無見解爲主 故爲蛇尾也"(p.70).

하지 못한다. 그러나 본분은 자성이기 때문에 진(眞)이지 가(假)가 아니다. 이런즉 상·하를 상대하여 득·실을 변별한다"[56]고 하여 철저하게 근기에 상응한 방편분별임을 말한다. 또한 '부촉유통 제십' 가운데서는 다시 다음과 같이 말한다.

'무릇 자기의 본심을 알고' 이하 부분에서는 곧 최후의 임종시에 식심견불(識心見佛)하되 차별견해를 일으키지 말 것을 간절하게 권장한 대목이다. 여기에서 동(動)과 정(靜)은 곧 자성에서 공(空)과 유(有)가 다르다고 집착하는 견해이고, 생(生)과 멸(滅)은 조사선의 기(機)와 용(用)이며, 거(去)와 래(來)와 시(是)와 비(非)는 여래선의 두 가지 삼구이고, 주(住, 有)와 좌(坐, 無)는 의리선의 삼구이다. 그러므로 자성에는 그와 같은 차별의 법이 없는 줄 보고난 연후에야 바야흐로 견성이라 말할 수가 있다.[57]

이것은 임종게송[58]에서 앞의 반게(제1구와 제2구)에서는

---

56 『단경요해』 "偈中初二偈明眞假得失 以傳授三禪 隨機假說故 是假非眞無傳一心 本分自性故 是眞非假也 此則上下相對辨得失也"(p.82).
57 『단경요해』 "但識本心下 此是最後臨終時 切勸識心見佛 而不起差別見也 動靜即自性上空有別執見也 生滅祖師(禪+?)機用也 去來是非 如來禪兩種三句也 住(有)坐(無)義理禪三句也 能見自性上畢竟無如許別法 然後方名見性也"(pp.85~86).
58 "올올하게 선을 닦지도 말고/ 등등하게 악을 짓지도 말라/ 적적하게 견문을 모두 끊고/ 탕탕하게 마음에 집착 말라/"는 대목을 가리킨다. 여기의 제1구와 제2구에서 兀兀은 아무것도 하지 않고 우두커

선과 악을 모두 사량분별하지 않으면 조사선의 삼요마저도 모두 사라진다고 말하고, 그 밖의 여래선과 의리선의 경우에야 더 언론(言論)할 것이 어디 있겠느냐고 묻는다. 곧 게송을 언급하여 선과 악의 두 글자는 모두 삼종선처럼 분별을 가리키고, 또한 삼구를 가리키기도 하며, 제3구의 적적(寂寂)은 기(機, 見)와 용(用, 聞)을 단절한 까닭에 진공이고, 제4구의 탕탕(蕩蕩)은 무애로서 염착되지 않기 때문에 묘유라고 말한다.

7. 『단경요해』의 특징

이처럼 『단경요해』에서는 긍선이 지향하고자 했던 점을 네 가지로 언급하였다. 그것은 이전의 몇 가지 저술에서 드러난 긍선 자신의 입장을 연장 내지 강화, 그리고 나름대로 해석을 가한 특징으로 드러나 있다. 곧 긍선은 덕이본 『단경』을 바탕으로 『육조대사법보단경요해』를 통

니 있는 모습이고, 騰騰은 아무런 근심걱정도 없이 무심결의 행동을 나타내는 말이다. 『景德傳燈錄』卷30「南嶽懶瓚和尙歌」"兀然無事無改換 無事何須論一段"(大正藏51, p.461中);「騰騰和尙了元歌」"今日任運騰騰 明日騰騰任運 心中了了總知 且作伴癡縛鈍"(大正藏51, p.461中) 참조. 제3구와 제4구에서 寂寂은 마음이 고요하여 어떤 대상에도 국집되지 않는 모습이고, 蕩蕩은 어떤 것에도 얽매이지 않고 훤칠하게 벗어나 있는 모습이다. 위의 兀兀·騰騰·寂寂·蕩蕩 모두 대자유인의 걸림이 없는 행동을 나타낸다.

하여 긍선 나름대로 몇 가지 특징을 강조하였다. 여기에서 긍선은 기존의 『선문수경』에서 표방하고 있는 진공과 묘유의 관계를 근거로 하면서도 『단경요해』에서는 보다 광범위하게 적용하였다. 또한 무념(無念)과 무상(無相)과 무주(無住)의 해석에 대해서는 혜능의 무념(無念)·무상(無相)·무주(無住)에 대하여 약간 다른 관점에서 해석을 가한다.

무상(無相)은 밖으로 경계에 대하여 분별상이 없는 것이고, 무념(無念)은 안으로 마음에 잡념이 없는 것이며, 무주(無住)는 심성의 당체에 대하여 그 심체가 원명하게 활짝 드러나 있으면서 상주불변하다는 것이다. 때문에 비록 선과 악 등 밖으로는 대상의 제상에 대하여 염오도 없고 집착도 없으며, 또한 안으로는 마음에 비록 천사만려의 미세한 망념이 있을지라도 그 또한 망념이 본래 공한 줄 안다. 때문에 마음에 전혀 동념이 일어나지 않고 생·멸의 천류(遷流)도 없다. 때문에 안으로는 마음과 그리고 밖으로는 경계에 전혀 주(住)와 착(着)이 없고, 언제나[念念] 집착이 없다. 자성의 경우도 또한 그와 같다. 경계에 대하여 집착하지 않고 마음에도 집착하지 않아서 언제나[念念] 집착이 없고, 일념이 상속되어 전제와 후제가 단절되고 상주하여 불변이다. 그러므로 무주를 근본으로 삼는다고 말한다. 그런즉 무주의 경우 자성이 안과 밖으로 집착이 없고 상주하여 불변함을 직지하기 때문에 총(總)이고, 무상과 무념은 심(心)과 경(境)에 집착이 없음을 개별적으로 직지하기 때문에 별(別)이다.

법신(法身)·화신(化身)·보신(報身)의 설법에 대해서는 기(機)·용(用)·기용제시(機用齊施)라는 삼요에 따라서 법신·화신·보신의 차례로 설해졌다는 것에 대하여 법신에 대해서는 만법으로 변화하는 자기, 화신에 대해서는 만법 곧 선과 악으로 변화하는 자기, 보신에 대해서는 선법을 실천함으로써 악법이 소멸되는 자기에 대하여 말한다. 이것이 곧 법신·보신·화신의 순서로부터 법신·화신·보신의 순서로 배열되는 이유였다.

삼종선(三種禪)의 방편적 전개에 대해서는 삼종선에 대하여 의리선은 유(有)·무(無)의 삼구로, 여래선은 본(本)·금(今)의 삼구로, 조사선은 기(機)·용(用)의 삼요로 보아 삼종의 삼구를 모두 향상의 일구 곧 진공으로 타파하는 것이 곧 무상참회라고 보았다. 나아가서 삼종선은 궁극적으로 개별적으로 작용하는 것이 아니라 더불어 작용하기 때문에 긍선은 향상과 향하의 본분과 신훈이 삼종선을 통하여 승화되는 것으로 간주하였다. 긍선은 삼종선의 원리적인 측면을 인정하면서도 궁극적으로는 현실적인 삼종선을 지향하였다.

부록

『無字揀病論科解』
『무자간병론과해』[1]

목 차

I. 화두를 언급한다[一擧話]

II. 본격적으로 간별한다[二正揀三]

  1. 무공추를 바르게 설명한다[一正明無孔鎚]

  2. 자세하게 십종병을 간별한다[二廣揀十種病]

    1) 본격적으로 십종병에 대하여 간별한다

      [一正揀十種病]

      (1) 간유무지무해

        ① 직파유무삼구해

        ② 우파영아무성해

        ③ 역파향상무염해

      (2) 간진무지무해

      (3) 간현묘도리해

      (4) 간사량복탁해

---

[1] 眞覺慧諶 述, 『狗子無佛性話看病論』(韓佛全 제6권 수록)은 다 白坡亘璇이 분과한 내용이다. 白坡亘璇, 「無字揀病論科解」의 내용은 『禪文手鏡』의 말미 부분에 해당한다(韓佛全 제10권 수록).

(5) 간양미순목해

　　　(6) 간어로활계해

　　　(7) 간무사갑리해

　　　(8) 간거기승당해

　　　(9) 간문자인증해

　　　(10) 간장미대오해

　　2) 위의 열 가지를 묶어서 네 가지 병통으로 정리한다[二束十爲四病].

　　3) 위의 네 가지를 묶어서 두 가지로 정리한다[三束四爲二病].

　3. 결론적으로 간별한다[三結揀].

Ⅲ. 단지 '이것이 무엇인가' 하는 단제만 참구할 것을 제시하면서 결론을 맺는다[三結示單提參].

글을 나누자면 두 부분이 된다.

文分爲二

I. 화두를 언급한다.

一擧話

[혜심의 말씀]

천동산의 굉지정각 선사가 다음과 같은 이야기를 들었다.[2]

한 승이 조주에게 물었다.

"개에게도 불성이 있습니까?"

조주가 말했다.

"유(有)."

승이 물었다.

---

2 『宏智錄』卷1 "復擧僧問趙州 狗子還有佛性也無 州云有 僧云 爲甚撞入者箇皮袋 州云 爲他知而故犯 又僧問 狗子還有佛性也無 州云無 僧云 一切衆生皆有佛性 爲甚狗子卻無 州云 爲他有業識在"(大正藏48, p.17中). 굉지는 이 내용에 대하여 다음과 같이 자신의 견해를 덧붙이고 있다. "천동정각이 말했다. 조주가 있다고 말하거나 없다고 말하거나 그에 상관없이 개의 불성은 천하에 편재해 있다. 얼굴이 반반해도 말이 곧은 것만 못하니, 마음이 진실하면 말이 거칠어도 괴이하게 여길 것이 없다. 칠백 갑자의 노련한 선백도 때로는 사람에게 속아 눈동자를 나귀똥과 바꾸는 경우가 있다. 師云 趙州道有 趙州道無 狗子佛性 天下分疏 面赤不如語直 心眞莫怪言麤 七百甲子老禪伯 驢糞逢人換眼珠"

238

"그렇다면 왜 개의 몸을 받았습니까?"

조주가 말했다.

"그것은 알고 있으면서도 고의적으로 개의 몸을 받은 것이다."

또 승이 조주에게 물었다.

"개에게도 불성이 있습니까?"

조주가 말했다.

"무(無)."

승이 물었다.

"일체중생 개유불성이라는데 어째서 개의 경우에 무(無)라고 하는 것입니까?"

조주가 말했다.

"개한테는 업식이 있기 때문이다."

天童擧 僧問趙州 狗子還有佛性也無 州云有 僧云爲什麼 撞入這箇皮帒 州云他知而故犯 又僧問趙州 狗子還有佛性也無 州云無 僧云一切衆生 皆有佛性 爲什麼 狗子却無 州云爲 他有業識在

[백파의 주해]

이 내용에 대하여 해석하자면 다음과 같다.

'천동'이란 산 이름이다. 위의 내용은 정각선사가 상당법어로 제시한 것이다.

'거(擧)'란 '업식(業識)이 있다'는 아래의 전체 부분을 해석한 것이다.

'조주'는 관음원의 종심선사로서 사라왕 곧 사갈라용왕여래의 후신이다.

세 가지[3]는 조사문중에 들어간 것으로 '유불성'은 대용이고, '무불성'은 대기(大機)로서 조사선의 향하의 삼요를 보여준 것이다.

비록 '유(有)' 내지는 '무(無)'라고 말했지만 그 뜻은 이것[4]에 한정되지 않는다. 나아가서 향상의 뜻을 갖추고 있는 진공·묘유이고 무이원융의 무공철추이다.

그대들 운수납자의 면전에 문득 드러나는 것, 개 가죽 속에 들어간 것, 어째서 없는가 하는 것 등은 모두 지대(支對)로서 각각 알고도 고의적으로 범한 것이고, 업식이 있기 때문이며, 미혹하여 개의 몸속으로 들어간 것에 해당한다. 그런데 그 도리를 터득하지 못하는 것은 단지 '유'와 '무'로써 잘못 이해하기 때문이다.

그래서 조주는 미혹에 뒤덮여 있는 승 자신의 모습을 보여주는 방편[蹤跡]을 통하여 승의 어리석음을 무명에 파묻어버린 것이다. 그리고는 도리어 그 '유'와 '무'의 분별

---

3 조주가 답변한 有, 無, 他有業識在의 세 가지를 가리킨다.
4 有·無·有業識在 등 조사선의 向下三要를 가리킨다.

을 가지고 답한 것이다. 때문에 미혹의 흔적을 가지고 해결하였다[迷蹤結]고 말하는 것이다. 이것이야말로 조주선사의 뛰어난 수완[難能][5]의 묘결(妙結)이다.

> 解曰 天童 山名 即正覺禪師上堂也 擧字 釋於識在下 趙州 觀音院 從諗禪師 娑羅王如來後身 三入祖門中 有佛性 大用 無佛性 大機即示祖師禪向下三要也 雖云有無意不在此限故 亦具向上則眞空妙有 無二圓融之無孔鐵鎚 頓放諸人面前 撞入皮帒 爲什麽却無 皆失支對 知而故犯 及業識在 迷蹤盖覆也 以其不能承當 但以有無錯解故 迷藏自家所示之蹤跡 而盖覆之却順其有無以答故 名曰迷蹤訣 此是禪師難能之妙訣

II. 본격적으로 간별한다.

여기에 세 가지가 있다.
二正揀三

1. 무공추를 바르게 설명한다
一正明無孔鎚

[혜심의 말씀]

천동정각이 말했다.

---

5 당사자가 아니면 좀처럼 제삼자가 헤아리기 어려운 수단을 가리킨다.

"조주가 있다고 말하거나 없다고 말하거나 그와 상관없이 개의 불성은 천하에 편재해 있다. 얼굴이 반반해도 말이 곧은 것만 못하니, 마음이 진실하면 말이 거칠어도 괴이하게 여길 것이 없다. 칠백 갑자의 노련한 선백도 때로는 사람에게 속아 눈동자를 나귀의 똥과 바꾸는 경우가 있다."[6]

師云 趙州道有 趙州道無 狗子佛性 天下分疎 面赤不如語直 心眞莫怪言麤 七百甲子老禪伯 驢糞逢人換眼珠

[백파의 주해]

천하에 두루한다[分踈]는 것은 언설로 분별하는 것을 가리킨다.

'심진(心眞)'이란 의(意)가 무공추와 같은 것을 가리킨다.

'언추(言麤)'란 미종결(迷蹤結)을 가리킨 것으로 비아냥거리는 투로 말한 것이다.

'나귀의 똥'이란 쓸모없는 것으로 지극히 천한 물건을 가리킨다. 이로써 나귀의 똥과 같은 무용지물을 귀중한 무공철추에 비유한 것이다.

여기에서 열 가지의 잘못된 이해를 제시한 것은 곧 비록 말후구의 소식일지라도 모두 그것이 사량분별을 벗어

---

6 『宏智錄』卷1(大正藏48, p.17中).

나지 못하고 함부로 분별사식[識情]을 내세우기 때문이다. 그러므로 스승이 활용하는 지혜의 수단[無孔鎚]을 가지고 낱낱이 그것들을 뒤집어 주는 것이다.

어떤 조사는 일찍이 "무공추는 곧 기필코 뾰족한 끝으로도 쪼아댈 부분조차 없다"고 말했다. 그러니 학자는 말후구에서 열 가지의 잘못된 견해를 절대로 내지 말아야 한다. 만약에 분별로 어찌 해보려고 한다면 곧 두타정신으로 힘을 다하여 벗어나려고 노력하되, 이것이 무엇인가 하고 살펴야 한다. 이것이 곧 단제로서 언급된 무자(無字)이다.

> 分踈 猶言分別 心眞 意在無孔鎚 故言麁 迷蹤訣 似是戱談故 驢糞 是無用至賤物故 以比無用之無孔鐵鎚也 以十種錯解 雖是末後句消息 皆未脫意根撞立之識情故 以無孔鎚 一一換却也 祖師旣云 無孔鎚則必無揷觜分 學者 切勿以末後句中十種邪解 擬議計較 直須抖擻精神 盡力提撕看是箇什麽 此單提無字

2. 자세하게 십종병을 간별한다.
여기에 세 가지가 있다.
二廣揀十種病二) <三?>

1) 본격적으로 간별한다.
여기에 세 종류가 있다.

一正揀三[7]

 (1) 본격적으로 십종병에 대하여 간별한다.
여기에 열 가지가 있다.
一正揀十種病十

(1) 간유무지무해
여기에 세 가지가 있다.
一揀有無之無解三

① 직파유무삼구해
一直破有無三句解

[혜심의 말씀][8]

 무릇 참구하는 사람이라면 출가자나 재가자를 막론하고 이 화두를 가지고 간하면서 시종 문답해야 한다. 언설의 자취만 따라서 뜻을 정해 버리면 결정코 유·무의 무가 되고 말 것이다. 특히 오조법연화상의 다음과 같은 게송을 보지 못했는가?

---

7 이 '一正揀三'은 (二廣揀十種病三을) 본격적으로[正] 揀한다는 것으로 소위 1) 正揀十種病, 2) 束十爲四病, 3) 束四爲二病 등의 셋을 가리킨다. 엄밀하게 말하자면 '一正揀三'은 사실 불필요한 말이다. 따라서 본 목차에서는 생략하였다.
8 이하 (혜심의 말씀) 부분은 『韓佛全』6, p.69. 수록 참조.

조주의 번뜩이는 칼날은
찬 서리 빛이 번뜩이도다.
그게 무엇인가 묻는다면
곧장 두 동강 날 것이다.[9]
진정극문 화상은 다음과 같은 게송으로 말했다.
업식이 있기 때문이라 말한 것은
뜻이 깊지 않다고 누가 말했던가.
바다가 메말라 맨 바닥 드러나고
사람이 죽어도 끝내 마음 모르네.[10]
이와 같은 게송은 이루 헤아릴 수 없이 많다.

汎彖道俗 看此話 始終問答 隨言定旨 決定作有無之無 殊不知 五祖演和尚頌云 趙州露刃劒 寒霜光熖熖 擬欲問如何 分身作兩段 眞淨和尚頌云 言有業識在 誰云意不深 海枯終見底 人死不知心 如是等頌 不可勝數

[백파의 주해]

'도속'은 출가와 재가를 가리킨다.

'무릇'이란 그처럼 참구해야 한다는 것이다.

'불지(不知)'란 무수히 큰 숫자[勝數]를 해석한 것이다.

오조법연이 뜻한 무자(無字)는 살인도로서 대기를 가리

---

9 『法演禪師語錄』卷下(大正藏47, p.666下).
10 『嘉泰普燈錄』卷27(卍新纂續藏經79, p.461上).

킨다. 때문에 생각으로 이러쿵저러쿵 비교하고 헤아리며 문답해서는 안 된다는 것이다. 진정극문이 한 뜻은 '조주의 의도가 무한하기 때문에 알 수 없는데 어찌 모두 유무의 무로 헤아릴 수 있겠는가' 하는 것이다.

道俗二家人 汎然叅究也 不知字 釋於勝數 五祖意 無字 是殺人刀大機 故無擬心問答分也 眞淨意 趙州意直得無限 故不可知也 豈皆有無之無耶

② 우파영아무성해
二又破嬰兒無性解

[혜심의 말씀]
또한 말하자면 그 승은 자신이 어린아이와 같다고 말한 꼴이었으므로 사람들을 보면 공연히 웃을 줄만 알았지 사물을 제시해도 그 명칭조차도 알지 못한다.[11]

또 그 승은 마치 개와 같아서 캥캥 짖어대고 엉금엉금 기어 다닐 줄만 알아서 단지 먹이[水草]만 생각할 뿐 나머지는 분별조차 못한다. 승이 그와 같이 분별이 없는 것은 좋은 소식이기는 하다만 작가[12]의 거울일랑은 꿈에도 알지 못하는 것으로 도대체 어찌해야 할 줄을 모르는 꼴이

---

11 『大慧普覺禪師語錄』卷4(大正藏47, p.826中).
12 여기에서 作家는 스승으로서 조주를 가리킨다.

다.

그러므로 개의 비유를 빌려서 질문으로 제시한 것이다. 때문에 조주가 설령 그렇게 말했다손 할지라도 조주의 그것은 아직 철저한 것은 못된다. 답변으로 말한 '무'는 "경전에서는 유정에는 불성이 없다. 무정에는 불성이 있다"[13]고 말하기도 하였다.

그리고 황벽은 다음과 같이 말한다.

처음 부처님의 가르침 밟아보니

무정물에도 곧 불성이 있더구나.

부처님의 사다리를 밟기 전에는

유정물에도 곧 불성이 없었다네.[14]

또 저 혜랑선사는 석두에게 다음과 같이 물었다.

"불성이란 무엇입니까?"

석두가 말했다.

"그대에게는 불성이 없다."

또 물었다.

"그러면 준동함령이라고들 말하는데 그건 무엇입니까?"

석두가 말했다.

---

13 『續古尊宿語要』卷6(卍新纂續藏經68). "佛言 有情無佛性 無情有佛性 有情不解說法 無情常說法" 참조.
14 『天聖廣燈錄』卷9(卍新纂續藏經78, p.460上). "若踏佛階梯 無情有佛性 若未踏佛階梯 有情無佛性" 참조.

"준동함령이란 곧 불성이 있다는 말이지."

또 물었다.

"그러면 저한테는 어찌하여 불성이 없다는 것입니까?"

"그대에게는 일러 주어도 이해가 되지 않기 때문이다."

그 승은 본의는 아니었지만 다시 개 이야기를 들어서 다음과 같이 질문했다.

"일체중생에게는 불성이 있다고 하는데 어찌하여 개에게는 없다는 것입니까?"

그러자 조주도 역시 개의 이야기를 들어 다음과 같이 답하였다.

"개에게는 업식이 있기 때문이다."

말은 서로 간에 비슷하지만 뜻은 같지가 않다.[15]

或云這僧自謂 得似孩兒 見人空解笑 弄物不知名 又如狗子 蒙蒙瞳瞳 跂跂挈挈 但念水草 餘無分別 以此爲好消息 然未知作家之鑑 可不如何故借狗子 設問呈似 所以趙州謂 直饒伊麼 未徹在 答云無者 如經云 有情無佛性 無情有佛性 黃蘗云 始踏佛階梯 無情有佛性 未踏佛階梯 有情無佛性 又如惠朗禪師問石頭 如何是佛性 頭云汝無佛性 云蠢動含靈 又作麼生 曰蠢動含靈 却有佛性 云某甲爲什麽 却無 爲汝不肯承當等之意也 這僧雖非本意 且擧狗子分上 更問云 一切衆生 皆有佛性 爲什麽 狗子却無 趙州亦擧狗子 答云爲他有業識在 言似隨他

---

15 『景德傳燈錄』卷19(大正藏51, p.359下) 참조.

[백파의 주해]

질문한 뜻은 다음과 같다.

"영아처럼 무념하면 반드시 불성이 있는 것이 아니겠느냐."

답한 뜻은 다음과 같다.

"비록 추념(麁念)은 없을지라도 또한 업식이 있기 때문이다."

그래서 부처님의 계단을 밟기 전에는 불성이란 무엇인지 이해하지 못하였다. 이것은 또 의리선에서 말하는 유무(有無)의 무(無)일 뿐이다. 때문에 처음에 유라는 생각을 파하여 무라고 말했지만 이제 여기에서는 무라는 생각을 파하여 무라고 말했기 때문에 서로 다르다.

意不在此問意如嬰兒無念 必有佛性 答意雖無麁念 亦有業識在 故未踏佛階不肯承當 何有佛性 此亦義理禪有無之無 而但初破有念云無 此破無念云無故異也

③ 역파향상무염해
三亦破向上無染解

[혜심의 말씀]

또 말하기를 개를 가지고 말하는 것은 좋지만 불성이라는 두 글자를 가지고 더럽히지 말라. 왜냐하면 서시(西

施)는 화장을 할 필요가 없었다. 저 다음과 같이 '산은 산이고 물은 물이다'[16]는 말이 있지 않은가?

또 주장자를 보고는 다만 주장자라고만 불러야 한다. 또 오두막을 보고 오두막이라고 불러야 한다. 그런데 어찌 개를 보고 단지 개라고만 부른다고 해서 장애가 되겠는가? 때문에 조주는 '무'라고 말했다.

이와 같은 잘못된 이해에 대한 말들은 헤아릴 수 없을 정도로 많다. 그러므로 대혜는 다음과 같이 "유무의 무에 떨어지지 말라"[17]고 간별했다.

或云好箇狗子上 不可用佛性二字染污 何故西施不用添脂粉也 如見山是山 見水是水 見拄杖但喚作拄杖 見屋但喚作屋 何妨見狗子但喚作狗子 故州云無 如此等邪解 不可勝數 故大慧揀云 不得作有無之無

[백파의 주해]

此雖向上會 而亦是有無之無也 如此下 摠結如上三解等之邪解無數也

이것은 비록 향상의 이해일지라도 역시 유무(有無)의 무(無)일 뿐이다. 이 부분 이하부터는 위의 세 가지 견해[18]의

---

16 『撫州曹山元證禪師語錄』, [五位旨訣](大正藏47, p.533中).
17 『大慧普覺禪師書』卷29(大正藏47, p.886上).
18 위에서 언급한 ㉮ 直破有無三句解, ㉯ 又破嬰兒無性解, ㉰ 亦破向上

잘못된 이해가 무수하다는 것을 총괄적으로 결론을 맺는다.

(2) 간진무지무해
二揀眞無之無解

[혜심의 말씀]

이미 위에서 유무의 무로써 참구하는 것을 금지하여 인정하지 않았다. 이제 다시 다음과 같이 '유·무를 진무의 무로 이해하는 것에 떨어지지 말라'고 말한다.

저 『금강삼매경론』에서는 "무를 떠나서 유를 취하거나 유를 버리고 공을 좇는다면 그것은 진정한 무가 아니다"[19]고 말했다. 그런데 지금 '비록 유를 떠났지만 공에도 있지 않아야 제법의 진정한 무를 터득하는 것이다'라고 잘못 생각할까 염려하는 입장에서 가려서 '진무의 무로 헤아리지 말라'고 말한 것이다.

旣不許伊麼定 又錯解云 不落有無 是眞無之無 如金剛三昧經 <論+?>云 若離無取有 捨有從空 而非眞無 今雖離有而不存空 如是 乃得諸法眞無 恐如此差排 故揀云 不得作眞無之無卜度

無染解의 세 가지를 가리킨다.
19 『金剛三昧經論』卷上(大正藏34, p.967中). "무를 벗어나 유에 집착하거나 유를 타파하고 공에 집착하는 것이라면 그것은 妄空이지 眞無가 아니다. 如其離無取有破有取空 °此爲妄空而非眞無" 참조.

[백파의 주해]

 이것은 여래선의 본분일구를 설명한 것이다. 이로써 위에서 말한 의리선의 신훈삼구에 떨어지지 않도록 한 것이다. 그렇기 때문에 진무는 유에 상대한 무가 아니라고 말한다.

此破如來禪本分一句解 以不落前 義理禪新熏三句 故名曰眞無 非對有之無

(3) 간현묘도리해
三揀玄妙道理解

[혜심의 말씀]

 이미 위에서 '진무의 무로 헤아리지 말라'고 금지했다. 그런데 또 다시 현묘한 도리를 통하여 이해하려고 한다. 이에 대하여 도리를 통하여 이해하지 말라고 간별한다.

旣不許伊麼定 又作玄妙道理會 揀云 不得作道理會

[백파의 주해]

 제1단계에서는 금시(신훈)의 삼구에 떨어지지 말라고 했다. 제2단계에서는 공겁의 일구조차 완전히 초월하라고 말했다. 때문에 다시 이제 종문의 향상에 대하여 이해할 것을 말한다.

以第一不落今時三句 第二全超空劫一句故 更作宗門向上會也

(4) 간사량복탁해
四揀思量卜度解

[혜심의 말씀]

이미 위에서 '현묘한 도리를 통하여 이해하려고 한다'는 금지하여 인정하지 않았다. 그런데 또한 고개를 숙이고 조용히 앉아 생각을 헤아려 탐구하는 데 집착한다. 때문에 '생각을 가지고 사량복탁하지 말라'고 간별한다.

旣不許伊麼定 又低頭冷坐 着意搜尋 故揀云 不得向意根下思量卜度

[백파의 주해]

위에서 이미 삼구[20]는 것을 인정하지 않았다.

이제 본분의 일구와 향상의 일구이기 때문에 스스로 입각할 곳이 없다. 그러므로 단지 생각[意根]으로서 헤아린다. 바로 이것을 경계하는 것이다.

上旣不許三句一句及向上故 自無立處 但以意根卜度

---

20 新熏三句에 대하여 현묘한 도리를 통하여 이해하려고 하는 것을 가리킨다.

(5) 간양미순목해

五揀揚眉瞬目解

[혜심의 말씀]

앞에서 이미 '유무의 진무를 통하여 이해하지 말라'고 말했다. 또 '도리를 통하여 사량으로 결정하지 말라'고 말했다. 또 '눈을 내리까는 도리를 통하여 인정해서는 안 된다'고 말했다.

그러므로 다시 '눈을 깜박이고 눈썹을 치켜뜨는 것으로 불조의 도리를 설명한다'는 고덕의 말을 인용하기도 한다.

또 '조사서래의'를 물으면 '마땅히 은밀한 작용을 관찰하라'고 답변하기도 한다. 또 '은밀한 작용은 무엇입니까?'라고 물으면 눈을 떴다 감았다 하는 것으로 답변을 대신한다.[21]

이와 같은 종류가 모두 이 간양미순목해(揀揚眉瞬目解)에 해당한다. 때문에 '눈썹을 치켜뜨거나 눈을 깜박이는 것으로 답변을 이끌어 내려고 하지 말라'고 간별한다.

前旣不許有無眞無會 又不許作道理思量定 又認着眼眨眨理會

---

21 『景德傳燈錄』卷4 "問曰 如何是祖師西來意 師曰 何不問自己意 曰如何是自己意 師曰 當觀密作用 曰如何是密作用 師以目開合示之"(大正藏51, p.231下)

不得底爲是 便引古德云 瞬目揚眉處 明明佛祖機 又有問西來意
答云當觀密作用 云如何是密作用 以目開合示之等爲據 故揀云
不得向揚眉瞬目處垛根

[백파의 주해]

이하 (6) 간어로활계해(揀語路活計解) 및 (7) 간무사갑리해(揀無事匣裡解) 등 두 가지의 경우는 조사선을 삼요를 통하여 이해하려는 것을 파한 것이다.

이제 처음 (6) 간어로활계해(揀語路活計解)의 경우는 대기를 설명한 것이다. 그리고 양미순목은 종사의 은밀한 작용을 가리킨다. 그렇기 때문에 심식과 사량의 도리를 통하여 이해하려고 해서는 안 된다.

'폄폄(貶貶)'이란 이리저리 생각하는 모습이다. 마음이 움직이며 눈이 움직이기 때문이다.

'타근(垛根)'이란 땅위에 불쑥 솟아 있는 것으로 화살을 받는 과녁이다. 그 자성은 본래 전수할 수 있는 것이 아니다. 때문에 이제 양미순목을 통해서는 잘못된 고정관념[特地]을 벗어날 수가 없다.

此下二解 破祖師禪三要解 今初破大機解 以揚眉瞬目 是宗師密
作用故不可以心識思量理會也 貶貶 思量貌 以心動則眼動故 垛
根 地上突起 卽射埗也 以其自性 本無傳授分 今此揚眉瞬目 未
免特地故

(6) 간어로활계해

六揀語路活計解

[혜심의 말씀]

위에서 이로와 의로를 통하여 참구하지 말라는 것에 대하여 살펴보았다. 이제 여기에서는 그와 같은 작용을 통하여 단정하지 말 것을 말한다. 아무런 맛이 없는 것[沒滋味]의 언구에서 의심을 일으켜야 한다는 사실에 대하여 원오의 말을 인용하여 다음과 같이 말한다.

언구를 의심치 않는 것
그것이 곧 큰 병통이다[22]

때문에 '어로를 향해서 활계를 짓지 말라'고 간별한다.

審前不許理路義路 又不許認取作用定 向沒滋味底言句上起疑 便引圓悟云 不疑言句 是爲大病 故揀云 不得向語路上作活計

[백파의 주해]

이것 곧 (7) 간무사갑리해(揀無事匣裡解)는 대용을 설명한 것이다.

此破大用解

---

22 『大慧普覺禪師普說』卷17(大正藏47, p.883上).

(7) 간무사갑리해

七揀無事匣裡解

[혜심의 말씀]

위에서 이미 그렇게들 참구하는 것을 금지하여 인정하지 않았다. 그런데 또 다시 이로와 의로 활계하기 때문에 그것도 모두 인정하지 않았다. 그러면 이런 경지에 입각해서는 아무것도 하지 않고 멍청히 앉아 있는 것[無事]한 것만 못하다고 생각하는 버릇이 있다.

가령 "덕산은 다음과 같이 말했다. 사(事)에 무심하라. 심(心)에 무사하라. 그러면 곧 텅 비어 있으되 신령스럽고 공하지만 오묘하다"고 말한 것들이 이에 해당하는 말들이다. 때문에 '그저 아무것도 하지 않는 상태에 안주하는 것으로 능사를 삼지 말라'고 간별한다.

旣不許伊麽定 又計云 理路義路 旣不惣許 却向伊麽處用心 不如無事 如德山云 無心於事 無事於心 虛而靈空而妙等爲據 故揀云 不得颺在無事匣裡

[백파의 주해]

이것은 향상의 본분을 설명한 것이다. 이상 삼종선의 이로와 의로를 이미 모두 인정하지 않았다.

또 '그런데 또 다시 이로와 의로 활계하기 때문에 그것도 모두 인정하지 않았다[又計云]'는 것은 곧 신훈에 대한 용심을 말한 것으로 반드시 본분의 진공만은 못하다는 것을 설명한 것이다.

'무심'이란 무사한도인(無事閑道人)을 가리킨다.

'사(事)에 무심하라'는 것은 내심에 흔들림이 없는 것이다.

'심(心)에 무사하라'는 것은 밖으로 모든 반연을 멈추는 것이다.

'허이령 공이묘'(虛而靈 空而妙)란 마음이 장벽과 같아야 도에 들어갈 수 있다는 것을 가리킨 것이다.

'무사갑리'란 일체현상에 무심한 것으로 곧 감정이 없는 상태이다.

> 此破向上本分解 以上三種禪中理路義路 旣不摠許故 又計云 却向新熏邊用心 必不如本分眞空上 無心無事閑道人也 無心於事 內心無喘也 無事於心 外息諸緣也 虛而靈空而妙 心如墻壁 可以入道也 無事匣 影無心

(8) 간거기승당해

八揀擧起承當解

[혜심의 말씀]

이미 어로를 통하여 활계해서는 안 된다고 말하였다.

또 무사갑리를 능사로 단정해서도 안 된다고 말하였다. 말하자면 화두를 가지고 어찌해 보려고 하지만 어찌해 볼 수 없는 것[欲擧未擧]의 그런 상태야 말로 좋은 소식이다.

불안청원은 다음과 같이 말했다.

어느 겁에 깨칠까를 사량하려고 하지만
종내 그같이 부산하게 망상피우지 말라
사량코자 하나 사량할수 없는 경지에서
만 리에 구름 한점 없이 밝게 깨치리라.[23]

이와 같은 것이 그 증거이다. 화두를 굳게 지니고 놓지 말아야 한다는 것이다. 때문에 '화두를 들고 있는 그 자체를 가지고 이해하려고 하지 말라'고 간별한다.

旣不許語路上作活計 又不許颺在無事匣裡定 謂欲擧未擧時 正是好消息也 如佛眼云 擬思量何劫悟 不思量終莽鹵 欲思不思踏破時 萬里無雲常 現露爲據 堅執不捨 故揀云 不得向 擧起處承當

[백파의 주해]

이것은 금시와 본분을 함께 행할 것을 설명한 것이다. 이전의 6가지 경우[24]는 다만 신훈뿐이었기 때문에 금지

---

23 『古尊宿語錄』卷28 [舒州龍門佛眼和尙語錄](卍新纂續藏經第68, p.180中).

하였다. (7)번째는 다만 본분뿐이었기 때문에 금지하였다. 곧 반드시 금시와 본분을 함께 행해야만 바람직한 소식이다. 때문에 『원각경』에서는 "비록 다시 본래부터 금이지만 마침내 팔찌가 된 것이다"[25]고 말했고, 또한 육조혜능도 "성품은 본유이다"[26]고 말했지만 반드시 신훈을 의지해야 한다.

위의 6가지 경우[27]는 다만 (6)번째만이 진실이었고, 그 밖의 앞의 5가지[28]는 그림자에 불과했다. 때문에 (7)번째와서야 비로소 앞의 6가지가 다 설명된 것이다.

여기에서 ① 욕거(欲擧)는 신훈이고, ② 미거(未擧)는 본분이다. 이것은 금시와 본분을 함께 행한 것으로 사량구에 빗댄 것이다. 다만 신훈의 경우 불가불 사량한 것이다. 그리고 다만 본분의 경우는 불가한 것이다. 이하 제3구와 제4구[29]의 2구는 금시와 본분을 함께 행하는 것이 좋다는 것을 말한 것이다.

이것은 곧 불조의 바른 뜻이기 때문에 '화두를 굳게 지

---

24 (1)에서 (6)까지를 가리킨다.
25 『大方廣圓覺修多羅了義經』(大正藏17, p.916上).
26 『六祖大師法寶壇經』(大正藏48, p.351上).
27 (1)에서 (6)까지를 가리킨다.
28 (1)에서 (5)까지를 가리킨다.
29 "사량코자 하나 사량할 수 없는 경지에서/ 만리에 구름 한 점 없이 밝게 깨치리라/"는 두 구를 가리킨다.

니고 결코 놓지 말라'고 말한 것이다. 그러나 또한 생각으로 내세우려 하기 때문에 본분진여의 도리[無孔鎚]는 되지 못한다.

> 此破今本雙行解 以前六解 但新熏故不可 第七解 但本分故不可 則必須今本雙行 正是好消息也 故圓覺云 雖復本來金 終以銷成就 六祖云 性雖本有 必借新熏 前六中 但躡第六 以影前五故 爲都躡前七也 欲擧 爲新熏 未擧 爲本分 是爲今本雙行 擬思量句 但新不可 不思量句 但本不可 欲思下二句 今本雙行爲好也 此是佛祖正意故 堅執不捨 然亦意根撞立故 非無孔鎚

(9) 간문자인증해
九揀文字引證解

[혜심의 말씀]

또 문자를 가지고 증거를 대려고 하지 말라. 증거를 끌어대려는 것을 모두 병통이다.

> 又不得向文字引證 引證通上諸病

(10) 간장미대오해
十揀將迷待悟解

[혜심의 말씀]

이미 위에서 그렇게들 참구하는 것을 금지하여 인정하

지 않았다. 그럼 이제 어찌하라는 것인가? 스스로 어렵다는 생각을 내어 '지금도 미혹한데 어느 때에 깨칠 수 있을 것인가?'라고 말하면서 미혹에 집착하여 깨치기만을 기다린다. 때문에 '어리석음을 가지고 깨치기를 기다리지 말라'고 간별한다.

위에서 말한 모든 병통 가운데 양미순목해 곧 5번째부터 장미대오 곧 10번째에 이르기까지 이것은 오늘날 사람들이 벗어나기 어려운 병통이다.

旣不許伊麼定 無可奈何 自生難想 謂卽今迷 幾時悟得 執迷待悟 故揀云 不得將迷待悟 如上諸病中 從揚眉瞬目 至將迷待悟 是時人難離之病

[백파의 주해]

만약에 격외도리에 의거해 보자면 즉심즉불로서 미혹과 깨침이 본래 공하다. 그러나 이제 미대오를 가지고 보면 그것은 의리선의 떨어진다.

앞의 4가지[30]의 경우는 위의 여래선과 의리선의 두 가지 선을 해석한 것이다. 그래서 그것을 벗어나기가 비교적 쉬웠다.

하지만 뒤의 6가지[31]의 경우는 그 병통이 본래 조사선

---

30 1에서 4번까지를 가리킨다.
31 5번부터 10번까지를 가리킨다.

에서 논하는 것으로 불조의 정맥을 위한 것이다. 그러니 실로 벗어나기가 어렵다.

> 若據格外 則卽心是佛 迷悟本空 今還將迷待悟 還墮義理禪 前四病 是前二禪解故 或有易離 後六病 元是祖師禪佛祖正脉故 實爲難離也

2) 위의 열 가지를 묶어서 네 가지 병통으로 정리한다.
二束十爲四病

[혜심의 말씀]

자세하게 그것을 말하면 십종병이 있지만 간략하게 그것을 말하면 유심과 무심과 어언과 적묵의 네 가지를 벗어나지 않는다. 때문에 고인은 다음과 같이 말하였다.

유심으로도 구하지 말고
무심으로도 구하지 말며
어언으로도 지으려 말고
적묵으로도 통하려 말라.[32]

> 廣而言之 則有十種病 畧而言之 則不出有心無心 語言寂默 故古人云 不可以有心求 不可以無心得 不可以語言造 不可以寂默通

---

32 『大慧普覺禪師語錄』卷4(大正藏47, p.829下).

[백파의 주해]

10가지 가운데 (1)번과 (4)번과 (10)번은 ① 유심에 해당한다.

(2)번과 (3)번은 ② 무심에 해당한다.

(6)번은 ③ 어언에 해당한다.

(5)번과 (7)번은 ④ 적묵에 해당한다.

(8)번은 ① 유심 · ② 무심 · ③ 어언 · ④ 적묵의 네 가지에 두루 통한다.

여기에서 ① 욕거(欲擧)는 유심과 어언에 해당하고, ② 미거(未擧)는 무심과 적묵에 해당하는데, (9)번 또한 ① 욕거(欲擧) 및 ② 미거(未擧)에 두루 통한다.

고인은 이 4가지 병통을 타파하려는 까닭에 지금까지 위에서처럼 간별해 왔다.

十中 一四十爲有心 二三爲無心 六爲語言 五七爲寂默 八通於四病 欲擧 爲有心語言 未擧 爲無心寂默 九亦爲通 古人破四病故 同上揀意

3) 위의 네 가지를 묶어서 두 가지로 정리한다.
二<三?>束四爲二病

[혜심의 말씀]

간략하게 저 네 가지[33]를 말하면 사의와 부사의를 벗어나지 않는다. 때문에 이래도 틀리고 저래도 틀리다고 말한다. 또 이렇게 할 수도 없고, 저렇게 할 수 도 없으며, 이렇게·저렇게도 모두 할 수 없다고 말한다.

畧而言之 則不出思議不思議 所以道 左來也不是 右來也不是 又道伊麼也 不得 不伊麼也不得 伊麼不伊麼摠不得

[백파의 주해]

2)-① 유심과 2)-③ 어언은 사의(思議)로서 3)-① 대용에 해당하고, 2)-② 무심과 2)-④ 적묵은 불사의(不思議)로서 3)-② 대기에 해당한다.

또 사의(思議)[34]는 향상의 묘유에 해당하고, 불사의(不思議)[35]는 향상의 진공에 해당한다. 그러나 이 또한 병통이 되고 만다.

有心語言 爲思議大用也 無心寂默 爲不思議大機也 又思議 即向上妙有 不思議 即向上眞空 亦得 以此亦爲病故

3. 결론적으로 간별한다

三結揀

---

33 ① 유심·② 무심·③ 어언·④ 적묵의 네 가지를 가리킨다.
34 2)-① 유심과 2)-③ 어언의 思議를 가리킨다.
35 2)-② 무심과 2)-④ 적묵의 不思議를 가리킨다.

[혜심의 말씀]

곧 분명하게 간파하고 분명하게 현시하라. 만약 영리한 이라면 잘 듣고 정신 바짝 차릴 것이다. 그래서 만사 제쳐두고 눈썹이 휘날리도록 곧장 수행에 덤벼들어야지 끝내 허송세월해서는 안 된다.

則明明地揀破 明明地現示 若是靈利漢 聊聞擧着 剔起眉毛便行 終不打之遶

[백파의 주해]

위에서 말한 바처럼 그것을 간파하고 나면 곧 바로 몰파비(沒巴鼻)하고 무릉봉(無綾縫)한 무공추(無孔鎚)의 뜻이 저절로 드러날 것이다. 이것은 간화문의 소식이다.

만약에 설화문으로 보자면 10종류의 사람의 입각처가 낱낱이 여기에만 한정되지는 않을 것이다. 때문에 모두 집에 도착하는 소식 아님이 없다. 만약 이근기라면 언하에 곧 깨우쳐서 다시는 이하와 같이 의심을 일으켜 참구할 필요가 없다.

如上揀破之言 下沒巴鼻無綾縫之 無孔鎚義 自現也 此是看話門消息 若說話門 十種人立脚處 一一不在此限 故無非到家消息 若是利根 言下便悟 則更不假如下起疑叅究事

III. 단지 '이것이 무엇인가' 하는 단제만 참구할 것을 제서(提撕)하면서 결론을 맺다
三結示單提斧

[혜심의 말씀]

혹 그렇게 하지 못한다면 유병과 무병에 관계치 말고, 유자미(有滋味)와 무자미(無滋味)에도 관계치 말며, 득력과 불득력에도 관계치 말고, 단지 '이것이 무엇인가' 하는 도리만을 제서(提撕)하라.

其或未然 莫管有病無病 莫管有滋味 無滋味 莫管得力不得力 但提撕看是 箇什麼道理

[백파의 주해]

혹 하근기의 사람이라면 언하에 깨우칠 수가 없으니 일체의 시비에 모두 사량분별하면 안 된다. 단지 저 무자만을 단제하여 의심하되 '이것이 무엇인가' 하고 되뇌어야 한다. 그것이 곧 무자 화두이다.

일체의 화두는 모든 경우에 오직 그것[36]에만 집중하는 단제(單提)와 단제를 이끌어내는 저반의 전제(全提)가 있다. 그래서 저 무자화두에 대하여 말하면 다음과 같다.

---

36 '이것이 무엇인가' 하는 참구를 가리킨다.

或有下根 言下未悟 一切是非 都莫思量 單單提箇無字 疑云是
箇什麼 是箇無字也 一切話頭 皆有單提全提 如無字話云

조주는 어찌해서 무라고 했는가 하는 이것을 전제(全提)라고도 말하고 또한 참의(參意)라고도 말한다.

그리고 오로지 무자만을 들어서 '이것이 무엇인가'에만 의심하여 집중하는 것은 단제(單提)라고도 말하고 참구(參句)라고도 말한다.

단제(單提)는 화두를 오롯하게 이어가는 이점은 있지만 한 가지에 너무 골몰하는 잘못에 빠지고, 전제(全提)는 의심을 일으키는 데는 좋지만 어지러운 망상이 일어나는 것에 빠진다.

그러니 초학자들이라면 반드시 먼저 단제(單提)로서 망상을 모두 없앤 다음에 바야흐로 전제(全提)에 들어가야 한다. 만약 의심을 일으키지 못한다면 조사의 뜻에 계합할 수가 없다. 또 부지런히 화두를 들어 마음에 번뇌가 끼어들 틈의 여지를 두지 말아야 한다.

趙州因甚道無 則名全提 亦名參意 單擧無字云 是什麼 則名單
提 亦名參句 單提有純正益而有死心病 全提 有起疑益而有亂想
病 初學必須單提 念想都亡 方可全提 若不起疑 未契祖意 又有
勤提 心無間斷

선과 교의 궁극적인 종지[大旨]는 진공과 묘유 그리고 대기와 대용을 벗어나지 않는다. 대저 모든 사람들의 마음에는 본래 수연의 불변의 두 가지 뜻이 구비되어 있다.

수연이란 묘유이고 보리이며, 불변이란 진공이고 열반이다. 수연은 곧 범부와 성인에게 있어 완연히 차이가 난다. 그러므로 불조의 은혜에 보답하기는 대단히 어렵다. 그러나 불변은 명(名)과 상(相)을 벗어나 있다. 그렇기 때문에 불조가 바람도 없는데 괜스레 파도만 일으킨 꼴이다.

때문에 불조는 먼저 제법을 분별하여 묘유의 삼구를 설명하고 나서 나중에 필경공을 설하여 진공의 일구를 보여 주었다.

禪敎大旨不出眞空妙有大機大用 禪敎大旨不出眞空妙有大機大用 原夫人人自心 本具隨緣不變二義 隨緣者 妙有也 菩提也 不變者 眞空也 涅槃也 隨緣則凡聖完然 故佛祖恩大難酬 不變則離名絶相 故佛祖無風起浪 是以佛祖 先分別諸法 明妙有三句 後說畢竟空 示眞空一句

저 금강게의 경우에 "일체의 유위법은 꿈·허깨비·물거품·그림자와 같고 이슬과 같으며 또한 번개와 같다(一切有爲法 如夢幻泡影 如露亦如電)" 등 삼구는 묘유를 말한 것이고, 마지막 제4구인 "이와 같이 관찰해야 한다[應作如是觀]"

는 일구는 진공을 말한 것이다.[37]

 如金剛偈 初三句 妙有三句 後一句 眞空一句

열반게의 경우에 "일체의 유위행은 무상하다. 이것은 생멸의 법칙이다. 생멸이 모두 사라지면"의 삼구는 묘유이고,[38] 마지막 넷째의 구인 "적멸로서 즐거움이 된다"의 일구는 진공이다.[39]

 涅槃偈 諸行生滅三句 寂滅爲樂一句

화엄소의 경우에 "끝없이 왕복하지만 동정의 근원은 동일하여 중묘(衆妙)를 포함하고도 남는다"는 앞의 삼구는 묘유에 해당하고, 마지막 제4구인 "언사를 초월하여 아득하게 벗어나 있다"는 것은 진공에 해당한다.[40]

 華嚴疏 往復無際等三句 超言詞<思?>句一句也

경론의 대의는 모두 그렇지 않은 바가 없지만 선가에

---

37 鳩摩羅什 譯, 『金剛般若波羅蜜經』(大正藏8, p.752中). "一切有爲法 如夢幻泡影 如露亦如電 應作如是觀"
38 『大般涅槃經』卷13(大正藏12, pp.692上~693上). "諸行無常 是生滅法 生滅滅已"의 3구를 가리킨다.
39 『大般涅槃經』卷13(大正藏12, p.693上). "寂滅爲樂"의 1구를 가리킨다.
40 澄觀 撰, 『大方廣佛華嚴經疏』卷1(大正藏35, p.503上). "往復無際 動靜一源 含衆妙而有餘 超言思而迥出"

이르러서는 곧 모든 상황과 일체의 현상[物物拈來]이 조사의 뜻 아님이 없다. 때문에 육조는 설법의 규식을 36대법(對法)[41]으로 언급하여 보여준 것은 묘유의 삼구를 설명하였지만, 구경에는 이 36대법에서 상대적인 두 가지를 다 제거하여 다시 버릴 것조차 없게 한 것은 진공의 일구를 보여 준 것이다.

經論大意 無不皆然 至於禪家 則物物拈來 無非祖意 故六祖示
說法規 擧三十六對法 明三句 究竟二法盡除 更無去處 示一句

때문에 이조혜가는 달마에게 삼배를 드림으로써 묘유의 삼구를 보여주었고, 자기 자리에 들어가 조용히 앉아 있는 모습으로써 진공의 일구를 보여 주었다.

二祖出禮三拜三句 依位而坐一句

임제가 말한 진불과 진법과 진도는 묘유의 삼구이고, 셋이 곧 하나이다 등은 진공의 일구이다.

臨濟云 眞佛眞法眞道三句 三卽一云云一句

또 삼종을 의미하는 새벽에 치는 종, 도량을 세 바퀴

---

41 육조혜능이 입적에 즈음하여 그 십대제자들에게 보여준 三科法門의 설법을 가리킨다. 『六祖大師法寶壇經』 付囑第十(大正藏48, p.360 上~下).

도는 것, 예경으로 삼배를 드리는 것, 노주와 등롱 및 승당과 선당 등은 모두 묘유의 삼구를 의미하고, 일종을 의미하는 저녁에 치는 종, 벽을 한번 때리는 소리, 비로자나법당 등등은 진공의 일구를 의미한다. 내지 지상의 만상은 묘유의 삼구를 의미하고 천상의 무형은 진공의 일구를 의미한다. 또한 진공은 실로 부리를 꽂을 만한 것조차 없고, 단지 묘유 가운데에서만 허다하게 많은 명상을 허락하는데, 그것이 곧 각각 기(機)이고 용(用)이다.

> 又晨鍾三宗 巡堂三匝 禮敬三拜 露柱燈籠 僧堂禪堂等 皆三句 昏鍾一宗 擊壁一聲 毘盧法堂等一句 乃至地萬象故三句 天無形故一句也 又眞空 實無揷觜分 但妙有中 亦有許多名相 卽機用也

　육조혜능이 보여준 36대법은 기(機)와 용(用)의 두 가지가 상대하기 때문에 그 작용을 알고 나면 도가 일체의 경법을 꿰뚫는다. 확충해 보면 다시 산과 물이 상대되고, 용과 호랑이가 상대되고, 바람과 달이 상대되며, 산과 구름, 사람과 경계, 소와 말, 마음과 경계, 소리와 색, 추위와 더위, 움직임과 고요함, 언어와 침묵, 입식과 출식, 다리를 펴고 다리를 오므리는 것, 등등 두두물물이 모두 기와 용의 상대 아님이 없다.

　만약 그것을 갖추고자 한다면 궁겁토록 다하기 어렵다.

그러므로 눈 밝은 안목[活眼手段]으로 손을 대면 그자체가 금이 되어버리듯이[把土成金]⁴² 해야 한다. 때문에 이러한 경우에는 물물염래가 조사의 뜻 아님이 없다.

> 六祖所示三十六對法 二機用相對故 解用則道貫一切經法 擴充則更有山水對 龍虎對 風月對 山雲 人境 牛馬 心境 聲色 寒暑 動靜語默 入息出息 展脚縮脚等 頭頭物物 無非機用相對也 若欲備擧 窮劫難盡 以活眼手段 把土成金 故物物拈來 無非祖意也

하하하!
풀이 퍽이나 우거진 길을 걷노라니
이슬이 옷에 젖어드는 줄 모른다네.

> 呵呵
> 草裡橫身歸 不覺露濕衣

---

42 『宗鏡錄』卷98(大正藏48, p.947上).

『무자간병론과해』 해제[1]

1. 무자화두(無字話頭)의 발생과 전승

백파는 『선문수경』의 말미에 진각혜심의 『구자무불성화간병론』(狗子無佛性話看病論)에 대해 『무자간병론과해』(無字揀病論科解)라는 명칭으로 그 분과를 시설하고 각각의 단락에 대하여 해설을 가하였다.[2] 주지하듯이 혜심은 무자화두를 참구하는 데 있어 주의해야 할 10가지 사항을 십종병이라는 이름으로 설정하여 이후 무자화두를 참구하는 자세에 대한 지침서로서 제시하였다.[3]

무자화두는 일찍이 당대에 조주종심의 구자무불성화의 문답으로부터 비롯된 화두를 가리킨다. 곧 오조법연이 상당법어에서 한 이후부터 본격적으로 시작되었다.[4] 이후에는 더욱더 빈번하게 인용되어 대혜선사는 무자화두를 하나의 공안으로서 본격적으로 제시하였다. 대혜 당시에는

---

1 『韓國禪學』제18호(2007년 12월)에 수록된 졸고, 「白坡亘璇의 無字揀病論科解에 대한 고찰」 요약.
2 亘璇集說 『禪文手鏡』(韓佛全10, pp.524中~527上).
3 無衣子 述, 『狗子無佛性話看病論』(韓佛全6 pp.69上~70中).
4 『法演禪師語錄』卷上(大正藏47, p.665中~下).

무자공안이 수행인들 사이에서 널리 의논되기도 하고 스승과 문답을 하면서 발달해 갔다.[5] 나아가서 무문혜개는 무(無)자에 대한 올바른 이해와 더불어 참구방식까지 언급하고 있다.[6] 이렇듯이 무자화두는 종문의 제일가는 화두로서 위치를 확보하게 되었다. 이와 같은 무자화두의 강조는 고려의 선법에서도 예외는 아니었다.

특히 무자화두를 드는 십종병에 대하여 보조지눌이 대혜의 간화선법을 도입한 이후로[7] 혜심이 더욱더 심화시켜 간화선법을 참구하는 방식으로서 널리 보급하는 계기가 되었다.[8] 혜심이 제시한 무자화두의 십종병에 대한 항목은 다음과 같다.

> 첫째, 유무의 무로 간주하지 말라. 둘째, 진무의 무로 간주하지 말라. 셋째, 도리를 따져서 이해하지 말라. 넷째, 생각으로 헤아리거나 계탁하지 말라. 다섯째, 눈썹을 치켜세우거나 눈동자를 굴리는 것으로 근거를 삼지 말라. 여섯째, 글귀를 가지고 이러쿵저러쿵 하지도 말라. 일곱째, 우두커니 있는 것으로 능사를 삼지도 말라. 여덟째,

---

5 『大慧普覺禪師書』卷27(大正藏47, p.928下).
6 『禪宗無門關』(大正藏48, p.293上).
7 『看話決疑論』(普照全書 pp.91~102); 韓佛全4, pp.732下~737中).
8 이에 대해 "거기에서 언급하고 있는 십종병의 거론이 일찍이 대혜와 지눌에게서도 있었으며, 혜심의 독창적인 것으로는 볼 수 없다"고 지적하기도 한다. 권기종, 『고려시대 선사상 연구』 p.171.

화두를 들고 있는 바로 그것을 가지고 이해하려고 하지 말라. 아홉째, 문자로 인용하여 답변하려고 하지 말라. 열째, 미혹하게도 깨치기를 기다리지 말라.[9]

이와 같은 십종병을 다시 간략하게 유심(有心), 무심(無心), 어언(語言), 적묵(寂黙)의 네 가지로 요약하고, 다시 사의(思議)와 불사의(不思議)의 둘로 요약하였다. 그러나 혜심이 강조한 것으로 정작 중요한 것은 화두에 대한 흥미 내지 득력(得力)의 유무에 관계치 말고 오로지 무자에 대한 참구에 열중해야 한다는 것이었다.[10] 이로써 보면 혜심은 대혜의 분류와는 그 순서 및 내용에 약간의 수정을 가하여 자신이 주장한 간화일문(看話一門)을 주창하기 위한 간화십종병을 완성했던 것이다.

2. 백파의 과해(科解)

백파는 우선 혜심의 『구자무불성화간병론』의 내용을 Ⅰ. 거화(擧話)와 Ⅱ. 정간(正揀)의 두 부분으로 구분한다. 거화는 구자무불성화의 문답일화에 해당하는 부분이고,

---

9 無衣子 述, 『狗子無佛性話看病論』(韓佛全6, pp.69上~70中)의 내용 발췌
10 이와 같은 전통은 淸虛休靜에게도 대혜가 제시한 내용을 근거로 거의 그대로 전승되었다. 『禪家龜鑑』(韓佛全7, p.637上).

정간은 본격적인 내용의 제시에 해당한다.[11] 거화에 해당하는 부분은 다음과 같다.

> 천동정각 선사가 다음과 같은 이야기를 언급하였다. 한 승이 조주에게 물었다. "개에게도 불성이 있습니까." 조주가 말했다. "유(有)." 승이 물었다. "그렇다면 왜 개의 몸을 받았습니까." 조주가 말했다 "그것은 알고 있으면서도 고의적으로 개의 몸을 받은 것이다." 또 승이 조주에게 물었다. "개에게도 불성이 있습니까." 조주가 말했다. "무(無)." 승이 물었다. "일체중생 개유불성이라는데 어째서 개에게는 없다고 하는 것입니까." 조주가 말했다. "개에게는 업식이 있기 때문이다."[12]

이것은 조주와 한 승의 문답으로 전해오는 것으로 위에서 오조법연과 대혜종고와 무문혜개 등 많은 사람들에 의하여 인용된 것으로 유명하다. 특히 여기에서 거화로 내세운 문답일화의 주요 부분은 『조주록』에 등장하는 내용인데도 불구하고[13] 혜심은 굳이 굉지의 어록을 인용한 것은 무엇인가.[14] 딱히 그 이유에 대하여 살펴볼 수 있는

---

11 그러나 정작 본 내용에서 백파는 Ⅰ. 擧話, Ⅱ. 正揀, Ⅲ. 結示單提衆의 세 부분으로 구분하고 있다.
12 이 부분은 이하 주석 16)와 더불어 『宏智錄』卷1(大正藏48, p.17中)의 내용을 그대로 인용한 것이다.
13 『趙州語錄』卷上(禪宗全書39, p.273上右).
14 이를 통하여 당시에 대혜의 어록과 더불어 굉지의 어록이 고려에

직접적인 근거는 어디에서도 찾아볼 수 없다.

다만 이하에서 천동정각이 염(拈)한 '조주가 유(有)라고 말하거나 무(無)라고 말하거나 상관없이 개의 불성은 천하에 편재해 있다'는 대목으로 통하여 간접적으로나마 짐작이 가능하다. 그것은 조주의 답변이 적어도 유무의 무는 아니라는 것을 암시해주는 말이다.

다음으로 II. 정간(正揀) 부분에 대해서는 크게 1. 정명무공추(正明無孔鎚), 2. 광간십종병(廣揀十種病), 3. 결간(結揀)의 셋으로 나눈다. 정명무공추(正明無孔鎚) 부분은 다음과 같다.

> 이에 대하여 천동정각이 말했다. "조주가 유(有)라고 말하거나 무(無)라고 말하거나 상관없이 개의 불성은 천하에 편재해 있다. 얼굴이 반반해도 말이 곧은 것만 못하니, 마음이 진실하면 말이 거칠어도 괴이하게 여길 것이 없다. 칠백 갑자의 노련한 선백도 때로는 사람에게 속아 눈동자를 나귀의 똥과 바꾸는 경우가 있다.[15]

이 부분도 역시 위의 굉지의 어록에 있는 말을 그대로 인용한 대목이다. 정명무공추(正明無孔鎚)는 거화 부분에 대한 굉지의 해설 부분으로서 무자의 일화 곧 무공추에 대

유입되어 있었다는 것은 짐작할 수 있을 것이다.
15 『宏智錄』卷1(大正藏48, p.17中).

한 올바른 설명 내지는 본격적인 대의에 해당하는 부분이다. 굉지의 어록을 인용한 혜심의 의도는 이 점에 잘 나타나 있다. 말하자면 조주는 승을 제접(提接)하는 능수능란한 수완을 지닌 노인이었다는 점과, 불성의 본래성에 대한 암시를 통하여 승으로 하여금 분별심을 떨쳐버릴 것을 주문하고 있다는 내용이 주요한 안목이었다. 이 부분에 대하여 백파는 다음과 같이 평하였다.

> 세 가지 곧 조주가 답변한 유(有)·무(無)·유업식(有業識)은 조사문중에 들어간 것으로 '유불성'은 대용(大用)이고, '무불성'은 대기(大機)로서 조사선의 향하삼요를 보여준 것이다. 비록 '유(有)' 내지는 '무(無)'라고 말했지만 그 뜻은 굳이 있다, 없다, 업식이 있다는 조사선의 향하삼요에 한정되지 않는다. 나아가서 향상의 뜻을 갖추고 있는 진공묘유이고 무이원융의 무공철추이다.[16]

광간십종병(廣揀十種病)의 부분은 자세하게 십종병에 대하여 해설해주는 본문 부분에 해당한다. 그런데 여기에서 백파는 다시 본격적인 1) 정간십종병(正揀十種病)과 그에 대한 요약 부분으로서 각각 2) 속십위사병(束十爲四病)과 3) 속사위이병(束四爲二病)의 세 부분으로 분류한다. 위에서 나열한 혜심의 십종병의 명칭은 곧 정간십종병에 해당한다.

---

16 『無字揀病論科解』(韓佛全10, p.524中).

이에 해당하는 부분에서 백파는 첫째의 유무의 무로 간주하지 말라.(부득작유무지무: 不得作有無之無)에 대하여 간유무지무해(揀有無之無解)의 모습으로 나름대로 설명하기 시작한다. 그래서 간유무지무해에 대하여 ① 직파유무삼구해(直破有無三句解), ② 우파영아무성해(又破嬰兒無性解), ③ 역파향상무염해(亦破向上無染解)의 세 부분으로 구분한다. 이 가운데 처음의 직파유무삼구해(直破有無三句解)는 혜심의 대목에 대하여[17] 백파는 유구와 무구 및 기타 분별의 삼구를 모두 타파해야 할 것으로 분류하여 다음과 같이 평하였다.

> 오조법연이 뜻한 무자는 살인도로서 대기(大機)를 가리킨다. 때문에 생각으로 이러쿵저러쿵 비교하고 헤아리며 문답해서는 안 된다는 것이다. 진정극문이 뜻한 바는 조주의 의도가 무한하기 때문에 알 수 없다는 것을 가리킨다. 그러니 어찌 모두 유무의 무로 헤아릴 수 있겠는가.[18]

다음으로 둘째의 우파영아무성해(又破嬰兒無性解)[19]에 대하여 백파는 이에 대하여 다음과 같이 평하였다.

---

17 『無字揀病論科解』(韓佛全10, pp.524下~525上).
18 『無字揀病論科解』(韓佛全10, p.525上).
19 『無字揀病論科解』(韓佛全10, p.525上~中).

질문한 뜻은 다음과 같다. '영아처럼 무념하면 반드시 불성이 있는 것이 아니겠느냐'라고 답한 뜻은 다음과 같다. '비록 추념(麤念)은 없을지라도 또한 업식이 있기 때문이다.' 그래서 부처님의 계단을 밟기 전에는 불성이란 무엇인지 이해하지 못하였다. 이것은 또 의리선에서 말하는 유무(有無)의 무(無)일 뿐이다. 때문에 다르다.[20]

곧 백파는 우파영아무성해(又破嬰兒無性解)를 통하여 조주의 '무(無)'라는 답변에 대하여 이제는 단견(斷見)에 집착해 있기 때문에 그 단견을 타파해 주려는 까닭에 '유(有)'라고 긍정적으로 답변을 제시해 주는 것에 해당한다. 앞에서는 일체중생개유불성이라는 상견을 타파하는 방식으로 '무(無)'를 제시하였지만 이제는 반대로 '무(無)'라는 단견에 집착하고 있기 때문에 '유(有)'라는 답변을 제시해 준 것이다. 그것은 곧 영아의 무념상태가 단순히 '무(無)'가 아님을 들어 비유한 것이다.

다음으로 셋째의 역파향상무염해(亦破向上無染解)[21]에 대하여 백파는 다음과 같이 평하였다.

이것은 비록 향상의 이해일지라도 역시 유무의 무(無) 일 뿐이다. 이 부분 이하부터는 위의 세 가지 견해[① 직파

---

20 『無字揀病論科解』(韓佛全10, p.525中).
21 『無字揀病論科解』(韓佛全10, p.525中).

유무삼구해(直破有無三句解), ② 우파영아무성해(又破嬰兒無性解), ③ 역파향상무염해(亦破向上無染解)]의 잘못된 이해가 무수하다는 것을 총괄적으로 결론을 맺겠다.[22]

백파는 위의 직파유무삼구해(直破有無三句解)와 우파영아무성해(又破嬰兒無性解)에 해당하는 것으로 조주가 답변으로 제시한 '무(無)'와 '유(有)' 및 '유업식(有業識)'이 각각 부정(否定)과 긍정(肯定)과 부정긍정(否定肯定)도 모두 초월한 향상일규(向上一揆)라는 것에다 배대하였다. 그러면서도 여기에서 제시한 향상일규(向上一揆)에 대해서는 구체적인 설명을 이하의 십종병의 설명에다 미루고 있다. 그것이 조주가 승에게 제시한 답변이 결국은 방편으로 시설한 것이기 때문에 여기에서 제시한 향상일규(向上一揆)라는 것조차 방편으로 제시한 것에 불과하다는 것이다. 이로써 백파는 결과적으로 유무의 무(無)로써 무자화두를 참구하지 말라는 혜심의 견해를 부정, 긍정, 부정도 긍정도 아닌 것으로 분류하였다.

다음으로 둘째의 진무의 무로 간주하지 말라(부득작진무지무: 不得作眞無之無)에 대하여 간진무지무해(揀眞無之無解)로 설명을 가하고 있다. 이에 해당하는 혜심의 대목[23]에 대하

---

22 『無字揀病論科解』(韓佛全10, p.525中).
23 『無字揀病論科解』(韓佛全10, p.525中~下).

여 백파는 "이것은 여래선의 본분일구(本分一句)를 설명한 것이다. 이로써 위에서 말한 의리선의 신훈삼구(新熏三句)에 떨어지지 않도록 한 것이다. 그렇기 때문에 진무는 유에 상대한 무가 아니라고 이름한다"[24]고 평한다. 곧 무자의 무(無)를 의리선(義理禪)으로 보아서는 안 되고, 여래선(如來禪)의 본분일구로 간주해야 한다는 것이다. 때문에 무(無)가 단순히 어떤 것이 없다는 뜻으로가 아니라 무(無)라는 자체를 완성된 무(無)로 다룰 것을 설명하고 있다. 이것은 굳이 무(無)라는 형태로 표현되어 있기 때문에 부득불 여래선이라는 범주로 취급하고는 있지만 궁극적으로는 신훈이 아닌 본분으로 보아야 한다는 것이다.

셋째의 도리를 따져서 이해하지 말라.(부득작도리회: 不得作道理會)에 대하여 간현묘도리해(揀玄妙道理解)로 설명을 가하고 있다. 이에[25] 대하여 백파는 "제1단계에서는 금시(今時) 곧 신훈의 삼구에 떨어지지 말라고 했다. 제2단계에서는 공겁(空劫)의 일구(一句)조차 완전히 초월하라고 말했다. 때문에 다시 이제 제3단계에서는 종문(宗門)의 향상(向上)에 대하여 이해할 것을 말한다"[26]고 평한다.

말하자면 유무를 초월한 그 무엇으로 참구할 것을 요

---

24 『無字揀病論科解』(韓佛全10, p.525下).
25 『無字揀病論科解』(韓佛全10, p.525下).
26 『無字揀病論科解』(韓佛全10, p.525下).

구하기 때문에 자칫 자신의 견해를 떠나서 경문에 설해져 있는 도리를 통하여 해답을 추구하려고 한다. 때문에 자신의 견해가 아닌 그 무엇도 활구(活句)가 되지는 못한다는 것을 경계한다. 이로써 팔만 사천의 갖가지 도리를 동원하여 해결하려는 태도를 지양하는 것이다.

넷째의 생각으로 헤아리거나 계탁하지 말라(부득향의근하 사량복탁: 不得向意根下思量卜度)는 것에 대해서는 간사량복탁해(揀思量卜度解)로 설명을 가한다. 이에[27] 대하여여 백파는 "위에서 이미 삼구 곧 신훈삼구(新熏三句)에 대하여 현묘한 도리를 통하여 이해하려고 한다는 것을 인정하지 않았다. 이제 본분일구와 향상일구이기 때문에 스스로 입각할 곳이 없다. 그러므로 단지 생각으로서 헤아린다. 바로 이것을 경계하는 것이다"[28]고 평한다.

이것은 혜심의 말처럼 도리를 벗어나 자신의 견해를 동원하여 해결할 것을 요구받고는 스스로 망상과 계탁을 가하기 시작한다. 때문에 그와 같은 망상과 계탁은 결국 일종의 수수께끼 놀음에 불과하기 때문에 분별심을 내지 말라고 평한다. 사량복탁은 무자화두를 '이것이 무엇인가'가 아니라 '이것은 왜 그런가' 하는 답변찾기일 뿐이다.

---

27 『無字揀病論科解』(韓佛全10, p.525下).
28 『無字揀病論科解』(韓佛全10, p.525下).

그래서 결국은 이리 재고 저리 재는 망상으로 귀일하고야 만다. 때문에 이와 같은 분별계탁을 벗어날 것을 요구한다.

다섯째의 눈썹을 치켜세우거나 눈동자를 굴리는 것으로 근거를 삼지 말라(부득양미순목처타근: 不得揚眉瞬目處垜根)에 대하여 간양미순목해(揀揚眉瞬目解)로 설명을 가한다. 이에[29] 대하여 백파는 다음과 같이 평한다.

> 이하 (5) 간양미순목해(揀揚眉瞬目解)와 (6) 간어로활계해(揀語路活計解) 등 두 가지의 경우는 조사선을 삼요를 통하여 이해하려는 것을 파한 것이다. 이제 처음 (5) 간양미순목해의 경우는 대기를 설명한 것이다. 양미순목은 종사의 은밀한 작용을 가리킨다. 그렇기 때문에 심식과 사량의 도리를 통하여 이해하려고 해서는 안된다. '폄폄(貶貶)'이란 생각하는 모양이다. 마음이 움직이며 눈이 움직이기 때문이다. '타근(垜根)'이란 땅에 불쑥 솟아 있는 것으로 화살을 받는 과녁이다. 그 자성은 본래 전수할 수 있는 것이 아니다. 때문에 이제 양미순목을 통해서는 잘못된 고정관념을 면할 수가 없다.[30]

곧 경문의 어떤 설법으로도 통할 수가 없고 분별심으

---

29 『無字揀病論科解』(韓佛全10, p.525下).
30 『無字揀病論科解』(韓佛全10, pp.525下~526上).

로도 어찌할 수가 없게 되자 이제는 그와 같은 언설을 초월한 몸짓을 통하여 무엇인가 그 의미를 제시하려고 한다. 그것이 곧 두 눈썹을 위로 치켜세우는 것으로 마치 깨침의 어떤 경지를 표현하려고 한다거나 눈동자를 이리저리 굴리면서 어디에도 집착하지 않는 도리를 드러내려고 한다. 그러나 그것 역시 의도적이고 조작적인 공용행위에 불과하다.

따라서 무자화두를 참구함에 있어 무엇으로 갖다 붙이려는 행위를 꾸짖는 부분이 곧 간양미순목해의 부분이다. 이것은 무슨 수단을 동원하여 무자화두를 드러내려는 점이기 때문에 이하의 간어로활계해(揀語路活計解)와도 일맥통하는 점이 있다.

여섯째의 글귀를 가지고 이러쿵저러쿵 하지도 말라(부득향어로상작활계: 不得向語路上作活計)에 대하여 간어로활계해(揀語路活計解)로 설명을 한다. 이에[31] 대하여 백파는 "이것은 곧 간어로활계해(揀語路活計解)로서 대용(大用)을 설명한 것이다"[32]고 평한다. 위의 간양미순목해(揀揚眉瞬目解)가 대기(大機)를 표현하려는 것에 해당하는 것이라면 이 간어로활계해(揀語路活計解)는 대용(大用)에 해당하는 것이라는 것이다.

---

31 『無字揀病論科解』(韓佛全10, p.526上).
32 『無字揀病論科解』(韓佛全10, p.526上).

그것은 대기에서 대용이 드러나는 것처럼 어로를 통하여 어떤 해답을 추구하려는 마음은 결국 양미순목의 보다 구체적인 행위일 뿐 그게 그것이다.

어로는 상대방에게 자신의 의사를 표현하는 일체의 언사를 가리킨다. 자신의 본심을 드러내는 것은 언설만큼 편리하고 간명한 것이 없다. 그리고 애써 자신의 언설에 어떤 의미를 부여하려는 것이야말로 자신의 어설픈 경지를 잘 위장할 수 있기 때문이다. 따라서 뛰어야 벼룩이라는 말처럼 제 딴에는 제아무리 꿍꿍이속을 차린다 해도 그것은 드러난 마각에 불과하다.

일곱째의 우두커니 있는 것으로 능사를 삼지도 말라(부득양재무사갑리: 不得颺在無事匣裏)에 대하여 간무사갑리해(揀無事甲裡解)로 설명을 한다. 일체의 언설과 동작이 모두 차단되는 입장에서 이제는 그저 가만히 있는 것이 최고의 능사라는 생각에서 아무런 행위도 없는 그저 그런 상태를 마치 선정삼매에라도 들어간 것처럼 굉장한 것으로 간주한다. 이것을 경계하는 것이 간무사갑리해(揀無事甲裡解)이다. 이에 해당하는 혜심의 대목[33]에 대하여 백파는 이 대목이야말로 향상의 본분을 설명한 것이라고 평한다. 그래서 이 대목은 조사선과 여래선과 의리선 가운데서 말하는 이

---

33 『無字揀病論科解』(韓佛全10, p.526上).

로(理路)와 의로(意路)를 모두 인정하지 않은 것이었다. 때문에 백파는 신훈에 대한 용심을 말한 것으로 그것도 본분의 진공만은 못하다는 것으로 설명한다.[34]

그리하여 무심하게 참구하는 것이 좋다고 하니까 이제는 목석과 같은 감정이 없는 것쯤으로 간주하는 것에 대하여 그것은 내심에 흔들림이 없어야 하고 밖으로 모든 반연을 멈추는 것이지 않으면 안 된다고 경계시킨다.

여덟째의 화두를 들고 있는 바로 그것을 가지고 이해하려고 하지 말라(부득향거기처승당: 不得向擧起處承當)에 대하여 간거기승당해(揀擧起承當解)로 설명을 한다. 이에[35] 대하여 백파는 다음과 같이 말한다.

> 이것은 금시와 본분을 함께 행할 것을 설명한 것이다. 이전의 6가지 경우 곧 1)에서 6)까지는 다만 신훈뿐이었기 때문에 금지하였다. 7)은 다만 본분뿐이었기 때문에 금지하였다. 곧 반드시 금시와 본분을 함께 행해야만 바람직한 소식이다. 때문에 원각경에서는 다음과 같이 말한다. "비록 다시 본래부터 금이지만 마침내 팔찌가 된 것이다." 육조혜능은 다음과 같이 말한다. "성품은 본유이지만 반드시 신훈을 의지해야 한다." 위의 6가지 경우 곧 1)에서 6)까지는 다만 6번째만이 진실이었고, 앞의 5가지

---

34 『無字揀病論科解』(韓佛全10, p.526上) 내용 요약.
35 『無字揀病論科解』(韓佛全10, p.526上~中).

는 그림자에 불과했다. 때문에 7번째 와서야 비로소 앞의 6가지가 다 설명된 것이다. '욕거(欲擧)'란 신훈이다. '미거(未擧)'란 본분이다. 이것은 금시와 본분을 함께 행한 것으로 사량구에 빗댄 것이다. 다만 신훈의 경우 불가불 사량한 것이다. 그리고 다만 본분의 경우는 불가한 것이다. 이하 제3구와 제4구 곧 '사량코자 하나 사량할 수 없는 경지에서/ 만리에 구름 한 점 없이 밝게 깨치리라//'의 2구는 금시와 본분을 함께 행하는 것이 좋다는 것을 말한 것이다. 이것은 곧 불조의 바른 뜻이기 때문에 '화두를 굳게 지니고 놓지 말아라'고 말한 것이다. 그러나 또한 생각으로 내세우려 하기 때문에 무공추(無孔鎚) 곧 본분진여는 되지 못한다.[36]

여기에서 무자화두를 참구하는 자에 대하여 화두 자체에 어떤 대단한 공능과 신통방통한 능력이 깃들어 있는 것으로 간주하여 화두를 터득하면 마치 도깨비방망이라도 얻은 것처럼 착각에 빠져 있는 자세를 경계하고 있다. 화두 자체에 대한 믿음은 중요하다. 그리고 화두를 놓치지 않는 것은 광장한 정신의 집중을 요구한다.

그렇지만 화두 자체에 대한 맹신은 금물이다. 실로 화두가 무엇을 해결해주는 것은 아무것도 없다. 화두는 그저 화두일 뿐이다. 때문에 화두는 아무런 맛이 없는 몰자

---

36 『無字揀病論科解』(韓佛全10, p.526中).

미(沒滋味)의 체험을 요구한다.

이로써 아홉째의 문자로 인용하여 답변하려고 하지 말라(부득향문자인증: 不得向文字引證)는 것에 대하여 간문자인증해(揀文字引證解)로 설명을 한다. 이 경우 문자는 위의 도리(道理)나 어로(語路)의 경우는 화두를 참구하는 자신이 화두의 경지를 표현하려는 것이었다면 이 경우의 문자는 그와는 달리 고인이 깨침을 표현해 놓은 문구를 가리킨다. 따라서 이미 검증된 언구를 통한 자신의 계합을 의도하는 것이다. 이런 점에서 혜심은 "또 문자를 가지고 증거를 대려고 하지 말라. 증거를 끌어대려는 것을 모두 병통이다"[37]고 말한다.

요즈음에 이르러서 화두를 참구하는 학인은 이제 그렇다면 언제까지나 화두만 들고 있으면 되겠지 하고 깨침이 시절인연처럼 저절로 때가오면 도래하는 것쯤으로 간주하려고 한다. 때문에 열째의 미혹하게도 깨치기를 기다리지 말라(부득장미대오: 不得將迷待悟)는 것에 대하여 간장미대오해(揀將迷待悟解)로 설명한다.[38]

이로써 보면 백파의 과해는 다음과 같은 특징을 지닌 것으로 정리할 수 있다.

---

37 『無字揀病論科解』(韓佛全10, p.526中).
38 『無字揀病論科解』(韓佛全10, p.526下).

(1)간유무지무해(揀有無之無解)는 세 가지 경우로 나누어 부정(否定)과 긍정(肯定)과 부정긍정(否定肯定)도 모두 초월한 향상일규(向上一揆)를 제시하였다.

(2)간진무지무해(揀眞無之無解)는 무자의 무(無)를 의리선의 입장이 아닌 여래선의 본분일구(本分一句)로 간주해야 한다는 것이다. 때문에 무(無)는 그 자체로 완성된 무(無)일 뿐이다.

(3)간현묘도리해(揀玄妙道理解)는 언설로서의 무(無)를 초월하여 종문의 향상임을 설파한다.

(4)간사량복탁해(揀思量卜度解)는 언설을 초월한 사량도 또 신훈삼구(新熏三句)의 분별형태일 뿐이다.

(5)간양미순목해(揀揚眉瞬目解)와 (6) 간어로활계해(揀語路活計解)는 각각 대기와 대용을 설명한 것으로 조사선의 기용(機用)에 대한 주의사항으로 평가하였다.

(7)간무사갑리해(揀無事甲裡解)는 달마로부터 전승된 가르침으로 내심에 흔들림이 없어야 하고 밖으로 모든 반연을 멈추는 것을 경계하는 것이라 평가하였다.

(8)간거기승당해(揀擧起承當解)는 금시 곧 신훈(新熏)과 본분(本分) 곧 향상일규(向上一竅)를 함께 행해야만 바람직한 소식이라는 것으로 평가하였다.

(9)간문자인증해(揀文字引證解)는 이미 검증된 조사들의

언구도 그것은 자신의 견해가 아닌 타인의 말에 불과하다고 평가한다.

(10) 간장미대오해(揀將迷待悟解)는 철저한 격외도리에 의거해야지 의리선에 빠지지 말라는 것으로 평가한다.

나아가서 유심(有心)·무심(無心)·어언(語言)·적묵(寂黙) 등 4종의 분류와 사의(思議)·불사의(不思議) 등 2종의 분류에 대하여 백파는 십종병의 경우도 결국은 몰파비(沒把鼻)하고 무릉봉(無綾縫)한 무공추(無孔錐)의 뜻을 드러내는 간화문의 소식으로 이해해야 한다고 말한다.[39] 곧 조주의 무자화두는 의단으로서 화두 이하도 이상도 아인 조사선의 방편수단이라는 것이다.

이후로 혜심은 십종병을 다시 간략하게 각각 2) 4종의 분류와 3) 2종의 분류로 약설하고 있다. 4종의 분류는 유심(有心)·무심(無心)·어언(語言)·적묵(寂黙)이고, 2종의 분류는 위의 4종을 각각 유심(有心)과 어언(語言)은 사의(思議)로, 무심(無心)과 적묵(寂黙)은 불사의(不思議)로 분류한 것이다. 결론적으로 십종병의 항목에 대한 3. 결간(結揀) 부분에서 백파는 다음과 같이 말한다.

위에서 한 말처럼 그것을 간파하고 나면 곧 바로 몰파비

---

39 『無字揀病論科解』(韓佛全10, p.527上) 내용 요약.

(沒把鼻)하고 무릉봉(無綾縫)한 무공추(無空鎚)의 뜻이 저절로 드러날 것이다. 이것은 간화문의 소식이다. 만약에 설화문으로 보자면 10종류의 사람의 입각처가 낱낱이 여기에만 한정되지는 않을 것이다. 때문에 모두 집에 도착하는 소식 아님이 없다. 만약 이근기라면 언하에 곧 깨우쳐서 다시는 이하와 같이 의심을 일으켜 참구할 필요가 없다.[40]

이처럼 백파는 십종병을 삼종선의 분류와 연계한 십종병으로 분류하였기 때문에 혜심의 십종병은 초의의순의 지적처럼 선종오가 가운데 임제종만을 조사선의 정맥으로 삼고 나머지는 그보다 못한 것으로 분류한 오류를 범하고야 말았다.[41]

나아가서 Ⅲ. 결시단제참(結示單提參)을 요구하는 대목에서는[42] 십종병에 갈래를 백파가 어디까지나 삼종선의 분류에 배대하여 평하고 있음을 보여준다. 따라서 본 『무자간병론과해』마저도 혜심의 순수한 무자화두 참구에 관한 주의사항이라기보다는 『선문수경』에서 일관되게 주장하고 있는 연장선의 입장에서 별도로 제시한 분과임을 느끼게 해주고 있다.

---

40 『無字揀病論科解』(韓佛全10, p.527上).
41 意恂 著, 『禪門四辨漫語』(韓佛全10, p.824上).
42 『無字揀病論科解』(韓佛全10, p.527上).

3. 백파 『과해』의 특징

이처럼 『과해』는 간화의 십종병에 대하여 혜심이 제시한 열 가지 항목은 구체적으로는 무자화두를 참구하기 위하여 일괄적으로 제시한 것이었다. 그러나 그러한 십종병에 대하여 백파는 임제삼구를 각각 조사선, 여래선, 의리선으로 배대한 것을 염두에 두고 있음을 알 수 있다. 때문에 십종병에 대한 주의사항조차도 갖가지 분별심으로 가득찬 유무의 무, 진무의 무, 현묘란 도리를 통한 해결, 사량복탁을 동원한 해결 등을 모두 의리선의 소치로 간주하고 있다. 그러나 정작 십종병은 모두 무자화두에 대한 참구방식으로서 조사선의 수행방식 아님이 없다. 때문에 백파는 무자화두마저도 사려분별의 차원으로 끌어내려버린 잘못을 범하였다.

이것은 나아가서 혜심이 제시한 4종의 분류 곧 유심(有心)·무심(無心)·어언(語言)·적묵(寂黙)과 2종의 분류 곧 사의(思議)와 불사의(不思議)까지도 백파는 자신의 기준으로 분류해놓고 있다. 4종의 분류에 대하여 혜심의 말[43]에 대하여 백파는 "10가지 가운데 (1)과 (4)와 (10)은 유심에 해당하고, (2)와 (3)은 무심에 해당하며, (6)은 어언에 해

---

43 『無字揀病論科解』(韓佛全10, p.526下).

당하고, (5)와 (7)은 적묵에 해당하며, (8)은 네 가지 곧 유심·무심·어언·적묵에 두루 통한다. 그리고 '욕거(欲擧)'는 유심과 어언에 해당하고, '미거(迷擧)'는 무심과 적묵에 해당하며, (9) 또한 네 가지에 두루 통한다. 고인은 이 4가지 병통을 타파하려는 까닭에 지금까지 위에서처럼 간(揀)해 왔다"[44]고 평한다.

또한 2종의 분류에 대한 혜심의 말[45]에 대하여 백파는 "유심과 어언은 사의로서 대용에 해당한다. 무심과 적묵은 부사의로서 대기에 해당한다. 또 사의는 향상의 묘유에 해당하고, 부사의는 향상의 진공에 해당한다. 그러나 이 또한 병통이 되고 만다"[46]고 평한다. 이로써 보면 백파는 4종의 분류에 대해서는 지나치게 삼종선의 분류를 의식하고 있다.

때문에 2종의 분류에 대해서도 대용(大用)과 묘유(妙有)를 사의(思議)에 배대하고, 대기(大機)와 진공(眞空)을 불사의(不思議)에 배대하고 있다. 이것을 삼종선이 분류에 배대하면 사의(思議)에 해당하는 대용(大用)과 묘유(妙有)는 여래선과 의리선이고, 불사의(不思議)에 해당하는 대기(大機)와 진공(眞空)은 조사선이 된다.

---

44 『無字揀病論科解』(韓佛全10, p.526下).
45 『無字揀病論科解』(韓佛全10, p.526下).
46 『無字揀病論科解』(韓佛全10, p.526下).

이와 같은 도식적인 해석은 대단히 편리하기는 하다. 그러나 간화의 십종병을 임제의 삼구에 배대한 삼종선으로 묶어버렸다는 한계를 벗어나지 못하고 만다.

또한 백파의 십종병의 분류에 대해서 분과상의 오류 두 가지를 지적할 수가 있다.

첫째의 경우는 "이광간십종병이(二廣揀+種病二) 일정간삼(一正揀三) 일정간십종병십(一正揀+種病+) 일간유무지무해삼(一揀有無之無解三) 일직파유무삼구해(一直破有無三句解)"[47]가 "이광간십종병(이일정간(二廣揀+種病(二一正揀)三) 일정간십종병십(一正揀+種病+) 일간유무지무해삼(一揀有無之無解三) 일직파유무삼구해(一直破有無三句解)"로 괄호 부분이 생략되어야 함에도 불구하고 불필요한 (二一正揀) 부분이 개입되어 분류상의 혼란을 야기시키고 있다. 굳이 (二一正揀) 부분이 들어 있는 것으로 간주할 경우에는 이광간십종병(二廣揀+種病)을 다시 한 번 언급하여 강조한 것으로밖에는 보이지 않는다.

둘째의 경우는 "이속사위이병(二束四爲二病)"[48]이 "삼속사위이병(三束四爲二病)"으로 바뀌어야 한다. 이 경우 기존대로 "이속사위이병(二束四爲二病)"으로 간주하면 전체적인 분과

---

47 『無字揀病論科解』(韓佛全10, p.524下).
48 『無字揀病論科解』(韓佛全10, p.526下).

에서 그 순서가 혼란에 빠지고 만다. 곧 2) 속십위사병(束十爲四病) 뒤에 다시 2) 속사위이병(束四爲二病)이 되거나, 혹 2. 속사위이병(束四爲二病)이 되어 분류의 일련번호의 오류 내지는 전체적인 분류상 순서가 어그러지고 만다. 이런 이유 때문에 백파의 과해를 도식화하는 과정에서는 부득이하게 일련번호에 대하여 약간의 수정을 가하지 않으면 안 된다. 이와 같이 수정된 내용을 바탕으로 백파의 분과를 다시 도식화하면 다음과 같다.

Ⅰ. 擧話
Ⅱ. 正揀
  1. 正明無孔鎚
  2. 廣揀十種病
    1) 正揀十種病
      (1) 揀有無之無解(有心)
        ① 直破有無三句解
        ② 又破嬰兒無性解
        ③ 亦破向上無染解
      (2) 揀眞無之無解(無心)
      (3) 揀玄妙道理解(無心)
      (4) 揀思量卜度解(有心)
      (5) 揀揚眉瞬目解(寂黙)
      (6) 揀語路活計解(語言)
      (7) 揀無事甲裡解(寂黙)
      (8) 揀擧起承當解
        ① 擧　：(有心・語言)
        ② 未擧：(無心・寂黙)
      (9) 揀文字引證解(有心・無心・語言・寂黙)
      (10) 揀將迷待悟解(有心)
    2) 束十爲四病 ①有心・②無心・③ 語言・④寂黙
    3) 束四爲二病
      ① 大用・思議〈向上妙有〉(① 有心・③ 語言)
      ② 大機・不思議〈向上眞空〉(② 無心・④ 寂黙)
  3. 結揀
Ⅲ. 結示單提祭

4. 맺는 말

이처럼 진각혜심은 화두를 참구하기 위한 10가지 주의사항을 『구자무불성화간병론』이라는 이름으로 내세웠다. 이것은 기존의 대혜종고로부터 유래한 것이지만, 혜심은 나름대로 순서를 정하고 내용을 보완하여 정립하였다. 이 『구자무불성화간병론』에 대하여 백파긍선이 자신의 견해를 동원하여 과해를 친 것이 『무자간병론과해』이다.

여기에서 혜심의 경우 간화 특히 무자화두를 참구토록 하는 데 중점을 두었음에 비하여, 백파는 혜심의 글을 그대로 인용하면서도 평을 통하여 『선문수경』의 연장선에서 분류했음을 알 수가 있다. 이 점이 내용상 오류의 첫째였다. 왜냐하면 십종병은 무자화두를 참구하기 위하여 일괄적으로 제시한 것으로 조사선의 수행방식임에도 불구하고 백파는 임제삼구를 염두에 두고서 십종병을 의리선의 소치로 간주해버렸다.

또한 내용상 오류의 둘째는 백파의 과해에 의하면 혜심의 십종병에 대한 각각의 대목을 나름대로 용어를 붙이고 그에 따른 평을 붙였다는 특징이 있다. 이 가운데서 혜심의 4종의 분류와 2종의 분류에 대하여 백파는 십종병의 경우조차 몰파비(沒把鼻) 및 무공추(無孔鎚)의 뜻을 드러내는 의단(疑團)의 속성을 지닌 간화문의 소식으로 이해해야 한다고 말한다. 그것은 전승된 조주의 무자화두야말로 화두 자체일 뿐이라고 말한다. 나아가서 십종병에 대한 백파 개인적인 안목을 적용하여 삼종선에 대한 분류에다 그 초점을 맞추고 있는 것은 본 『무자간병론과해』의 특징이기도 하다.

김호귀(kimhogui@hanmail.net)
　동국대학교 선학과 졸업, 동 대학원 석사·박사 졸업
　동국대 불교학술원 HK 연구교수

　금강삼매경론/ 금강선론/ 묵조선 연구/ 선문답의 세계 등 다수

육조대사법보단경요해

김호귀 역주

2012년 9월 10일 초판

펴낸이: 이성운
편집·교정: 신지연, 김백련
펴낸곳: 정우서적
서울시 종로구 수송동 두산위브 637호
등록 1992. 5. 16. 제2-1373호
Tel: 02 / 765-2920

값: 15,000원

ISBN 978-89-8023-182-9 03220

❋ 정우서적 도서 목록 ❋

◆ 불교 유식학 강의/장익/국판/235쪽/10,000원

◆ 노자 도덕경/감산덕청, 심재원 역주/사륙판/540쪽/15,000원

◆ 장자, 그 선의 물결/감산덕청, 심재원 역주/신국판/590쪽/25,000원

◆ 자기치유/조순희/신국판/238쪽/10,000원

◆ 천수경, 의궤로 읽다/우천 이성운/사륙판/334쪽/10,000원

◆ 불교문화 2/김미숙/칼라 신국판/324쪽/16,000원

◆ 불교문화 1/김미숙/칼라 신국판/264쪽/14,000원

◆ 계초심학인문 새로 읽기/김호성/사륙판/190쪽/5,000원

◆ 일본불교의 빛과 그림자/김호성/사륙판/335쪽/8,000원

◆ 불교, 영화와 소설을 말하다/김호성/사륙판/254쪽/10,000원

◆ 육바라밀: 마음 밝히는 길/권영택/사륙판/203쪽/5,000원

◆ 이판사판 화엄경/성법/사륙판/348쪽/10,000원

◆ 즐거움을 뿌려라/성운 대사/사륙판/284쪽/7,500원

◆ 자비의 명상/법안/사륙판/334쪽/10,000원

◆ 을유불교산책/이태승/사륙판/204쪽/7,000원

◆ 인간학불교/정승석/사륙판/270쪽/7,000원

◆ 상식에서 유식으로/정승석/사륙판/252쪽/7,000원

◆ 상식으로 만나는 불교/계환/사륙판/348쪽/9,000원

- ◆ 인도철학산책/이태승/사륙판/185쪽/8,000원
- ◆ 불교사상사/양훼이난 지음, 원필성 옮김/신국판/413쪽/15,000원
- ◆ 역사로 읽는 한국불교/김경집/사륙판/303쪽/10,000원
- ◆ 위대한 여성 붓다 아르야 따라의 길/중암/46판/397쪽/15,000원
- ◆ 밀교의 성불원리/중암/사륙판/486쪽/12,000원
- ◆ 완역 티베트 사자의 서/중암/사륙판/581쪽/15,000원
- ◆ 실담범자입문/이태승·최성규 공저/사륙판/223쪽/10,000원
- ◆ 삼밀시식행법해설/법안·우천/사륙판/274쪽/15,000원
- ◆ 화엄과 선/종밀 원저, 신규탁 편역/사륙판/333쪽/10,000원
- ◆ 달마어록/김호귀/사륙판/237쪽/10,000원
- ◆ 핵심아함경/곽철환/사륙판/245쪽/5,000원
- ◆ 초발심자경문/일휴/신국판/125쪽/5,000원
- ◆ 역주 치문경훈/일휴·우천/신국판/911쪽/30,000원
- ◆ 신심명·증도가/일휴 역주/신국판/261쪽/10,000원
- ◆ 상용불교의식해설/법회연구원/신국판/511쪽/25,000원
- ◆ 규봉종밀의 선사상 연구/지은/신국판/300쪽/12,000원